suhrkamp taschenbuch 5441

Nichts hat Arno Schmidt so empört wie die Wiederaufrüstung in der jungen Bundesrepublik und die Gleichgültigkeit seiner Zeitgenossen gegenüber den Kriegen in der Welt. Seine Kindheit im Ersten Weltkrieg, die spätere bittere Soldatenzeit und die anschließende Gefangenschaft hatten den Autor gelehrt, den Krieg zu fürchten. Nationalsozialismus, Kriegstraumata, Flucht und Rüstung werden für ihn bereits zu literarischen Motiven, als sich seine Umwelt noch in Wiederaufbau und Verdrängung flüchtet.

ARNO SCHMIDT wurde am 18. Januar 1914 in Hamburg geboren. Nach seiner Entlassung aus englischer Kriegsgefangenschaft arbeitete er zunächst als Dolmetscher, von 1947 an als freier Schriftsteller. 1958 zog er mit seiner Frau Alice nach Bargfeld (Kreis Celle), wo er bis zu seinem Tod zurückgezogen lebte. Arno Schmidt starb am 3. Juni 1979 in Celle. Zwei Jahre nach seinem Tod gründeten seine Frau Alice Schmidt und Jan Philipp Reemtsma die Arno Schmidt Stiftung (www.arno-schmidt-stiftung.de).

Weitere Titel von Arno Schmidt im suhrkamp taschenbuch: *Schwarze Spiegel* (st 5270), *Seelandschaft mit Pocahontas* (st 5271), *Kühe in Halbtrauer* (st 5272), *KAFF auch MARE CRISIUM* (st 5273), *Brand's Haide* (st 5331), *Aus dem Leben eines Fauns* (st 5332), *Die Gelehrtenrepublik* (st 5333), *»Es gibt keine Seligkeit ohne Bücher«*, hg. von Bernd Rauschenbach (st 5334), *Das steinerne Herz* (st 5380), *Leviathan* (st 5381), *Die Umsiedler* (st 5382).

Arno Schmidt
»Es ist also Krieg irgendwo«

Ein Lesebuch, herausgegeben
von Susanne Fischer
und Michaela Nowotnick

Suhrkamp

Erste Auflage 2024
suhrkamp taschenbuch 5441

Umschlagfoto: Arno Schmidt
Gestaltung, Satz: Friedrich Forssman
Druck und Bindung: CPI books GmbH, Leck
Dieses Buch wurde klimaneutral produziert.
climatepartner.com/14438-2110-1001
Printed in Germany
ISBN 978-3-518-47441-9

www.suhrkamp.de

Inhalt

Vorbemerkung 7

Krieg und Nachkriegszeit
Leviathan oder Die beste der Welten 17
Das steinerne Herz 42
Lillis Sonettenkranz 47
Brüssel 49
An Uffz. Werner Murawski 60
Aus dem Leben eines Fauns 62
Seelandschaft mit Pocahontas 92
Kühe in Halbtrauer 98

Flucht und Vertreibung
Brand's Haide 117
Die Umsiedler 167
Transport im Spätherbst 174
Rollende Nacht 176
Zählergesang 180

Nach dem Atomkrieg
Schwarze Spiegel 187
Ja : übernächtigt! 209
Goethe und einer seiner Bewunderer 211
Nicht nur 214
Kaff auch Mare Crisium 216
An die Uno 229
Kann der Mensch noch auf Geborgenheit hoffen? 232
Die Feuerstellung 234
Die Gelehrtenrepublik 241

Textnachweise 262

Vorbemerkung

»Es ist also Krieg irgendwo« – die lakonische Feststellung, die den Titel dieser kleinen Textauswahl liefert, scheint banal. Ist nicht immer irgendwo Krieg, und ist er uns nicht meist egal, wenn er nur ›irgendwo‹ ist und nicht zu dicht vor unserer Haustür? »[M]an fragte : ›Was Neues vom Krieg – ?‹ (Es ist also Krieg irgendwo); gleichgültiges Gebrumm. –«, heißt es in *Gadir oder Erkenne dich selbst* (S. 57). Arno Schmidt, geboren 1914, der zwei Weltkriege erlebt hat, den zweiten als Soldat, sieht das nicht so. Krieg und Flucht prägen sein Leben, bilden den Nährboden für seinen Antimilitarismus und seine Furcht vor einer neuen kriegerischen Auseinandersetzung.

Die Hamburger Kinderjahre Arno Schmidts sind bestimmt von kriegsbedingtem Mangel: »Wir habm im Kriege & danach nicht nur gehungert, sondern auch gefror'n.« (*Porträt einer Klasse*, S. 145). Seine Kindheit im Arbeiterstadtteil Hamm steht unter der Herrschaft des ungeliebten Vaters, der als ehemaliger Berufssoldat 1912 in das Hamburger Polizeikorps eintritt und sich noch als Familienvater 1919 freiwillig zu einem ›Kurländischen Regiment‹ meldet, einem Freikorps, das im Baltikum gegen sowjetische Truppen kämpft. Arno Schmidts Abneigung gegen alles Militärische hat hier ihre ältesten Wurzeln. Später wird er sich mit Schrecken an den groben Ton Otto Schmidts und an dessen ordinäre Witze erinnern.

Nach dem frühen Tod des Vaters im Jahr 1928 zieht Clara Schmidt mit ihren beiden Kindern Luzie (geb. 1911) und Arno zu ihrer Verwandtschaft im schlesischen Lauban (Lubań) zurück. Nach dem Abitur am Realgymnasium Görlitz und einigen Monaten Arbeitslosigkeit beginnt er 1934 eine kaufmännische Lehre in den Greiff-Werken, einer großen Textilfabrik in Greiffenberg (Gryfów Śląski). In diesen wirtschaftlich schwierigen Zeiten erscheint ihm das als gangbarer Weg in ein selbständiges Leben.

In den Greiff-Werken lernt Arno Schmidt die Sekretärin Alice

Murawski (geb. 1916) kennen. Das Paar heiratet 1937 und wohnt erst mit bei Clara Schmidt im Laubaner Haus, ehe es in eine Werkswohnung in Greiffenberg zieht. In diesem Jahr schreibt Schmidt seine erste überlieferte Erzählung, *Die Insel,* die er Alice Schmidt widmet, jedoch nicht vollendet. Zu dieser Zeit ist seine Schwester Luzie Schmidt, verheiratete Kiesler, bereits mit ihrem jüdischen Mann, der KPD-Mitglied ist, nach Prag geflohen, 1938 emigrieren sie in die USA.

Wie brüchig die Basis seines bürgerlichen Lebens im nationalsozialistischen Deutschland ist, erlebt Schmidt am 26. August 1939: Mitten in der Nacht wird er zur Wehrmacht eingezogen; eine Woche später, als Deutschland Polen überfällt, wird er allerdings schon wieder als überzählig entlassen. Doch von da an weiß Arno Schmidt, dass er sein ziviles Leben auf Abruf führt. Im April 1940 folgt die Einberufung nach Hirschberg (Jelenia Góra) in Schlesien, immerhin nicht allzu weit entfernt von Greiffenberg. Im Januar 1941 kommt er in Garnison in Hagenau im Elsass (Haguenau), im Oktober desselben Jahres wird er zur Feldtruppe versetzt. Er schreibt in diesen Jahren weiter: Nach *Dichtergespräche im Elysium,* einem Totengespräch großer Autoren, ebenfalls Alice Schmidt gewidmet, entstehen Erzählungen, die an der von ihm geschätzten Romantik E. T. A. Hoffmanns und Ludwig Tiecks orientiert sind. Er schenkt sie seiner Frau zu Weihnachten oder zum Geburtstag und schreibt Alice Schmidt sogar als Figur in manche Texte hinein. Zur Veröffentlichung gedacht sind die Märchen nicht, in denen Elementargeister die Regie führen und viel Übernatürliches passiert.

Am 26. März 1942 schließlich reist er zum Einsatz ab, Einsatzland ist Norwegen. Dort verbringt er die folgenden Jahre bis zum Januar 1945 als Mitglied der Besatzungstruppe in Øveråssjøen am Romsdalsfjord in der Schreibstube. In Kampfhandlungen wird Schmidt an diesem Abschnitt der sogenannten Eismeerfront nicht involviert. Mit hoher Wahrscheinlichkeit entsteht hier der Text *Pharos,* der einen Wendepunkt in Schmidts Schreiben markiert, von ihm aber erst 1975 in seinem Roman *Abend mit Goldrand* veröffentlicht wird: In expressiver Sprache erzählt er von einer Auseinandersetzung auf Leben und Tod zwischen einem Gefangenen und seinem übermächtigen Wärter. Die Literatur der Romantiker liefert hier nicht mehr die Erzählform, sondern wird selbst zum Thema. Der Kampf geht darum, wie man liest, und darum, dass Literatur kein »Feierabendschnörkel« ist, wie Schmidt später in *Brand's Haide* formuliert (S.165).

In *Abend mit Goldrand* schildert der Protagonist Eugen Fohrbach, dem der Autor vermutlich die eigenen Kriegserinnerungen in den Mund legt, die Stationierung als Besatzungssoldat so: »Ich denke da an Norwegn: wenn man da so in den Stützpunktn saß – jahrelang; ohne Urlaub; (ohne Aussicht auf Kriegsende & Heimkehr); im Winter verschwand de Sonne, mittags schien der Mond – die ›einfachn Leute‹, also die gröblichstn Realistn, (die keinerlei ›Innere Ressourcen‹ hatten), die nüchternen WirklichkeitsMenschn : *die* fingen 's Saufn an; oder wurdn buchstäblich verrückt : Wir habm n halbes Dutzend nach Drontheim, in de IrrenAnstalt, abgeliefert; (per BatterieKutter). Ungeschädicht überlebm? : tatn nur die (so gern geschmähtn) Intellektuell'n; die Phantasie hattn; die mit Büchern zu lebm, oder sich sonst zu beschäftijn wußtn : war'n *viel*=zäher!« (S.188).

Anfang 1945 meldet sich Schmidt freiwillig zur kämpfenden Truppe – nur so kann er Heimaturlaub bekommen, den er benötigt, um mit Alice Schmidt die Flucht aus Schlesien vorzubereiten. Im Februar 1945 packt das Ehepaar binnen drei Wochen Hausstand und Bücher zusammen, schickt Kisten und Wäschekörbe zur Aufbewahrung an verschiedene Adressen – fast nichts davon sehen sie jemals wieder. Alice Schmidt macht sich auf den Weg zu ihrer Schwiegermutter, die inzwischen in Quedlinburg lebt. Arno Schmidt besucht einen militärischen Vermessungslehrgang in Ratzeburg, ehe er an die Westfront kommandiert wird. Am 16. April 1945 begibt er sich freiwillig in britische Gefangenschaft. Im Dezember 1945 wird er entlassen.

Arno und Alice Schmidt leben nach 1945 zunächst in Cordingen bei Walsrode in der britischen Besatzungszone. Auf dem sogenannten Mühlenhof wohnen sie mit vierzehn anderen Flüchtlingsfamilien unter ärmlichen Bedingungen. Beide arbeiten sie zunächst als Dolmetscher für die britische Besatzungsmacht, später leben sie hauptsächlich vom Schwarzhandel mit Lebensmitteln und Kleidung, die Luzie Kiesler aus Amerika schickt. 1949 veröffentlicht Schmidt sein Debütbuch, *Leviathan,* eine Sammlung von drei Erzählungen. Die Titelerzählung spielt am Ende des Zweiten Weltkriegs und handelt vom verzweifelten Versuch einer heterogenen Gruppe von Menschen, der näher rückenden Front in Schlesien zu entkommen.

Schmidts erwägen verschiedene Möglichkeiten, ihre Wohnsituation zu verbessern, und lassen sich schließlich 1950 mit einem Flüchtlingstransport umsiedeln. Die Furcht vor einem neuen Krieg, jetzt zwischen Ost und West, führt sie nach Süddeutschland, jenseits des Rheins. Das ist ihnen wichtig, denn für den Fall eines Kriegsausbruchs hoffen sie, auf der westlichen Seite des Rheins sicherer zu sein. Die Erlebnisse von Flüchtlingen und Vertriebenen bleiben lange ein Thema in Schmidts Literatur. In *Kaff auch Mare Crisium* (1960) bestimmen die unterschiedlichen Kriegserfahrungen der norddeutschen Kleinbäuerin Heete, des ehemaligen Soldaten Karl und seiner Freundin Hertha, die 1945 als Jugendliche aus Schlesien floh, auch fünfzehn Jahre nach Kriegsende die Perspektive der Protagonisten auf die Welt.

Ein künftiger Dritter Weltkrieg erscheint dem Autor wahrscheinlich, der Einsatz von Atomwaffen dabei durchaus möglich. Atomkriegsszenarien gibt es in seinen Werken bis 1972 (*Die Schule der Atheisten*). Mitten im Kampf angesiedelt ist nur das Fragment *Die Feuerstellung* (1955), in allen anderen Romanen ist der Krieg schon vorbei, und man schlägt sich auf unterschiedliche Weise mit den Folgen herum: Mal geht es um einen einzelnen Überlebenden (*Schwarze Spiegel*), der nicht weiß, dass es noch wenige andere Menschen gibt, und sein Leben als »letzter Mensch« führt. Mal bevölkern Mischwesen aus Mensch und Tier einzelne Landstriche (*Die Gelehrtenrepublik*), mal finden Menschen ein Exil auf dem Mond (*Kaff auch Mare Crisium*). Ein kleines Reservat mit Überlebenden aus dem verstrahlten Europa, die in einer altertümlichen Agrargesellschaft als Satellitenstaat der USA leben, wird in *Die Schule der Atheisten* zum Handlungsort. Diesen Dystopien gemeinsam ist ein tiefer Pessimismus, denn keiner der Akteure scheint vom »ersten Weltuntergang« (*Die Schule der Atheisten,* S. 90) klüger geworden zu sein. In den geschilderten postatomaren Gesellschaften wird bereits wieder spioniert, manchmal auch heimlich aufgerüstet.

Der Autor ist mit seinen Befürchtungen in den 1950er Jahren nicht allein. Die Angst, dass auch der nächste Krieg in Europa stattfinden werde, wo Ost und West aneinandergrenzen, ist naheliegend. Nicht nur Tod und Heimatverlust fürchtet Schmidt, sondern auch Kulturzerstörung, gegen die er im fiktiven Brief *An die Uno* (1949) verschiedene Maßnahmen vorschlägt. Dieser Gedanke bewegt ihn Jahrzehnte später noch, wie die Äußerung eines Protagonisten in *Abend mit Goldrand* zeigt: »›Nein; nach dem nächstn Kriege, (also in diesem Jahrhundert noch), werden nun wieder lange, kulturlose Zeiträume komm'm – wie damals; zwischen 400 und 1100 – durchaus möglich, daß die Schrift verloren geht.‹; (es wird nb nicht das erstemal gewes'n sein : was wissen Wir denn, was in den Eis= beziehungsweise Zwischen=Eiszeitn alles vor sich gegangn iss?)« (S. 44).

Die Zeit nach 1945 wird dominiert von den Krisen zwischen den einstigen Alliierten in Ost und West: 1948 sperren sowjetische Truppen alle Zufahrtswege nach West-Berlin, die Westmächte halten der Blockade stand und etablieren die Luftbrücke, um die Berliner Bevölkerung zu versorgen. 1950 beginnt der Koreakrieg. Die Westmächte haben Interesse an einer Wiederbewaffnung der Bundesrepublik, in der Konrad Adenauer die Chance zur Wiedererlangung der Souveränität sieht. Verhandlungen um eine Europäische Verteidigungsgemeinschaft (EVG) werden aufgenommen, die aber 1954 daran scheitern, dass Frankreich den Vertrag nicht ratifiziert.

Die eindeutige Westorientierung der Bundesregierung hält nicht nur Schmidt für einen fatalen Schritt hin zum nächsten Krieg. Die in den Stalin-Noten vorgeschlagene Vereinigung von Bundesrepublik und DDR bei Neutralität Deutschlands – die damals viele für ein ernst gemeintes Angebot halten – scheint ihm der bessere Weg zu sein, um eine dauerhafte Teilung Deutschlands und ewige Kriegsgefahr in Mitteleuropa zu verhindern. Als das französische Parlament schließlich gegen die EVG stimmt, kommentiert Alice Schmidt in ihrem Tagebuch erleichtert: »Eine ganz gewaltige Backpfeife für Adenauer und die Amerikaner! Wir freuen uns über dieses Ergebnis sehr!« (30. 8. 1954).

Schmidts wählen bei der Bundestagswahl 1953 Gustav Heinemanns GVP, deren Werbezettel Alice Schmidt in ihr Tagebuch klebt: »Streit bringt Not / Frieden Brot / Verständigung heißt das Gebot / Willst du Deutschland geeint und frei, wähle GESAMTDEUTSCHE VOLKSPARTEI!« (6. 9. 1953). Mit dieser Wahl verbinden sie die Hoffnung, dass die GVP gemeinsam mit der SPD und der KPD eine Sperrminorität gegen die Wiederaufrüstung erreichen könne, doch die GVP schafft es ebenso wenig ins Parlament wie die KPD. Schmidts sind entsetzt über den Ausgang der Wahl und beraten schon am nächsten Tag, ob eine Auswanderung in Frage kommt.

Arno Schmidt versteht seine Dystopien, insbesondere *Schwarze Spiegel,* als Warnung vor dem nächsten Krieg. In späteren Romanen nehmen seine post-atomaren Welten eher drastisch-satirische Züge an, wie bei den Mensch-Tier-Experimenten und absurden Spionageszenarien in *Die Gelehrtenrepublik* und dem angedeuteten Kannibalismus in *Kaff auch Mare Crisium.* In der kleinen Welt, in der die zeitgenössischen Protagonisten seiner späten Romane leben, kommt der Krieg dann nur noch – wie auch im heutigen Deutschland – durch die Medien ins Haus.

Zunächst schließt Schmidt sich noch politischen Initiativen

anderer Schriftsteller per Unterschrift an. 1955 unterzeichnet er das *Deutsche Manifest* der von Erich Ollenhauer und Gustav Heinemann initiierten Paulskirchenbewegung, die sich gegen Westintegration der Bundesrepublik und die daraus folgende Wiederbewaffnung stellt. Mit vielen lokalen Kundgebungen ist die Bewegung sehr präsent. 1958 unterschreibt er den Appell an die SPD, sich gegen eine Atomaufrüstung der Bundesrepublik einzusetzen; Mitunterzeichner sind unter anderem Stefan Andres, Axel Eggebrecht, Erich Kästner, Wolfgang Koeppen, Erwin Piscator und Hans Werner Richter. Einen offenen Brief an den französischen Kulturminister André Malraux, in dem es um die Verfolgung der französischen Intellektuellen geht, die sich gegen den Algerienkrieg ausgesprochen haben, unterzeichnet er 1960 gemeinsam mit Theodor W. Adorno, Ilse Aichinger, Alfred Andersch, Ingeborg Bachmann, Hermann Hesse, Martin Walser und anderen.

Die Aktivitäten seines Freundes Gotthelf Schlotter in der Bewegung der Kriegsdienstverweigerer hält er 1959 für gefährlich: »Gotthelf hat offiziell den Wehrdienst verweigert [...]. Ich fürchte, er wird sich von 3 konjunkturritterlichen Pfaffen und 6 dito Anwälten mißbrauchen lassen, anstatt seinen eigenen konkreten Fall im Auge zu behalten. ›Unser Volk‹ geht nun einmal eben gerade wieder (und geschlossen; es sind halt ›Deutsche‹) um genau dieselbe Kurve wie 1933. Es bescheinigt uns in jeder Wahl, daß es unsere Ansichten nicht nur nicht teilt, sondern diese Ansichten überhaupt gar nicht hören will. Und Gotthelf übersieht beharrlich, daß wir nicht mehr Sprecher auch nur für eine nennenswerte Minderheit sind; sondern einige hundert Leute, die praktisch allein ›auf sich selbst‹ stehen.« (*Briefwechsel mit Eberhard Schlotter,* S. 109f.).

Die Bitte, einen Friedensappell mehrerer Schriftsteller an die UNO nach dem Mauerbau 1961 zu unterschreiben, lässt Schmidt unbeantwortet. Auch die Ostermarschinitiative wird von ihm nicht unterstützt; Anfragen der Initiatoren aus dem Jahr 1965 finden sich im Bargfelder Archiv. Auf Schreiben des Aktionskomitees »Demokratie im Notstand« (1968), einer Initiative von Theodor

W. Adorno, Jürgen Habermas und anderen gegen die Notstandsgesetze, reagiert Schmidt ebenso wenig wie auf Anfragen anderer Initiativen zum selben Gesetz.

An den politischen und gesellschaftlichen Debatten der späten 1960er und der 1970er Jahre beteiligt sich Arno Schmidt nicht mehr direkt. Die außerparlamentarische Opposition ist ihm suspekt. Der Vietnamkrieg ist in *Die Schule der Atheisten* allerdings durch die Fernsehnachrichten präsent, sogar aus westlicher wie aus östlicher Perspektive, die aber jeweils satirisch überspitzt wird.

Schmidt möchte nun nur noch in Ruhe schreiben, unabhängig von Politik, ungestört von Kriegen, solange es irgend geht. Denn an seiner Einschätzung aus den 1950er Jahren hat sich im Grunde wenig geändert: »[D]ie dem Bürger unbegreifliche, ›hochmütige‹ Durchdrungenheit von der allesüberragenden Bedeutung der Kunst – *Troja* ist Staub : *Homer* lebt! – gepaart mit einer Geisteshaltung, der der Gefangenen in den Kerkern der französischen Revolution vergleichbar, die, die Guillotine im Nacken, Komödien improvisierten : dies vereint ergab, und ergibt immer wieder, jene bekopfschüttelte ›Unmenschlichkeit‹, die Kriege nur noch als blutig=lästige Störungen der Arbeit an einem wichtigen Buch ansieht.« (*›Funfzehn‹. Vom Wunderkind der Sinnlosigkeit*, S. 323).

Im letzten vollendeten Roman *Abend mit Goldrand* zieht der alte Major Eugen Fohrbach sein Fazit: »›[B]ild'n Se sich *ja* nich ein, meine Herrschaftn, daß es keine Kriege mehr geben werde! Für uns dürfte der Große Designer noch die attraktivstn Todesartn bereit habm.‹; (›harte und gar nicht zeitgemäße Ansichtn‹?): ›Nun, da will ich es einmal gebührend grell firmieren : –; – oder nee; 'ch will nich; bin zu faul.‹ (Geht Ei'm bloß die Zigarre aus, und der Thee wird kalt.)« (S. 43).

Krieg und Nachkriegszeit

Dann 6 Jahre Soldat – Dante war nur ein paar Tage in der Hölle
Herrn H.J.

SA, SS, Militär, HJ undsoweiter : die Menschen sind nie lästiger, als wenn sie Soldaten spielen. (Kommt bei ihnen wohl periodisch in jedem Jahrzwanzicht, ungefähr wie Malaria, neuerdings noch schneller). Am Ende sind doch immer die Schlimmsten Meister, das heißt : Vorgesetzte, Chefs, Direktoren, Präsidenten, Generale, Minister, Kanzler. Ein anständiger Mensch schämt sich, Vorgesetzter zu sein!
Aus dem Leben eines Fauns

LEVIATHAN ODER
DIE BESTE DER WELTEN

1949 veröffentlichte Arno Schmidt sein erstes Buch, den Erzählband *Leviathan* mit der titelgebenden Erzählung *Leviathan oder Die beste der Welten.* Eine Gruppe von Menschen versucht, der sich nähernden Front in Richtung Westen zu entkommen. Hierfür setzen sie eine Lokomotive mit einem angehängten Güterwaggon in Gang, an dem sich ein Schwellenreißer befindet, der die Schienen hinter ihnen zerstört. Während der Flucht führt der Ich-Erzähler in kosmologische Überlegungen ein. Der provokante Untertitel verweist auf das Theodizee-Problem, die Frage danach, warum Gott Leid zulässt. Die Aufzeichnungen des Ich-Erzählers fallen nach Kriegsende einem US-amerikanischen Soldaten in die Hände, der sie seiner Frau als Souvenir schickt.

Berlin
20th May 45

Betty Dear!
I'm quite in a hurry (but thinking always of You and the kids, of course). – The town is fearfully smashed, rather like a bad dream; well : They asked for it and they got it. – The Russians look a good jolly sort and are amiable to deal with. We all expect them to join now against the damned Japs, and that'll settle that too, I'm sure. Hope to see You again quite soon. JONNY

The watches and bracelets – well, stow them away; I had to throw them into the box absolutely at random, hope they'll not be badly damaged. The German insignia and MSS I got from a Russian Lcpl for a souvenir (gave to him some cigarettes in return). – 1000 kisses. – J.

14. 2. 45
Der Kopf pulst wie ein schwellendes Glockenmaul – oh –. Ich muß den Mund blähen und zerren. – Oh! –.
Später
Im Stahlhelm ist kaum ein flaches Grübchen; war sicher ein Querschläger von den Schienen her. Aber ich kann wieder denken und mich regen. – Die ganze Stadt (und auch hier das Bahnhofsgelände) liegt immer noch unter Beschuß; sadistisch : hier einen hin, dort mal fünf, wieder zurück. Der Schnee ist ganz schmutzig vom Ruinenstaub. Am meisten schießt es im Osten und Norden (Richtung Kreuzberg und Kerzdorf); dort geht unaufhörlich der Infanteriekampf. Ich habe nur noch meine Pistole (n) 11,25 mm; geladen, und in der Tasche ein paar Patronen lose. – Schätzen kann man an solchen Tagen die Zeit überhaupt nicht; es ist immer gleich hellgrau, die Zäune immer schwarz. (14,16 ist es.) Ich muß machen, daß ich fortkomme; mein Marschbefehl ist nach Ratzeburg. – Toll, wenn man so die Bahnhofstraße sieht; man kennt jede Ecke; täglich bin ich da gegangen; im klirrenden Winter 28/29, im hellblau und kalten Frühling, im kastanienheißen Sommergrün, oft ist die herbstlich rauschende Queisbadeanstalt in meinen Träumen. Man müßte doch eigentlich zusehen, ob man nicht noch eine Lok auftreiben könnte, die Gleise sind noch fast heil (so spielt man nun mit Gedanken; ich kann doch gar keine bedienen. Anstatt zu handeln).
15,00
Gleich vorn standen noch drei Güterloren; eine mit Kies, dann ein G.-Wagen, hinten ein Spezialfahrzeug (mannsdickes Stahlgerät; hab's nur im Vorbeilaufen gesehen). Im G.-Wagen waren schon Ratlose genug; vorgestern abend, 22,00 h, sagten sie, sei die Stadt evakuiert worden. Sie hätten immer noch gedacht ..... Zwei Soldaten (einer davon eine blutige Binde um den Kopf); ein junges Ding zeigt frech die Augen; ein Pfarrer mit Familie.
15,10
(Hinter dem Sonderwagen) : Ich habe sie gleich wiedererkannt!

(Zuerst sah ich nur die dünne ältliche Frau, ihre Mutter.) Sie trug einen braunen weiten Pelzmantel, schwarz geströmt. Bis sie sich umwandte. Sie hob sofort wieder erstaunt und kalt amüsiert die linke Augenbraue und schob das Kinn vor; dann schwenkte sie einen großen Koffer hoch in den Wagen. (Vier Einschläge kamen gleichzeitig ins Ausbesserungswerk; einer davon so nahe, daß wir im Luftdruck schwankten, ehe wir uns hinwerfen konnten. Qualmpilze spritzten im Grus haushoch; Gestein und Metall erschien brockig in der Luft. Ihr dunkles Haar im Schnee.) Drüben aus den rissigen Hallen sprangen geduckt zwei Männer, fielen zusammen, sahen sich kauernd um, krochen über die Schienen heran. Den schmutzigen Blauleinenanzügen nach Schlosser (»Millionen tragen Greiff-Kleidung«, 232/3/11, oh, gut!) Ich rief sie gleich an : »Habt ihr nicht noch 'ne Maschine? Könnt ihr fahren? –« Sie keuchten, winkten ab. Drin wären noch genug! Aber viele von Tieffliegern zerschossen. Auch fahren, ja (der eine war sogar Lok-Schlosser). Aber es hätte weder Wasser noch Kohle mehr. Sie kam herangeschlendert, die Hände in den Taschen, und wies mit Schultern und Kopf nach der anderen Seite, über der Straße : »Kohle ist drüben.« Wir verhandelten lange mit den verstörten Mechanikern, es war aber doch besser, irgend etwas anzufangen; wir Männer trugen Kohle in Säcken. –

Die lange Dämmerung. Schleppen. Dunkel raunt ein, wie ein Maler zögernd eine nächtige Farbe mischt. Schleppen. Staubiges Gelb. Schleppen. Rauchiges Rot. Schleppen. Durch ein Ruinenfenster zwinkerte feist der erste Stern; dick, dreistgelb, ein Bankier. Schleppen. Der Himmel wurde klar und versprach kommende Kälte.

Nach 18,00

Schon Nacht; aber es brennt überall in der Kupferstadt (vorhin fiel weit hinten die katholische Kirche ein). Wir sind jeder vielleicht dreißigmal hin und hergekeucht (und die MG-Garben rasselten über die Dächer); es sind noch ein paar dazugekommen, drei alte Männer und zwei Jungen in HJ-Uniform (wollten zuerst nicht mithelfen zur »Flucht«, natürlich). Wir haben, schätze ich, 200 Zentner im Tender. Der eine heizt schon; wenn wir sie unter den Wasserkran kriegen, wird's vielleicht sogar klappen. Die Frauen und Kinder haben aus einem Viehwagen altes Stroh geholt, von Pferden; stinkt, und garantiert voll Flöhe. Ich liege ganz vorn in der Ecke, und neben mir Anne Wolf; Anne Wolf. Sie kommandiert schon im Wagen und hat also auch das angeordnet. In der Stadt kracht und zittert es.

20,00

War noch einmal drüben, aus einem erhitzten Gesicht hoch oben im schwarzen Eisenblech prallte eine kleine Stimme : »Halbe Stunde noch!«; die Ventile schlugen. – Hab mir im Bahnhofsgebäude Hände und Augen gewaschen; das Wasser lief noch. Im Dunkel blinkten die Gläser, die Tische umgestürzt, zerbrochen. Wartesäle : wie oft habe ich in ihnen gesessen, gestanden, Lauban, Görlitz, Greiffenberg, und in die Menschenströme gestarrt; auf allen Stühlen saßen sie, schwatzten, aßen, gingen; ich notierte Allewelt : die sanften Lampen, die bunten Getränke, das starke Rot und Gold der Salem-Packungen; Lichtdunst der Bahnsteige; helle Zugfenster perlten in die Nacht. –

Dennoch zieht es hier wie die Pest; bloß raus.

Im Waggon

Eigentlich ist es Wahnsinn, daß wir überhaupt fahren wollen; es kann uns passieren, daß 500 Meter weiter die Schienen gesprengt sind. – Mir gegenüber liegen die beiden anderen Soldaten, das Mädchen dazwischen (so übelster Näherinnen-Typ); ein Siebziger in Postuniform (108jähriger am Amboß, *und* gibt all seinen Verdienst dem WHW! so heißt's doch immer in den Zeitungen); daneben Pastor's inmitten der sieben Kinder (sieben; na ja, wenn er nicht Gott vertrauen wollte, wer soll's dann? Zwei müssen schon an der Längsseite der Tür liegen). Auf unserer Seite sind neben mir Anne, ihre Mutter, zwei halbwüchsige Schulmädel; dann die beiden HJ-Helden mit ihrem halben Dutzend Panzerfäusten (die haben sie prahlerisch als Kopfkissen genommen, und rauchen nachlässig; fein; die Jugend ist ja unsere Zukunft, n'est ce pas?). Dann noch die beiden anderen Alten und eine Greisin (vom Lande sicher; man hört aus der Ecke immer vom »guden Boden« – mit dem widerlich langen »u« der Schlesier : »Nee, der gude, gude Boden!« Extra Silesiam non est vita).

Vorhin

Nach vielem Rangieren schob sich langsam die Lok heran; sie koppelten und fluchten. Wir haben vergeblich versucht, den letzten Wagen loszukriegen, es ist alles festgerostet; der Lokführer rief : »Macht bloß den Schwellenreißer ab! –« Sieh da, der Schwellenreißer! In Drontheim, in der Wochenschau hab ich ihn gesehen; er war da im Osten »eingesetzt«. Der Gedanke ist ganz einfach : am letzten Wagen hängt der viele Tonnen schwere »zweckvoll geformte« Stahlhaken, greift hinter die Eisenbahnschwellen, vorn fährt die Maschine an, und er reißt eine nach der anderen mitten durch. Geht ganz leicht, so schnell der Zug eben fährt. Damals saßen ein paar wehrhaft lachende Landser darauf (»Sie sind soeben gefilmt worden«), anstatt daß ihre Gesichter von Grauen gezerrt waren! Ich hab mich am Kinostuhl festhalten müssen, mit aufgerissenen Augen; an Cervantes gedacht und Mozart, und den Major Fouqué (Mann, gibt es denn das : »Major« und »Undine«, »Alethes«!). Kant hat nur die Beweise für die Existenz eines »lieben« Gottes als faule Witze entlarvt; wir können heute schon direkt welche dagegen geben : der Schwellenreißer ist ein guter (gewiß; auch die Kommandanten von Oeveraas, 21./976, die Schweine, Zeller an der Spitze; außer Dittmann und Georg). – Nun ist er aufgebockt und liegt, von einer dicken Kette gehalten, oben auf der Wagenplattform. Ich stieg wieder ein; Anne raschelte in einem Papier.

21,07

Endlich : ein leises Rollen hob unter uns an : wir fuhren. Langsam.

Später

Vorn scheint doch nicht alles in Ordnung zu sein; wir waren kaum unter den drei Unterführungen hindurch, da standen wir schon wieder. Die Tür auf meiner Seite geht nicht ganz zu, und der Fahrtwind ist fast unerträglich kalt (haben versucht, sie zuzurucken; aber es geht nicht. Hinten brennt es überall). Ich konnte gerade den Buckel des Steinberges und die Hohwaldchaussee unterscheiden. Aus der Soldatenecke gegenüber kam Gekicher und zweimal ein kleiner frecher Schrei; selbst der Verwundete schäkerte schlaff und geil hinein. Der Pfarrer bat wiederholt um Kraft und rühmte die Reichweite der Güte des Herrn, was Frau und Kinder nachhallend bekräftigten; widerlich. Die alte Frau und die stoppelbärtigen Alten fluchten auf »den Hitler«; dann wieder auf den »Hitler, der verfluchte Lump!« (das »u« diesmal ganz kurz und betont). Ein furchtbarer Ruck; Funkiges fuhr seidenrot vorbei; wir rollten wieder ein paar Minuten.

Fast Mitternacht

Wir halten immer noch (etwas hinter dem Krankenhaus wohl). Hab etwa eine Stunde gedöst, bis ich frierend erwachte. Die Kinder winselten vor Kälte und mußten austreten. Es wurde vorgeschlagen, daß alle das gleichzeitig tun sollten, damit nachher möglichst die Tür geschlossen bliebe. Bon.

Draußen

Dünne hohe Ruten beben im Wind, der über'n morschen Schnee seufzt; eine Kiefer federt gleichmäßig hin und her; man huschte und kauerte hinterm Gesträuch. Ich sah die Sterne; winzige lodernde Gesichter, kalkweiß und hellblau; Ursa majoris, die kleine; dazwischen der Drache. Die Lichtschleier am Horizont murrten unaufhörlich. Auch Anne bummelte hochhüftig hinter ihrem Busch hervor. Der alte Postbeamte trat höflich zu mir : »Auch ein Sternenfreund, Herr Unteroffizier?« Er zeigte mit dem Kopf nach hinten ins Gebränd : »Wie gut, daß es noch eine Unendlichkeit gibt – –.« Ein hageres, leidlich würdiges Gesicht. Aber sie hörte. Ich drehte mich langsam (ho, eindrucksvoll!); ich sagte zerstreut : »Sie irren sich; nicht einmal die Unendlichkeit gibt es. – Glücklicher Homer –.« Er krauste erstaunt und höhnisch die nackte Stirn im Nachtlicht : »Kant. Schopenhauer«, gab er heiter die weitere Richtung an, »wie stellen Sie sich das vor : die Stelle, wo der Raum ein Ende hat?« Auch der Pfarrer ließ sich von dem gestirnten Himmel über sich ergreifen : »Gott«, gab er an, »ist unendlich –.« Ich disputiere nie mit Frommen, ich sprach auch jetzt in Richtung unseres Sonderzuges : »Auch Sie irren sich; es gab einen Dämon von wesentlich grausamem, teuflischem Charakter, aber auch er existiert jetzt nicht mehr.« Er sprach ergriffen : »Sie lästern! –« Wind. HJ riß ein Streichholz an. Eine magere Sternschnuppe zog eine Silberbraue über Beteigeuze (an dem zornigen Namen besoff sich mein Vater einmal, so um 22, »Beteigeuze, die Riesensonne«, Artikel im Fremdenblatt). Anne trat an mich heran : »Helfen Sie mir doch mal hoch«, sagte sie; es geschah. Ihr glücklichen Augen. Wir stiegen alle ein. Der Alte fragte verächtlich aus dem Dunkel : »Also – wie denken Sie sich das : mit dem –« betont : »nichtunendlichen Raum?« Anne drehte das Gesicht zu mir (man sah nur einen fahlen Fleck) und ich sprach :

»Unbegrenzt; aber nicht unendlich. Eine Kugeloberfläche : ist auch unbegrenzt, aber nicht unendlich. Wir können uns zwar nur Drei-Dimensionales vorstellen (eine Folge unserer Gehirnstruktur), aber folgen Sie mir einmal zur Erläuterung ins Zwei-Dimensionale. Eine ›unendliche‹ Tischplatte, zwei gleichgroße Pappdreiecke darauf : die denkenden Dreiecke. Diese Wesen können sich in ihrem Raum nur umeinander verschieben; wollten sie z. B. ihre Kongruenz nachweisen, müßten sie Winkel und Seiten messen und trigonometrische Folgerungen ziehen; wir heben zum Nachweis nur eins der Dreiecke in unseren, um eine Dimension höheren Raum hinaus, und decken es auf das brüderlich andere. – Diese Gebilde stellten unter anderem folgende fundamentale Sätze auf : Eine Gerade ist die kürzeste Verbindung zweier Punkte, durch einen Punkt zu einer Geraden gibt es eine Parallele; aus dem Parallelensatz ergibt sich die Winkelsumme im Dreieck zu 180 Grad.« – Hier schrie die Nutte hoch unkeusch und sagte : »Jetzt nicht!« – Ich sprach : »Ein weises Dreieck untersuchte eine in sich zurückgekrümmte, ebenfalls zweidimensionale Kugeloberfläche, und fand, daß dann die Geraden (d. h. die Linien kürzester

Entfernung) Großkreise würden, es also keine Parallelen mehr gäbe, und die Winkelsumme größer als 180 Grad sei. Ein anderes fand, daß auf einer Pseudosphäre es bei Anwendung der gleichen Grundsätze unendlich viele Parallelen gebe (faßlich am Beltramischen Grenzkreis), und die Winkelsumme kleiner sei als 180 Grad. – Welcher dieser 3 möglichen zweidimensionalen Räume war nun der ›wahre‹; welche Geometrie galt? (Und übertragen Sie diese Gedankengänge auf alle n-dimensionalen Räume).«
Hacken tupften rhythmisch den Boden : »Wer Klavier spielt, hat Glück bei den Frau'n ...«; Jugend fand sich im Gedicht; »... denn der Klang des gespielten Klavieres ...« (Weiß Gott! »gespielten Klavieres«; wir sind gerichtet!). Der Alte fragte, schon unsicher : »Alles verstehe ich noch nicht – und welcher ist es denn – ?« Ich sprach : »Eine Dreiecksmessung entschiede alles (theoretisch); aber bei der Kleinheit des uns zugänglichen Raumes ist diese Methode nicht brauchbar. Aber z. B. die Anwendung des Dopplerschen Prinzips (der Messung von Radialgeschwindigkeiten durch Linienverschiebungen im Spektrum) ergab, daß die Geschwindigkeiten himmlischer Gebilde mit der Entfernung von uns wachsen, bis an die Grenze der Lichtgeschwindigkeit; eine zunächst völlig grundlos erscheinende Abhängigkeit. Denken Sie sich aber – wieder im 2-Dimensionalen – an eine Kugel eine Tangentialebene gelegt, und die sich auf der Kugeloberfläche annähernd gleichmäßig bewegenden Lichtpunkte auf diese Ebene projiziert, so haben Sie Ähnliches. Es gibt noch andere gewichtige Gründe. Das Ergebnis ist : unser Gehirn entwirft vereinfachend (biologisch ausreichend!) einen 3-dimensionalen, euklidischen, verschwommen-unendlichen Raum, eben ein Stückchen ›Tangentialebene‹; in Wahrheit aber ist dieser in sich zurück und in einen 4-dimensionalen hineingekrümmt (denken Sie an die Kugeloberfläche im 2-dimensionalen Beispiel); also mit endlichem, in Zahlen ausdrückbarem Durchmesser. Unbegrenzt aber nicht unendlich. –«
Wind fauchte wie ein böses Tier am Klaff und suchte im Stroh. Ihre Mutter fragte halblaut : »Wann hat Alfred denn zuletzt geschrie-

ben?« Sie antwortete gleichmütig : »Am liebsten ließ ich mich scheiden –«. Es war ein Ruck, sie hatte also geheiratet (natürlich; ich hatte damals ja auch überhaupt nicht mit ihr zu sprechen gewagt; sie immer nur gesehen; damals). Der Alte antwortete zitternd : »Also hat Schopenhauer in dieser Hinsicht doch unrecht gehabt – – und ich hatte gedacht ...«; er murmelte und sann. Anne fragte kauend (noch immer tricky, oh Du!) »Können Sie eine Zahl nennen? – Für den Durchmesser?« – Ich sprach : »Er schwankt. Dieser Raum pulsiert.« Der Wagen ruckte an, daß die Tür aufschurrte; wir fingen sie wieder und legten uns. Eins der Gotteskinder begann zu singen mit seltsam hoher und fiebriger Glasstimme; wer weiß, wie lange sie schon auf den Treckstraßen gelaufen waren. Und der Verbrecher in Berlin hetzte das ganze Volk in Tod und Grauen, um immer »größer« und »einmaliger« zu werden, ein Zwitter von Nero und Savonarola; nur schade, daß er sich der Gerechtigkeit des getäuschten Volkes entziehen würde, feiger als jeder seiner Soldaten. Schon zu viel von ihm. – Mantelkragen hoch, und die Ohrenklappen runter; es ist hundekalt.

Noch dunkel

Wenig geschlafen; aber alles mögliche gedacht. Cooper fiel mir ein (also auch der »Hochwald«). »– es liegt etwas Fremdes und Abwehrendes in Schmuck und Feierkleid der Frauen –«; ich drehte mich auf die rechte Seite, ich sagte nachtwindleise in ein Ohr : viele Erinnerungen. Sonne, Wind. Die gelben Abende, auf der Flußscheibe entstand Schwatzen und Gelächter. Syringen im Regen. Knaben knieten schreiend am grünlichen Teich. Die Nacht begann im Weidengewölb hinter den Zweigen. Sie atmete gleichmäßig und kummerlos; im Schlaf. Warum auch nicht. War nicht alles wie eine Erzählung geworden? Und hatten auf den Fliederblättern nicht auch damals tödlich fette Raupen gelümmelt; und die blökenden Buben hatten das stille Wasser gepeitscht, bis es zischte? War nicht meine Seele auch damals gequält gewesen, und das Dasein etwas, das besser nicht wäre? Wenn ich nur hätte schlafen können. Sehr schuldig war auch Nietzsche, der Machtverhimmler;

er hat eigentlich die Nazi-Tricks gelehrt (»Du sollst den Krieg mehr lieben als den Frieden ...«), der maulfertige Schuft; er ist der Vater jener Breker'schen Berufssoldaten, die, wenn man ihnen Felsblock und Keule nimmt, verhungern müssen, weil sie »halt weiter nichts gelernt haben«. Der und Plato waren große Schädlinge (und Ignoranten nebenbei : siehe Naturwissenschaften). Oh, des Morgen- und Nachmittagsgoldes im Aristipp. Und der Bart fing an zu stacheln; Wärme schien es zu bringen, wenn man ruckartig alle Muskeln im Körper gewaltsam spannte, so lange man konnte; die Durchblutung begann dann, aber es war verdammt anstrengend. Gähnen. Die Dreiviertelnacht war voller Gestank; ein Schnaps wäre das Richtige gewesen, elender Fusel meinetwegen, aber hochgiftig. Oder wurde es schon morgengrau?

8,00

Es gab einen Pfiff vorne (damit man ja auf uns aufmerksam würde; was doch die Gewohnheit macht!); dann puffte die Maschine langsam, immer schneller, Dampf aus, und wir rumpelten wieder mal. Sogar ziemlich lange. Natürlich erwachte alles und sah mit schlaffen grauen Gesichtern umher (Ja, ja; keine Angst; es ist immer noch dasselbe Elend). Das kranke Kind blühte gefährlich wie eine Rose. Da : langsamer. Schluß. Na also.

9,30

Donnerwetter, das war knapp. –

Wir hielten irgendwo um Nikolausdorf zwischen hohen Böschungen, kieferngesäumten. Die meisten stiegen aus; ich stapfte vor zur Lok : sie kriegten den notwendigen Dampfdruck nicht mit der schlaffen nassen Kohle; es könnte Stunden dauern, bis es wieder soweit wäre. Sie arbeiteten aber unermüdlich. –

Ich klomm die Südböschung hinauf und in den niedrigen grauen Tag (noch immer dünn und gleichmäßig bewölkt, aber schon wesentlich kälter). Im Norden, gar nicht so weit von uns, spritzte erdiger Schnee von den Einschlägen leichter Artillerie. Ich schrie den Heizer an : er sollte das ewige Dampfablassen mal stoppen, aber er zuckte nur die Achseln. Plötzlich kamen die Dreckfontänen sprunghaft näher; setzten über uns, wichen zurück; es pfiff in den Lüften wie tausend Schufte. Ich gröhlte entsetzt alle zusammen (wie langsam sie kamen), und der Russe schoß sich auf den Zug ein. Ich rief ihnen zu, seitlich auszuweichen, nicht etwa unter der Flugbahn hin- und herzulaufen. Anne kam sofort zu mir gerannt (geschmeidig und sportlich wie früher) und warf den Kopf neben mir auf die Kiesel. Auch die Soldaten krochen an, ihre Mutter, der Alte. Schwarze Punkte glitten aus einem fernen Waldstück – Panzer! – und auf einmal war ein vögelchenfeines heiteres Piepen über uns; ich schob ihren Kopf hinunter und kreischte zum langsam herbalancierenden Pfaffen : »Hinlegen!!« 100 Meter rechts von uns, wo der verfluchte Spirituskocher dampfte, stachen zwei mannslange schwarzrote Flammen aus den Kiefernkronen; und wieder »Huiii – Ua!« Und wieder. Eisen tönte unten im Hohlweg; schwere Lasten. Ich fragte keuchend : »Wissen Sie noch – Görlitz. Die kühle Bahnhofshalle. An Sommermorgen. –« Sie nickte gleichmütig, und ich schob mich flach an einen Busch, und hob die bebrillten Augen über den Rand. It cracked and growled and roared and howled. Aber nicht nur wir hier, sondern auch die Tanks schienen unter heftigem Beschuß zu liegen (Anne war schon neben mir und ihr Marlene-Dietrich-Profil verstörte mich wieder in selige Knechtschaft). Noch einmal klatschte einer eine hysterische MG-Salve in die Baumstämme, dann drehten sie ab und raupten wieder ins Wäldchen. Wir rannten sofort geduckt hinter der Böschung zurück : da war der Boden rot; rot, ach. Einer der alten Bauern saß stumpf und hielt den tropfenden schlenkernden Arm. Und eins der Kinder war fast völlig zerrissen von zwei Riesensplittern, Hals und Schultern, alles. Die Mutter hielt noch immer den Kopf und sah wie verwundert in die fette karminene Lache. Das kranke Ding aß alten Schnee vor Hunger und Durst; ich klopfte ihm ein bißchen die Hände; es hat ja doch keinen Sinn, ich hatte auch nichts zu essen. Dem alten Briefmarkenstempler wurde fast schlecht : »Ist denn das möglich –« flüsterte er und würgte am Speichel. Der Pfarrer tröstete die weinende Frau;

er meinte: »Der Herr hat's gegeben; der Herr hat's genommen –« und, hol's der Teufel, der Feigling und Byzantiner setzte hinzu: »Der Name des Herrn sei gelobt!« (Und sah dabei stolz auf uns arme verlorene Heiden, die schamlose Lakaienseele! – Das schuldlose Kind – Seine 2000 Jahre alten Kalauer von der Erbsünde kann er doch nur einem erzählen, der keine Krempe mehr am Hut hat: Haben diese Leute denn nie daran gedacht, daß Gott der Schuldige sein könnte? Haben sie denn nie von Kant und Schopenhauer gehört, und Gauß und Riemann, Darwin, Goethe, Wieland? Oder fassen sie's einfach nicht, und mampfen kuhselig ihren Kohl weiter durch die Jahrhunderte? Das ist der Geist, der Flußregulierungen als Mißtrauensvota gegen Gott und Eingriffe in SEINE Schöpfung ablehnt. Einen Gottesgelehrten hab ich mal scharf vom Blinddarm urteilen hören: »Wenn er nicht zu was gut wäre, wär' er doch wohl gar nicht da!« – Whatever is, is right: Das gilt ja dann auch für spinale Kinderlähmung, Nonnenfraß, Sphaerularia Bombi Dufour und Herms Niels; blinde Gefolgschaft scheint immer schwarze Uniform zu tragen. – Pack).

11,00

Er wühlte das Grab mit den Händen, die er dabei kokett und andächtig betrachtete. Ich sah, wie er die Erinnerung kostbar beiseitelegte: wie würde einst seine Stimme aus herbsten Erschütterungen hertrauern können, wenn er berichtete –: – »mit meinen eigenen Händen ...« Der Affe. –

Mittag

Ich hatte mir meinen Brotbeutel umgehängt (falls wir den Wagen verlassen müssen) und mich an eine schwärzlich nasse Kiefer gelehnt. Auch die anderen standen zum Teil herum. Anne hatte eine Zigarette im Mundwinkel; plötzlich fragte sie: »Wieso pulsiert Ihr Raum denn – ?« und der Alte drängte sich heran. Ich war müde; ich runzelte unhöflich die Stirn, aber ich sagte angestrengt:

»Im endlichen Raum ist sparsam Materie verteilt; ihre Gleichartigkeit ist bewiesen durch Spektralanalyse und Meteoreinfang. Ebenso ist aller zerteilten Materie Gravitation eigen; d.h. Wille

zur Vereinigung aller Atome. Beides deutet gemeinsamen Ursprung an. – Denken Sie im 2-Dimensionalen an einen aufgeblasenen Kinderballon : ähnlich wurde eine Quantität Materie und mit ihr unser endlicher Raum mit begrenzter Energie ausgebläht. (»Apropos, Blähungen –« sagte der eine Soldat, und ich nickte ingrimmig; wie wahr, mein Sohn, wie wahr! Anne lachte ehern). In den Fliehbewegungen der extragalaktischen Nebel mag sich noch diese ehemalige Ausdehnung unseres ›Alls‹ andeuten; vielleicht ist die Lichtgeschwindigkeit irgendwie mit der dehnenden Kraft zu verbinden. (Strahlungsgesetze, Ausbreitungsgesetze : Licht, Schall – und Kontraktionsgesetze : Schwere – werden beide durch das Quadrat der Entfernung geregelt). Aber die Gummihaut will sich zusammenziehen : die Gravitation ist diese ›Oberflächenspannung‹ des Weltalls, der Befehl zur Einholung des materiellen Universums, der Beweis für die unvermeidliche Kontraktion. Die homogene, gravitationslose ›Endkugel‹, in der keine physikalischen oder chemischen Umsetzungen mehr erfolgen, die also ohne Kausalität und eigenschaftslos ist, wird dann für Wesen mit unserer jetzigen Hirnleistung sofort verschwinden, mit ihr der geschrumpfte 3-dimensionale Raum, auch unsere Zeit. –«
Der Pfarrer hatte mitleidig und zerstreut zugehört, aber jetzt fragte er doch erstaunt und kindlich : »Wieso? – Verschwinden – –«, und schüttelte völlig überrascht den gepolsterten Hohlkopf. Der Alte war eifrig wie ein Jagdhund geworden; das verstand er; denn seinen Schopenhauer schien er leidlich parat zu haben; er nickte gespannt und murmelte Passendes aus dem Satz vom Grunde. Der Himmel wurde schon an vielen Stellen blau; es würde Kälte kommen. Und das kranke Mädelchen kannte schon niemanden mehr, und schlug mit den Händen nach dem Fiebergott (mit dem Fuchsgesicht; dem Bündel roter Pfeile vor der Brust; siehe Weilaghiri). Ich fürchte, er wird bald wieder den da oben rühmen können.
Richtig gewaschen hab ich mich schon seit 8 Tagen nicht mehr; wir sehen alle bräunlich und schlank aus (wie Kügelgens Großvater).

Hört, hört
Ein Soldat unterhielt sich mit den HJ-Halbwüchsigen (und die BDM-Mädchen nickten überzeugt) : »Wir haben noch was; wir siegen. Der Führer verfolgt eine ganz bestimmte Taktik; erst lockt er alle rein, und dann kommen die Geheimwaffen.« »Goebbels hat ja wörtlich gesagt«, erwiderte der eine Junge, »›als ich die Wirkung der neuen Waffen sah, stand mir das Herz still‹ Und in drei Jahren ist alles wieder – schöner – aufgebaut. Die Pläne liegen alle fix und fertig beim Führer im Schreibtisch.« Und so weiter. Und ihre Augen leuchteten wie die Scheiben brennender Irrenhäuser. Ich würde begrüßen, wenn die Menschheit zu Ende käme; ich habe die begründete Hoffnung, daß sie sich in – na – in 500 bis 800 Jahren restlos vernichtet haben werden; und es wird gut sein.
Die Sonne erschien auf einen Augenblick zwischen schüchternen Wolken. Ich hockte mich auf einen Baumstumpf; unten lehnte Anne am roten Wagen, ganz im Licht. Der Kopf sank mir auf die Brust, ich schlief ein. Weit war der wimmelnde Bahnhof, Treppen und Hallen; da schrie ich schon : »Sie kommen! Deckung!« Zehntausend Traumgesichter erbleichten, an allen Wänden bargen sie sich, ich warf mich neben die Steinstufen. Oben in der klaren Luft loopten die drei Maschinen; ganz deutlich die Einzöller-Rohre aus den Tragflächen. Anne war weit von mir getrennt worden, ein Gestaltenstrom schwemmte dazwischen; ich hob nach ihr rufend den Kopf, da zuckte es schon auf den Steinen und gellte. Armlange grüne Flämmchen stachen schlank aus dem Boden, rissen tischgroße Erdfladen heraus, Splitter jaulten, man blutete. Sie flogen Karussell und feuerten, Ruck und Widerruck; durch Lokomotiven; faustgroß durchlöcherten sich Hauswände; eine Baumkrone kam brechend herab (Madonna mit der Gasmaske, Aufgabe für alte Meister) – da : Abflug! Ich rannte zurück, zu unserem Wagen (der sich plötzlich in einen Personenwagen verwandelt hatte), ich rief verzweifelt : »Anne! Anne!«, aber da trat sie schon ans Fenster. Ich kam langsam auf das Trittbrett, müde, im alten dreckigen Soldatenmantel, müde; ich faßte das herabgelassene Fenster

mit beiden Händen und sah hinauf in ihr Gesicht, sah und sah. Leuchtende Stille und Seligkeit. Ihr Mund wollte sich spöttisch und ziervoll krausen, Erstaunen und zärtliche Heiterkeit, Fremdheit und Neigung. Sie zog eine Hand aus der Tasche und schob sie mir über die Stirn ins Haar. Ihr Gesicht war hell von meinen Augen; sie sann und rätselte. Sie sagte : »So viel Schmutz und Elend die ganzen Jahre –.« Streichelndes Schweigen. Schwermütig und listig bog sich noch einmal das Lippenrot, Gelächel und Worte, gefährlich und versprechend : »Und ein Schutzengel wäre doch recht nötig, wie? –«
Ich zuckte; ich erwachte; Goldsonne und Blauschatten fleckten um mich. Anne stand vor mir, betrachtete mich interessiert und fragte : »Was ist denn los? Sie haben ja gar so innig und intim nach mir gerufen.« Sie machte eine winzige artistische Pause und meinte ironisch und wissend : »Geträumt, eh?!« Ich spannte die Brauen; ich erzählte; Wort nach Wort. Sie lauschte mit spöttisch geneigtem Ohr. »Und – c'est tout?« fragte sie, und tat enttäuscht : »– recht wenig pikant eigentlich. Soldaten sollen doch im allgemeinen aggressiver sein –«. Herausfordernd. Ich nickte höflich und sagte : »Ich weiß, ich habe mich wenig geändert. Sie allerdings auch nicht.« Sie drehte mir auflachend, dann pfeifend den Rücken (»Fräulein, heut dürfen Sie nicht allein sein ...«) hielt an, kam zurück und erkundigte sich : »Passiert Ihnen das übrigens öfter : von mir zu träumen – ?« Ich zögerte gar nicht, ich sagte verbindlich : »Ja.« Sie warf anerkennend den Kopf und meinte über die Schulter : »Etwas anders sind Sie doch geworden. Früher haben Sie bloß Augen wie Spiegeleier gemacht – na schön«. Sie bummelte wieder zu ihrer Mutter hinab. Das kranke Kind starb gerade; Och orro orro ollalu.

14,13

Trübe strömte am Himmel, zuerst nebelfein, hoch über dem hohlen bläulichen Schnee; Wind sprang fetzig im Westen auf; die Welt versank in grauer Heiserkeit : es begann zu schneien. Schwer und scheußlich.

Unten im Wagen
Alles hockt grämlich beisammen; friert, hustet, hungert. Auch Durst. Bald sollen wir wieder fahren können.
16,10
Der Schnee, der Schnee; stundenlang. Anne hatte die Hände in die Taschen gestoßen und saß unbeweglich. Der Alte räusperte sich. Noch einmal. (Er sah schon schmutzig aus und weiß und dürr.) Er sah mich beherrscht an und fragte : »Sie sagten vorhin, dies Universum sei in Kontraktion begriffen und wäre zuvor ›ausgeblasen‹ worden. Können Sie eine Vermutung für dieses Pulsieren angeben?« Er machte das Gesicht klein und faltig und lauschte angestrengt. Die HJ verglich die Panzerfäuste (zum Entsetzen der ländlichen Greisin) : »... also Loch kommt auf Loch; zuschrauben ...«, sie spielten so eifrig damit, echte Kinder des Leviathan (Du bist mein lieber Sohn ...); böses Eisen und tödliches Feuer; ei, die Wohlgeratenen. Ich dachte an die irrsinnigen Hetzplakate des Gauleiters Hanke in Breslau; wie er mit der schnalzenden Eloquenz des Wahnsinns die Staatsjugend aufrief : Schnee in die Flüsse und Bäche zu schaufeln, daß sie aufschwellen und die Feinde festhalten (wörtlich! So habe ich es selbst am 8.2.45 im Schaufenster des Kaufmanns Schneider, Am Graben, in Greiffenberg, gelesen!) Schuppig wogendes Geström, wurmhaft empört; schön. Wie er von den abgelebten Alten forderte, sich nachts mit Bränden in die vom Feind besetzten Ortschaften zu schleichen, Flammen schleudernd, mit der hohnvollen Logik : sterben müßt ihr doch bald, also gebt den Rest eurer Tage dem Führer! – Ich bin fest überzeugt, daß sie aus johlendem Irrwitz und kreischender Vernichtungsgier (und die Lust des Herostratos nicht vergessen!) Deutschland bis zur letzten Hundehütte in Lohe und Trümmern aufgehen lassen. Wie gesagt : Wiedertäuferallüren. Ein andres Kostüm, ein größerer Schauplatz. Und der Alte soll seine Antwort haben. Ich röhrte meine Stimme frei; ich sagte barsch : »Sie wissen aus Ihrem Schopenhauer, daß die Welt Wille und Vorstellung ist; er hält bei dieser Erkenntnis inne, tut den letzten Schritt nicht; aber am Ende

wird dies beides in einem Wesen furchtbarer Macht und Intelligenz vereinigt sein.« Der Pfarrer hob lächelnd und heilig-erfreut den Kopf : »Gott«, sagte er nickend und beruhigt, »Sie kommen nicht um seine Tatsache herum –.« Ich wandte nicht einmal die Augen; ich sprach : »Der Dämon. Er ist bald er selbst; bald west er in universaler Zerteilung. Zur Zeit existiert er nicht mehr als Individuum, sondern als Universum. Hat aber in allem den Befehl zur Rückkehr hinterlassen; Gravitation ist der Beweis hierfür im Körperlichen. (Die 80 Kugelsternhaufen weit über der galaktischen Ebene, sind sie nicht Vor- und Beispiel? Vielleicht mögen sie allmählich in die größeren Sternwolken aufgenommen werden, aber als Ganzes; denn ihre Kontraktion dürfte weit schneller erfolgen); im Geistigen deuten auf solchen Zwang : die Tatsachen des Gattungsbewußtseins (allen gemeinsame Flugträume usw.; die beweisbar gleiche Raum- und Zeitvorstellung aller Lebewesen : gemeinsamer Ursprung) die Unfreiheit des Willens im Handeln (weiser Schopenhauer! Mit allen Konsequenzen : Möglichkeit der Zukunftseinsicht, etwa durch Träume – J. W. Dunne. – Magie), im Tode Auflösung des Einzelwesens. (Wir wünschen unsere Perpetuierung als Individuen, und diese Wahlparole haben die Religionen – Christen, Mohammedaner – deshalb haben sie Anhänger; eine Lehre – wieder Schopenhauer – die das Vergehen des Individuums im ›Allwillen‹ wahrscheinlich macht, kann nie populär oder geliebt werden, auch nicht von dem, der sie für wahr erkennt; sie hat immer vom Medusischen). Die Akkumulierung der Intelligenz zu immer größeren Portionen – siehe Palaeontologie – spricht für diese Rekonstituierung des Dämons auch in geistiger Hinsicht (Möglichkeit ›übermenschlicher‹ Existenzen : Zauberer, Elementargeister – oh, Hoffmann – wieder die 80 Kugelsternhaufen).

Um das Wesen des besagten Dämons zu beurteilen, müssen wir uns außer uns und in uns umsehen. Wir selbst sind ja ein Teil von ihm : was muß also Er erst für ein Satan sein?! Und die Welt gar schön und wohleingerichtet finden, kann wohl nur der Herr von

Leibniz (›von‹ und siehe hierzu Klopstocks Anmerkungen in der Gelehrtenrepublik), der nicht genug bewundern mag, daß die Erdachse so weise schief steht, oder Matthias Claudius, der den ganzen Tag vor christlicher Freude sich wälzen und schreien wollte, und andere geistige Schwyzer. Diese Welt ist etwas, das besser nicht wäre; wer anders sagt, der lügt! Denken Sie an die Weltmechanismen : Fressen und Geilheit. Wuchern und Ersticken. Zuweilen ein reines Formgefühl : Kristalle, die Radiolarientafeln Haeckels (Boelsche meinte nachdenklich, es müsse da noch ein bisher unerkanntes Formprinzip in der Natur liegen, hoho); an sich liegt hier nur das technische Problem des Schwebens im Salzwasser vor, für welches sich die beste Näherung wohl rasch durch Selektion gefunden hätte. Andererseits : Molche, Schlangen, Spinnen, Fledermäuse, Tiefseefische, Lachs- und Aalwanderungen. Auch Cesare Borgia hatte viel Kunstverständnis. Gewiß ist unsere Einsicht räumlich und zeitlich begrenzt. Dennoch bleibt der Leviathan, der seine Bosheit bald konzentriert, bald in größter Mannigfaltigkeit und Verteilung genießen will. –
Nichts berechtigt uns nebenbei, anzunehmen, daß unser Leviathan einzig in seiner Art sei. Es mag viele Wesen seiner Größenordnung und unter ihnen auch gute, weiße, englische, geben. Wir sind allerdings leider an einen Teufel geraten. Si monumentum quaeris, circumspice (steht auf Sir Christopher's Grab).«
Dämmerung, Dämmerung
Der Schnee stürzt lautlos vorbei; am Türspalt; Milliarden kristallener Wesen, luftgeboren, wassergestorben. (Was für Flocken mag Eisen bilden, wenn es aus der Sonnenatmosphäre auf den rasenden Glutleib niederklatscht : drachig, stachelstarr. – Oder Gold –). – Vorn von der Lok kam rauh (aber klein) der Heizerruf : »Aufpassen! Geht los!« Dampf schoß stoßweise auf; es ruckte und klapperte. Ein winziges Stückchen. Eine Hemmung. Und dann brach hinter uns ein höllisches Splittern und Bersten auf. Wieder ein Meterchen. Wieder riß es und bellte wie platzendes Holz. Ich sprang auf, zur Tür, und schwang mich durch den Spalt, fing

Anne hinter mir (ein kühnes Pelzmädchen), da kam auch schon der Lokführer, und wir sahen, fluchend, daß die Ketten gerissen (zerschossen?) waren, und der Schwellenreißer – well : tadellos arbeitete. – Wir krümmten uns zwischen die Puffer, riefen die anderen und versuchten noch einmal, mit schwingenden Armen, beugend, hebelnd, den Wagen abzukuppeln. Noch einmal. Aber es blieb umsonst; Rost war in Rost gefressen; wir zerrissen uns die unbewehrten Hände. Und Eile tat not; wir mußten die paar Minuten der Dampfspannung ausnützen. So klommen wir stumm und naß in die rollende Bude, und (pfiff der verrückte Hund nicht wieder!) ab ging's. Fahrt ins Graue mit obligatem Schwellenreißer. Heil Hitler. Der Postmeister wurde auf einmal fassungslos wild; er ballte eine Faust gegen die hoffnungsvollen Jünglinge und schrie (lauter als der Satanstakt hinter uns) : »Schämt Ihr Euch nicht, diese verfluchte Uniform zu tragen?! Hört Ihr das denn nicht?! Oh, die Lumpen, die Lumpen!!« Auf stand Deutschlands Zukunft; sie fragten erstaunt und giftig : »Wieso denn? Das ist doch prima! Da kann der Russe wenigstens nicht nachstoßen!« – Der eine, ältere, sagte ruhig und drohend : »Sehen Sie sich nur vor. Es sind noch viel zu wenig im KZ«. Und der andere (kindlich und eifrig – war es nicht nur eine Art modernen Spiels? Man brauchte doch nur ein heiteres Knöpfchen zu drücken –) : »Schieß doch den verdammten Verräter über den Haufen!« Draußen wuchs das häßliche Lärmen an einsamen Häusern in unmäßige Tollheit. Eine Pappelreihe kreuzte unseren Weg. Sterne. Der Schnee war aus der Luft verschwunden. Rollen, Splittern. Rolle, Rolle – ho : langsamer. Es zerwürgte gemach noch eine Schwelle. Zögernd, genießend : noch eine. – Noch – eine – – noch. Wir standen. Ich riß die Pistole heraus; ich war ganz wütend und kalt; ich herrschte in die plötzlich summende Stille : »Wer noch einmal von Erschießen spricht, hat eine Kugel im Bauch! Haben wir noch nicht genug Elend im Wagen – ?« Gleichzeitig fühlte ich Hunger und Durst (bisher konnte ich's noch leidlich wegdenken); ich knuffte die Tür auf und hüpfte hinab : Donnerwetter : knietief! Es hatte viel geschneit. Und Moys;

dicht hinter dem kleinen Stationsgebäude. Drüben zweigte die Strecke nach Kohlfurt, Penzig ab. Ich aß schaudernd zwei Hände Schnee. Und kalt war es geworden. Oben aus dem dunklen Viereck fragte eine ruhige, etwas brüchige Stimme: »Nun? Was ist? –« Du Doppelstern. Ich erwiderte: »Vor uns liegt schweres Feuer –.« »Uns –«, wiederholte sie raffiniert träge und sprang mir in die Arme, ohne die Hände aus den Taschen zu nehmen. Ich lachte laut auf; warf den Kopf zurück: »Ja. Uns!« sagte ich ingrimmig und belustigt – da rief der Heizer. –

19,30

Aus einer fernen Hügelkette stiegen lautlos die roten Perlenschnüre der Vierlingsflak. Die Kälte wurde immer strenger; trotzdem hat es noch einmal heftig geschneit, aber ganz fein und hart.

Nacht im Wagen

Die Bauern sind verzweifelnd davon gestampft. Der harte Schnee hat den Magen fast betäubt; es war ja auch Irrsinn. Der Alte scheint schwer zu leiden; er hat wohl in seinem ganzen Leben solche Strapazen nicht durchgemacht; einer der Soldaten hat ihm einen Mund voll Schnaps gegeben – dann haben sie und das Weib den Rest der Flasche ausgesoffen; sitzen und zoten. Die lernbegierige Jugend feixt beifällig durch die Nase zu den rüden Eindeutigkeiten. Vorhin, als der Pfarrer mit der unbeirrbaren Selbstgefälligkeit der Frommen wieder laut und beispielhaft vorbeten wollte, wurde er endlich angefahren: der Soldat mit der Stirnbinde gröhlte drohend hinüber: »Hör' bloß auf mit dem Mist –«, und auch der Alte hob den Kopf von der Brust; er sagte scharf: »Sie können ja für sich beten, so viel Sie wollen, aber verschonen Sie uns damit – aufdringlich –«, murmelte er angewidert. Als der Schamlose dennoch – wenn auch etwas leiser – weiter Bitten und Versprechungen an seine fanatischen Gottheiten richtete, (siehe Libanius, Schutzrede für die Tempel. – Zur endgültigen Klarstellung: das wahrhaft schöne, obwohl nicht originelle »Liebet Euch untereinander!« als lebendig wirksame Praxis, hat stets selbstverständliche Billigung und Förderung aller Redlichen erfahren und wird es immer. Nie aber die wertlosen erkenntnistheoretischen Ambitionen der Christenfibel; nie der völlig willkürlich aufgebaute Machtapparat der Kirche und dessen beispiellos fürchterlicher jahrhundertelanger geistiger Terror. Denn erfunden ist ja nicht von Stalin oder Hitler oder im Burenkriege das Konzentrationslager, sondern im Schoße der heiligen Inquisition; und die erste abendländisch exakte Schilderung eines wohleingerichteten K.Z. verdanken wir ja der allerchristlichst pervertierten Phantasie Dantes – bitte, es fehlt nichts : die Jauchegruben, die Eiswasserfolter, der ewige Laufschritt der klatschend Geprügelten; für Zweifler sind Feuersärge bereit und unnötig Wißbegierige – Odysseus – werden majestätisch zerblitzt : – denn »das sind eben doch am Ende die eigentlich kräftigen Argumente der Herren Theologen; und seitdem ihnen diese benommen sind, gehen die Sachen arg rückwärts«! Verlange doch der jetzt nicht Toleranz, der sie 1500 Jahre, als er »an der Macht« war, nicht geübt hat! Écrasez l'infâme!) verwickelte er mich in ein Gespräch über die historischen Quellen, aus denen ich etwa einiges meiner Ansichten geschöpft habe. Ich raffte mühsam zusammen, was dergleichen noch in den Ruinen meines Wissens herumlag (Bilder Piranesis fielen mir ein : römische Ruinen in hellen und windigen Abendlichtern. Schlankgliedrige Bäumchen. Spitzhütiger Bauer treibt starkgebärdig ein Eselchen mit glatten Weinschläuchen. Kühle und Heiterkeit, Abendgold, aurum potabile. Die Natur – d.h. der Leviathan – weist uns nichts Vollkommenes; sie bedarf immer der Korrektur durch gute Geister. – Vergl. Poe's Definition vom Wesen der Poesie. Leider sind sie in der verschwindenden Minderzahl.) Ich nannte aus erstarrender Müdigkeit – oh, die Kälte, die Kälte – das Wort Emanation; dazu : Gnostiker und Kabbalisten (verfinsterter Gott; Welt = modificatio essentiae divinae = Deus expansus et manifestatus. Lehre vom mundo contracto et expanso; Oken's »rotierender Gott«), Pseudo-Dionysius, Scotus Erigena, Almericus, David de Dinanto. Pause : die trunkenen Soldaten schlugen aus; keuchten, warfen sich bellend über die Nutte. – Ich sprach schamvoll lau-

ter (daß Anne nichts hören möge – ach, sie hörte es ja doch!), ich nannte den verehrungswürdigen Namen Giordano Bruno (spatio extramundano), Spinoza, Goethe, Schelling, Poe Trismegistos (Heureka), die neuen Mathematiker und Astronomen, bis der Alte erstaunt und kränklich erfreut aus weißdornigem Munde lachte (es war ihm scheinbar wohler, so viel Autoritäten mit sich zu wissen. Von der Geborgenheit.) Meinetwegen auch Nietzsches Physikalischer Witz von der ewigen Wiederkunft : was das manchmal für ein flacher Kopf war! (Daß sein Macht-Leviathan begrenzt und »also« – ist das nicht eine exakte Begründung, so gut wie eine im Aristoteles?! – selbst sterblich sein müßte, hat er wohl gar nicht gedacht). – Die Religionen mit ihren »Schöpfungen« und »menschgewordenen Göttern« (obwohl sie alle dann den Fehler begehen, ihren Gott trotzdem unverändert weiterbestehen zu lassen). Ehrwürdiger Buddhismus (für wen K.E. Neumann zu langstielig ist, mag's mit dem Pilger Kamanita versuchen); die Polytheismen der Alten (die wußten noch, daß der große Pan sterben konnte!), die »zerteilten Götter«; Orpheus, Thammuz, Linos, Adonai. Elementargeister. – Schweigen. Weinen aus der Pfarrersecke; HJ krächzt ein »Kampflied« (oben gebärden sie sich heldisch-rein, aber die Fundamente stehen im Blutsumpf von 20 Millionen teuflisch Geschlachteten. Ich habe diesen Monat in Pirna ein KZ auf dem Marsch gesehen : Judenfrauen und ihre Kinder, alle fürchterlich abgezehrt, mit unirdisch großen dunklen Augen, daneben fluchende rotbackige berittene SS-Henker, in schweren graugrünen Mänteln, wehe!) – Der Alte warf sich vor; er fragte schrill : »Wie? Auch der Leviathan stirbt?! –« Ich hörte aber nichts mehr. Ich erstarrte in Kälte und Schlaf.
(Einmal ganz fern schweres erdbebengleiches Rollen. Lange. Wie ein Riesenluftangriff. Dresden? Gott spaziert auf Bombenteppichen.)

Gegen Mitternacht erschien ein Stück Mond im Himmel

Ihr Gesicht wurde gleich hellgrau und starr. – Der Schnee kreischte im Takt heran; es schlug an die Tür; der Heizer. »Kommt raus!

Schaufeln!« Ich streckte mich steifbeinig hoch, schob ihr Halme hinüber und sprang durch die Tür in die nahe Silberfläche : da wimmern sie alle in der eisigen Nacht. Die Schienen blinkten manchmal blau; Reif hing an den Weichenhebeln. Wir hieben und schaufelten an den Rädern herum, gafften erschöpft in perlmutternes Gewölk, in eckigen Blockbuchstaben stand's im Schatten am Stellwerkturm.

Der Frost, der Frost. Wir bohrten mit marmornen Händen am strahligen Eisen. Beißendes Schneepulver schwebte um Nase und Mund. Ich würde Sie aus silbernen Lidern ansehen. Der Alte stürzte mir an die Schulter; ich zog uns in den Wagen.

Spät. Spät

Der Mond grellt im Pappelgang. Stimmen berieten unten. Ich hielt lautlos die Gesichtsscheibe an den Spalt. Die Jungen stützten sich auf die Panzerfäuste, einer sagte : »Wenn wir beide zugleich losdrücken, geht der ganze Karren mitsamt den Verrätern und Pazifisten hoch –« (Pazifisten, das ist ihnen das größte Schimpfwort, das Volk aber schreit »Heil!« dazu.) Ich zog rasch die Pistole, entsicherte, und legte am Türrahmen an. Der andere sann; dann meinte er (Oh, des Bedachtsamen, Einsichtigen : nein, welche Reife!) »Es sind aber noch die beiden Soldaten drin, der eine, Verwundete.« Pause. »Aber einen Schreck einjagen müssen wir den alten Säcken«, entschied der Erste, »Du : wir schießen zwei davon gegen den Bahnhof ab! Mensch, die machen sich ein!« Schon prustete jener nickend und erheitert. Sie nahmen Deckung; sie hoben die Röhren, knipsten. Krach und Schlag kam ungeheuer. Sie schulterten prahlend ihr Gerät und schritten breitstakig von dannen. Die Sieger. (Ein Stein der einstürzenden Front hat Wagenplanken eingedrückt. In dem engen Raum ist man halb taub).

6,18

Alles aus. –

Wir fuhren an, nur ein paar hundert Meter, waren sogleich auf dem Viadukt. Es hallte. Nur gut, daß es so langsam ging. Hoch über dem Fluß. Da riß es auf einmal den Waggon vorwärts. Stand wieder. Die

Vorderwand platzte. Es ging alles so schnell. Wir hasteten vorsichtig hinaus : da fehlte die Brückenwölbung vor uns; die Lok hing schräg über dem Abgrund (und hinter uns hat der Schwellenreißer gefressen!!), Feuer brach aus dem geborstenen Kessel, und sofort begannen Granaten in der Luft zu singen (schönes Ziel, was?!). Sie tasteten sich (schreiend in der jaulenden Finsternis) auf der geländerlosen Riesin nach hinten. (Einer mochte stürzen; denn Geheul flog blitzschnell nach unten). Da : ein zackiger Feuerturm stand brüllend am anderen Ende. Wir (Anne und ich. Wir.) krochen stumpf (mit jagenden Herzen) in den Wagen. Die Eisendämonen schrien und jauchzten um uns, über uns, unter uns. Noch oft krachten die Einschläge hinten, und einmal schütterte es, als breche ein Berg zusammen (und Brausen von gurgelnden Wassern).

07,00

Eisiger Nebel wallt auf, schluchthoch. (Hel, die Wasserhölle.) Es hellt noch nicht.

07,10

War draußen, stolpernd. Gestützt auf Steinblöcke im Eisrauch. Acht Kleinschritte hinter dem Reißer gähnte still der Nebelpfuhl. Ich hob zwei Kiesel von der Beschotterung und warf den einen über'n Rand : es schluckte nicht einmal, blieb alles still und blicklos. Ich schwang den andern in steinerner Faust; mattsausend entfernte er sich nach dem anderen Ufer. Horchen. Nichts. Ich nickte sinnlos und geheimnisvoll. Gut, gut. Ich wandelte zurück; ich klomm ins Wagenwrack; ich sagte zu Anne : »Auch hinten eingestürzt. Wir sind allein; mitten und hoch über'm Fluß.« Sie blies unwillig durch die Nase; sie wies mit dem Fuß voraus : »Er stirbt –« sagte sie stirnfurchend. Ich trat breitbeinig durch's erste Grau; der Alte saß steif aufgerichtet an der Bohlenwand und atmete rasselnd; ich sah mich um : niemand mehr sonst im Waggon. Ich zog die rechte Hand aus der Tasche und packte sie ihm auf die dünne Schulter; die Augen gingen auf : sie waren noch klar. Er sah mich fest an; der graue Mund spaltete sich angestrengt ein wenig, die Brauen rangen : »Der Leviathan –« heiserte er, zwang (amüsiert sich höhnend) eine Mundecke hoch : »– nicht ewig – ?« Anne war neben mich getreten; mein Mantel spürte ihren Pelzärmel. Ich fühlte mich hager und ausgehöhlt, jahrhunderteaIt (wie Harry Haller), ich antwortete dem Tapferen : »Seine Macht ist riesig, aber begrenzt. Daher auch seine Lebensdauer.« Ich wartete; seine Augen schlossen sich einmal mühsam und dankbar : er hatte verstanden. Ich sprach rasch : »Buddha. Lehrt eine Methodik des Entkommens. Schopenhauer : Verneinung des Willens. Beide behaupten also die Möglichkeit, den Individualwillen gegen den ungeheuren Gesamtwillen des Leviathan zu setzen, was aber in Anbetracht der Größendifferenzen zur Zeit völlig unmöglich erscheint, zumindest auf der ›Menschenstufe‹ der geistigen Wesen. Vielleicht löst sich die Bestie aber in ›Diadochen‹ auf (christliche Andeutung in Luzifers Rebellion; umgekehrt will Jane Leade mit vielen Guten in einer magischen Kraft zusammen wirken und so die Natur paradiesisch erneuern – ist ein Ziel : Aufstand der Guten), und diese wiederum in immer kleinere Einheiten, bis endlich ›Buddhismus‹ möglich wird und so das ganze Gebilde zur Aufhebung kommt. – Vielleicht sind noch andere Wege –«. Er sah mich zuerst gequält an, arbeitete; die Augen wurden eulig, rauchig, ah : ein Funke. Er flüsterte : »Gut.« – Der hohe Kopf knickte ab, nach vorn; ganz beruhigt, lang, hörten wir : »Gut ...« – Da richtete ich mich auf.

08,20

Wir erröten im Licht. Oh, greasy Joan.

Ende

Wir werden in die grobrote bereifte Tür treten. Goldig geschleiert wird die Teufels-Winter-Sonne lauern, weißrosa und ballkalt. Sie wird das Kinn vorschieben und bengelhaft den Mund spitzen, die Hüften zum Schwung heben. Starr werde ich den Arm um sie legen.

Da schlenkere ich das Heft voran : flieg. Fetzen.

DAS STEINERNE HERZ
Historischer Roman
aus dem Jahre 1954 nach Christi

1954 befindet sich die Bundesrepublik in der Restauration. Durch Wiederaufrüstung und Wirtschaftswunder werden die Erinnerungen an den Krieg verdrängt, wodurch zugleich der Nährboden für neue Konflikte bereitet wird. In vielen seiner Texte schreibt Arno Schmidt gegen diese Entwicklung an, so in dem 1956 erschienenen Roman *Das steinerne Herz.* Walter Eggers fährt darin nach Ostberlin, um in der dortigen Staatsbibliothek heimlich die von ihm benötigte Auflage eines statistischen Handbuchs (den »Ringklib«) gegen eine andere auszutauschen. In einer Laubengartenkolonie trifft er auf Line Hübner, die ihm ihre Kriegserlebnisse erzählt, während er eine Fälschung für die Bibliothek vorbereitet.

»Ich hab noch Bilder davon!« (Fotos von Schlesien : sie stand auf und ging ins Bungalow; das ganze Muster der Lehne in herrlicher Blindprägung auf dem nackten Rücken. Für mich die ›Große Schere‹ : »Danke!«).

(Sie stopfte mühsam an Strümpfen und geflickten Nachtkittelchen; ich klebte und fälschte lustig und gelehrt. Also immer durcheinander) :

Schlesien, Frühjahr 1945 : erst sprengten die Deutschen die Brücke über den Ölse=Bach : natürlich mit zwanzigfacher Ladung, daß alle Häuser Risse kriegten : »Opa hatte vielleicht Angst!« (War 85 gewesen; Schustergreis, und seit 10 Jahren mit einem Katheter im Bauche; preise Niemand glücklich vor seinem Ende : ihr Großvater und Beide allein).

»Die deutschen Soldaten haben gehaust! : manchmal dachte man, der Russe wär schonn da!« (alle Schranktüren aufgesprengt; Alles gefressen und eingesteckt; Alle mit Stiefeln im Bett ge-

legen. Immer mit dem Handballen über das neu aufgeklebte Bezugspapier fahren. Dann zwischen 2 Brettchen mit den Schraubzwingen pressen : die laß ich dann auch hier!).

Nach der Granatennacht, eines Nebelmorgens : stand der Russe im Garten! Kaute Kohl und kam langsam, maschinenpistolig, heran. Opa zitternd im Bett oben. (Und mein Gesicht versteinerte wie ihres.!)

(Goethes Flüchtlinge?! : Écrasez l' Infâme!! Wie Herz und Körper stehen bleiben, alle Viertelstunden einmal : *und das in Hexametern??!!* Das Fließband seiner Scheißverse : da karrt der Schüdderump voll abgemurkster Idyllen, im immer gleichen grobschlächtigen Pumpertakt : pfui Deubel, der Bube! Wir sahen streng aneinander vorbei).

»Die Flötern, nebenan ....« (um die Lederhandschuhe ihres Mannes zu retten, hatte sie freundlich=verzweifelt mit dem Russenplünderer gestammelt, und ihm die Hände gestreichelt : der hatte es ›falsch ausgelegt‹ und sie aufs Bett geworfen : heulend kam sie dann über die Gerberstraße gerannt, und wurde aufs ›Schislong‹ gelegt, zum Beruhigen. – Auch bei ihnen pausenlos Russen ›nach Waffen suchen‹. Dann kam endlich die polnische ›Miliz‹ auf Wagen an.).

»Wie oft kam Einer rein : machte alle Schränke auf; zog sich die Schuhe aus. Alles von uns an« (Ging ab damit : Alles neu macht der Mai. – Ich faltete mir sorgfältig das Packpapier vor, und leimte die vorbereitete maschinengeschriebene Adresse drauf, ›Herrn W. Eggers, Ahlden / Bei K. Thumann‹. Maß den Bindfaden ab, und schürzte oben die Laufschlinge. Wellpappe passend schneiden; eine Tube war schon leer).

Das ›Häuser wählen‹ der Polen : was ihnen gefiel, nahmen sie. Eines Tages kam die Thomasmarie an; bloß in Trainingshosen, n Tuch oben rum, und n Bündelchen in der Hand ...« (Opa starb dann in der Nacht vom 29. zum 30. Juli : »Den Sarg hat der Lange= Tischler noch mit getragen«; durch Gryfogóra, wie's jetzt schon hieß.) »Die alten Rassmanns ließen ihre 15jährige Traudel – die mit mir in de Schule gegangen war – ständig von n Russen : bloß um was zu essen zu haben.«

(Ein Klecks auf die Jahreszahl des Vorworts : so, nun konnte in hundert Jahren der nächste Interessent kommen, und nachweisen, daß die 3. Auflage des Ringklib ein bloßer unveränderter Abdruck der 2. sei. Die flaps nach innen umkleben, *und* gleichzeitig den Vorsatz eingummieren : mußte rasend schnell gehen, denn das Zeug trocknete ...)

›Jozef Matonis‹ : 50 Jahre, klein & häßlich, leidlich gutmütig, ›nahm‹ das Haus. Am nächsten Tage lud er sie in die obere Stube : dort hatte er sämtliche Spiegel der Nachbarschaft an den Wänden aufgestellt, »10 oder 12 Stück«, dazwischen Schlingpflanzen, und sang irgendwas auf itsch und witsch : mitten auf dem Ausziehtisch der Torso des Bandagistenhändlers, mit Bruchbändern rund herum : Bewunderung : Kultura!!. »Gottseidank« (iss bloß sone Redensart : was hatte sie ihm wohl zu ›danken‹?!) »hatte ich ne abscheuliche Augenentzündung und ganz sehr Ausschlag : da haben mich die Männer manchmal in Ruhe gelassen.« (Manchmal! 15 Jahre war sie gewesen! Ich kam einmal zu ihr herum; preßte ihren schmalen Kopf ganz fest in meine flachen Hände; Sie fuhr abweisend und tönern fort : richtig : ich war ja auch n Mann!)

Kein gutes Einvernehmen zwischen Russen und Polen! : »Die (die Polen) kamen zunächst nur zögernd nach Schlesien; es hieß erst, das käm' nur zeitweilig unter polnische Verwaltung« (Ein Vögelchen eilte oben umher und jodelte süß : zack, erschien ein Teil seines Inhalts auf der Tischplatte : ›Soll wieder erfüllt‹. Wir sahen darüber hinweg).

›Matonis‹ : »Faul waren die Polen : zum Erbrechen!« – Er ›nahm‹ sich dann Lachmanns Geschäft in der Jelengorskaja (wie jetzt die Hirschbergerstraße hieß) »eines Tages standen sie (Lachmanns) vor unserer Tür : er ne Kaffeetasse in der Hand, sie ein Kopfkissen unterm Arm. Völlig benommen : ›Ihr‹ Pole hat uns hergeschickt; er hat unser Haus ›genommen‹«.

Dann dort erst ein Wildwest=Kaufhaus aufgemacht (den bandagierten Torso natürlich im Schaufenster, zwischen Seife und Scheuerlappigem); später in eine nahrhafte Fleischerei umgewandelt : »Hunger hab ich da nich gelitten.« (Alles war sie zugleich gewesen : Verkäuferin; Laufmädchen; Reinmachfrau; Bedienung. Schlachtgehilfe; Matratze; Kinderwärterin).

(Es stank doch noch fatal nach Uhu, mein Exemplar : das muß die ganze Nacht lüften! – Eventuell mit Tabak anräuchern? Ich tastete nach der Africaine=Packung.)

»Ich bin dann auch dahin gezogen« (hatte verständliche Angst gehabt, so völlig allein im Haus, Gerberstraße 7. »Abends ging ich immer hin, Fenster und Türen verrammeln, morgens wieder aufmachen : damit neue Polen denken sollten, das Haus wär schon ›genommen‹!« (Die ärmlich hilflosen Tricks des Kindes. »Ich wollte's doch ›halten‹!« : »Nee : Geld hab ich keins gekriegt für die Arbeit : eben Wohnung und Essen.«)

(›Lebensbahn‹, ›Lebensreise‹? : so was Vornehmes gabs früher; heute robbt man bis zu dem Dreckpunkt, wo Einen ›seine‹ Granate ›trifft‹. – Seien Sie froh, daß ich Klammern setze, Mensch!).

›Blume‹ : führte die Greiff=Werke weiter : »Mich hat er dann nich mehr angenommen; weil ich damals nich zum Aufräumen gekommen war : wo doch Opa starb!« Der Abend log eine blödsinnig friedliche Farbe zusammen. Während der Ringklib, gezwängt, trocknete, sah ich von meiner Bank aus die gelbe Bauchhaut des Himmels : der der Elektromast drin steckte; der hatte n Peneios!

›Die Polin‹ : »ging immer vorm Haus auf und ab : bis ich Angst kriegte, und Matonis rief.« (›O : Bä-suuch‹ hatte der fröhlich geschrieen : eine alte Liebe aus Lodz, der er mal die Ehe versprochen gehabt hatte. – Sie schlief neben dem für sie angerichteten Bett auf dem Fußboden. Zog Line die Strümpfe aus, rollte sie slawischflink, und steckte sie in einen Quersack. Andere mögen aus bloßem Mute sterben; Line fürchtete sich nicht, zu leben. (Der Abend versank in die Erde. Eine Katze

hatte man ihr mit Arsenik vergiftet; sie war in ihren sandfarbenen Armen gestorben : das ist das Geheimnisvolle, daß die Tiere mit büßen müssen für die Erfindungen des Ebenbilds Gottes. Wenn ich die Arme gähne, weicht 61 Cygni aus seiner Bahn : soll er!).

Gespräch in der Badewanne (das heißt, sie natürlich).

Schlaff & zähe : die Tange ihrer Arme spielten langsam in selbst gemachter Wasserströmung; sanft gelappte Hände öffneten und schlossen; vorn am Kopf ein blasses hellbraunes Lächeln, gedeckt mit ruhendem Haar. Mein dickes Haupt im durchlöcherten Kessel der Nacht : alles kaputt. Das Leben ist ein Provisorium. Ich saß fern daneben, und wir flüsterten wenig.

(Keine Kinder haben : Ausdruck äußersten Protestes gegen Gottunddiewelt. »Haben Sie's auch mit n Herzen?« Ja, ich auch. Klopfen & Stiche. »Ja sicher schlaf ich wieder im Vorraum : auf m Stuhl.«)

LILLIS SONETTENKRANZ

Zu ihrem 35. Geburtstag am 24. Juni 1951 schenkte Arno Schmidt seiner Frau Alice, genannt Lilli, einen Sonettenkranz. In den ersten beiden Gedichten des 15-strophigen Zyklus werden Kriegsbeschreibungen mit Einblicken in das Leben Alice und Arno Schmidts miteinander verflochten. Die Anfangsbuchstaben der Verse des ersten Sonetts bilden den Geburtsnamen von Alice Else Schmidt, geborene Murawski.

I

A rmeen stampfen zwischen Feuerwänden;
L autlos im Rund Millionen Frauen weinen;
I ndes die Diplomaten frech erscheinen,
C ontracte in den glatten Heuchelhänden.

E s kommt ein Tag, der wird dies alles enden;
E s kommt die Zeit, da wieder über Hainen
M ond und Gestirne weiß aus Wolken scheinen,
U nd jed' Gerät entfällt den wilden Händen.

R ast draußen auch die Welt im tollen Toben,
A efft auch die Träger selbst der bill'ge Flimmer :
W ir wollen still die alten Dichter loben,

S ie abends lesen im belampten Zimmer;
K lein unsre Welt; jedoch wir bleiben oben :
I ohannestag zumal erfreut uns immer!

II

Armeen stampfen zwischen Feuerwänden,
und blutigrot erscheint die wilde Nacht.
Ein Idiot (Ernst Jünger) hieß die Schlacht
»das Stahlgewitter« einst – er mög' verenden!

Denn wer tät schaudernd nicht die Blicke wenden,
wo kunstvoll langsam, ja mit Vorbedacht,
die neuste Bombensorte mordend kracht?
Der Leviathan will sich selbst vollenden!

Vollend es denn! Zerstäub den eklen Ruch!
Zerbrich die Form! Zerschmelz die starren Tiegel!
Stürz das Gerät und sprich den großen Fluch!

Die Welt hat ohnedies den letzten Riegel
seit langem schon gesprengt. Es steht im Buch;
und irr ich nicht, so heißt dies »Schwarze Spiegel«.

BRÜSSEL

Viele von Arno Schmidts Texten weisen Parallelen zu seinem Leben auf, so auch das Fragment *Brüssel* aus dem Jahr 1948. Darin berichtet der Ich-Erzähler vom Kriegsende, das er – wie der Autor selbst – in einem Kriegsgefangenenlager bei Brüssel erlebt.

Brüssel

8.5. – sound of revelry by night.
stehen, Scheinwerfer im Rücken, Hände in den Taschen, Die Staffeln der 4-motorigen. –

9.5. – *Morgen* Uffz. Reinhold näht Mützen; exzellente nebenbei, obwohl er Gärtner von Beruf ist; ein älterer ruhiger Mann (eben Gärtner); aber ich spüre wohl, innerlich flucht er : er macht sich Arbeit um nicht zu platzen.
Gestern ist Klopapier verteilt worden, pro Kopf 20 Bogen, kleinoktav braun[,] ein Bleistift=Endchen auf dem Antreteplatz gefunden. (alter Trick : Rasierklingen in den Sand vor sich scharren und sich dann ruhig unter suchen lassen; manchmal hat man doch wieder Zeit zum Aufheben.) Meine Uhr allerdings ist weg; bei Vechta abgenommen, da man sie ja bekanntlich bei der Flucht als Kompaß benutzen kann; auch mein gutes Taschenmesser, auch Spiegel wegen Bränden, sogar meine Gabel (einer zog 6 Kompasse aus der Hosentasche, darunter einen goldenen mit Sprungdeckel;) auf unsere Lederkoppel waren sie auch scharf; noch in Weetze boten sie 20 Zigaretten für eins.
Am besten kommen die ganz Jungen darüber hinweg; die sind schon so richtig landsknechtmäßig; Einer erzählte beim Antreten, wie sie zu dritt bei einem Bauer heimlich eine Kuh gemolken hatten, da war er plötzlich gekommen, und sie aber weg!! »Zu dritt!! – Warum habt ihr ihn nicht umgelegt?!« fragte der Andere ehrlich erstaunt. – Das sind die typischen Folgen der

jahrelangen levée en masse. – Das sieht man auch an Gerd und Kuddel [aus] Wesermünde (Arbeitsdienst dann Behelfsflak), obwohl die noch von den Gutmütigen sind, bildungsmäßig allerdings jene Sorte, die Hans Albers und Max Schmeling für Hamburgs größte Söhne hält

Zählappell im Regen (in englische gas-capes und Gasplanen gehüllt) eine Stunde.

Danach : Im Nachbarzelt haben sie einen Gesangverein gestartet; ein junger bräunlicher Dirigent übt einen Kanon ein »Hört die Musik ....« Die erste Viertelstunde war's noch erträglich; dann stank's uns an. Louis Herth (aus Niederrath bei Ffm) neben mir holte seine zugelaufenen Offiziersstiefel und polierte xxxmal das ohnehin schon spiegelnde Oberleder, stauchte die Schäfte in weiche Falten und sah sich fragend um; ich nickte anerkennend, hob die Augenbraue, (allerdings abwesend), aber das genügte ihm. Vielleicht kann er mal noch eine englische Zeitung aus Brüssel mitbringen; ich glaube morgen gehen die Kommandos wieder raus.

Essen : war Milchpulver in heißes Wasser gerührt; jeder einen englischen mess-Tin voll. Das Scheußlichste ist das anschließende Auswaschen; man stapft im Regen über den glitschigen Lehmboden; um die 24 Wasserhähne drängen sich 4000 Mann – nichts sag ich weiter. – Die Klos sind allerdings erträglich (natürlich militärisch offen aber man ist ja in den Jahren völlig schamlos und verhärtet geworden*) in Weetze waren es nur leere Biskuitkanister; zu denen man zwanzig Schritt weit knöcheltief waten mußte – don't ask me! – Interessant ist es jedenfalls, wenn sie mit ihren Erdbohrern die Löcher in den Lehmboden drehen; sind Spezialautos.

Eine Zeitung vom 4.5. : (Einer von den »alten« Gefangenen aus der anderen Lagerhälfte hatte sie mit gebracht, und mich rüber-

* Entblößung des Körpers und der Seele geht stets parallel
Schule der Mannheit? – Ein Saustall ist's. systematische Verrohung und Entadelung des Herzens

geholt; da las ich laut im 80-Mann Zelt vor, gleich deutsch.) Hitler's Tod (»Der is nich tot« sagten die Meisten ruhig triumphierend; hoffentlich bleibt die Besatzung 50 Jahre ...... usw.); Potsdamer Treffen usw.; dann durfte ich mich noch 5 Minuten allein hineinvertiefen (Der Eigentümer des Fetzens blieb allerdings immer unauffällig nahe) und ich las rasch einen Stimmungsartikel von Hilary St. George Saunders : befriedigt beschreibt er .....)

Regen trieft : : ROK und Wachtmeister Kraft richtete gütig das Auge auf mich und begann : »Du kannst gut Englisch?!« Ich nickte gleichmütig : kann ich, Herr Studienassessor, kann ich (Germanist ist er! Gibt [a]lso außerdem Geographie und Geschichte; wird sich auch umstellen mögen, wenn er nach Hause kommt; na, Bürger können das.) »Was bist du eigentlich von Beruf?« fragte er sachlich; mich stach der Hafer und ich sagte ohne weiteres : »Mathematiker« (die schwarze Brille, – und von Logarithmentafeln weiß ich ja auch mehr als jeder [a]ndere Lebende –!) Ich stieg sichtlich in seiner Achtung (Akademiker ist halt gleich was anderes, Herr Kollege?!) und er machte vorstellend : »Ach! – Auch im Lehrfach?« »Nein,« erwiderte ich höflich und wie bedauernd »Vermessung« (Und wer's nicht glaubt soll sich die Karte von Överaasjöen und Umgebung ansehen 1:4000 mit Höhenschichtlinien! Und die konformen Abbildungen die ich für das Schießen mit seitlicher Beobachtung zeichnete, [a]lso komm nur!) Er nickte; ich war zwar nicht völlig ebenbürtig, aber doch ein Lichtblick; und er begann : »wenn man doch bloß ein Buch hier hätte!« Da konnte ich nur tief überzeugt mitnicken; (und die Bremikersche 7-stellige haben sie mir auch noch beschlagnahmt) »ja, das müßte man!« wiederholte ich resigniert (und ich hörte ihn kommen; jetzt würde er endlose literarische und ästhetische Diskussionen versuchen; belehrend; er war von der Sorte.) Diesmal rettete mich das Antreten.

Dämmerung : 's war I Mann zu viel; sie zählten, rechneten; die

Kompanieführer liefen servil hin und zurück; salutierten begeistert den Sergeanten; Wir fröstelten im Regen, dösten weltblind, stampften verstohlen; in der Küche brauten sie den Tee (zuerst war's was Neues : Tee hatte Deutschland seit Jahren nicht gekannt; hier kriegten wir's Eimerweise. Verrückte Welt.) Endlich war Schluß (haben sich wohl auf Zauberei geeinigt) und wir schritten (sic!) zu den Zelten; manche fingen wieder an um das Lager zu kreisen, zu zweien, zu dreien, stundenlang. Erinnerungen, Vorträge, Aufschneiden Zukunft, Ansichten, Bilder, Gefühle : Diskussion. Das war es. Nie haben Soldaten soviel gequatscht. Es war die (unbewußte) Reaktion auf Jahre des Schweigens und Stillstehens.

Ja, sagte Kraft langsam und prüfend; da hab ich zuletzt in Bielefeld (wohl seine letzte Garnison?) Fontane gelesen, ›Vor dem Sturm‹, : ganz ausgezeichnet. Fein, verhalten, vornehm : das ist wohl die richtige Bezeichnung; In Namen, Daten und Fakten …

Fontane : »In Namen, Daten und Fakten preußische Exaktheit. Auf dem Gebiet der Geschichte fast ein Gelehrter!!« und er sah mich erwartungsvoll an[.] Ich feixte verächtlich durch die Nase – Ein Gelehrter? – – Na, du hast noch allerlei zu lernen. – Ich verkniff mir den letzten höhnischen Zusatz nicht; ich wollte diesen Glanzlackierten reizen. Aber er schwieg; desto besser; da hatte ich meine Ruhe; das ist der furchtbarste Fluch bei den Soldaten, daß man nie körperlich allein ist – Wenn ich nur mal 20 Jahre keine Menschen mehr zu sehen brauchte!

Nachts : Paul Damm (Prothesenmacher aus Düsseldorf, kluger autodidaktischer Handwerker, leider nur Halbbildung, wie alle diese Verhinderten) stolperte hinaus. Stille (und Mief). Hinten fing der Fallschirmjäger an zu sprechen (im Schlaf) : »Ruhig. – Ruhig! – Die schnappen wa! – Ruhig M.G hochnehmen : –« – – »Feuer!!« Schrie so grell, daß Alles erwachte und fluchte; er, verständnislos, zuletzt. Die Nerven sind verbraucht; geht den Meisten von uns so. Jetzt kommt die große Ab= und Entspannung, und wir sind nervös und zänkisch=empfindlich wie Junglehrerinnen. Blutarm.

10.5. Morgens. Das Zelt war gespannt wie ein Trommelfell; wir mußten hinaus die Verspannungen nachlockern. Ein Teil versuchte, sich mit Wasser zu waschen; ohne Seife, ohne Handtuch. Ich heute nicht. –

Nein, [d]er Groß-Glockner sei der höchste Berg, sagte Kraft berichtigend, nannte Meter; Damm, beherrscht gekränkt, zog den Mund zusammen und fragte dann spröde fort : »Woher kommt der Name denn? Hat er die Form so?« »Oben steht wohl eine Glocke« meinte der Lehrer gleichgültig und kramte schon in seinen Sachen, »Bergkapellen; gibt viel davon –« faselte mit den Fingern durch Briefbogen. Ich fühlte die Notwendigkeit, Damms Selbstbewußtsein wieder aufzurichten, und sagte ihm (ziemlich laut) daß Keltenreste damals in die Westränder Europas und die wenig begehrten Gebirgsareale gedrängt worden seien, und daß glocks, clocks »der Fels« heiße; Damm war noch beleidigt genug, sich zu Kraft zu wenden, und mit seiner kalten hohen Stimme festzustellen : »Das hast du auch nicht gewußt. – Du bist doch Lehrer?« Jener schluckte zwar, war aber vornehm genug den Keulenangriff zu überhören; und ich sprach vorsichtshalber schon weiter (zu D. gewandt, natürlich) und erzählte ihm von den Halloren, die als keltischer Facharbeiterrest so lange ihr rätselvolles Dasein gefristet hätten. Er lauschte gespannt (an Einzelheiten hat sein Typ immer mehr Interesse als an allgemeinen Übersichten;) immer merkwürdig genug.) : – Antreten.

9 Uhr : Benachrichtigungskarten wurden verteilt; Nur Adressen einsetzen, nicht zutreffendes streichen, und Unterschrift. Mein Kopierstummel ging herum; lange; dann druckte auch ich dick mein Quedlinburg und gab das Kartenblatt an Adolf Jäger (Zeltältester; Unterfeldwebel der Landesschützen mit Muskelschwund am rechten Bein, in Zivil Hannoveraner Bademeister;

in der Gasplane und seinem organisierten breiten Hut sah er wie ein dürrer lederner Heidehirte aus.) – Dann leitete ich mir die Formeln zur Bestimmung von Logarithmen ab und fing an zu rechnen (das war das Hilfsmittel für den Tag; nachts spann ich meine Dauerphantasien, einen endlosen Liebes=Roman mit Schiffbruch, einsamen Inseln, Not – alles düstere Lieblingsthemen. – Prevôt hätte seine Freude dran gehabt.)

Mittag : Ich war mit zum Essenholen dran; wir nahmen die Eimer und marschierten zur Küche; Alle rochen noch nach dem »Insektentöter DDT« mit dem man uns ausgiebig aus riesen Spritzen eingepudert hatte (aber es half; ich habe in Brüssel nur einmal eine einzige Laus gefunden.) – Besonders schön war dann das Auswaschen des schleimigen Kübels.

Drüben am Hang hatten sich ein paar Fromme zusammengefunden (jetzt beten sie beim Mittagessen auch wieder, glücklich und herausfordernd; und lange. Ganz egal ob Milchsuppe oder Tee. Gestern abend kam es klar durch die Zeltreihen »So legt euch denn ihr Brüder, in Gottes Namen nieder –« »Beim Barras sachten sie einfach ›hinlegen‹« verglich Kuddel nachdenklich, und wir mußten lachten. Damm als Erster; ich kicherte nur in den Mantelkragen.) Vom Lied kamen wir allgemein auf die Religion; Damm, natürlich Sozialdemokrat und glaubenslos, wollte von mir auch hierüber ein kräftig Wörtlein hören, und ich versagte es ihm in ehrlicher Abneigung gegen die Kirche nicht. Auch Kraft fiel ein; er wußte noch gar nicht recht; teils hatte ihm die germanische Blondbärtigkeit doch gefallen, andererseits war auch die »Vorrsehung« stets berücksichtigt worden. Nun sintemalen schien Christum wieder oben, aber auch die Marxisten! Es war alles so verwirrend, wie? Che far, che dir? Ich tröstete ihn ironisch, das würde ja Alles im Lehrplan geregelt werden, und schloß :
»Deutscha s-prich Deutsch« sagte Kuddel sententiös »was heißt das?« Ich übersetzte, und er nickte sympathisch; »wir sollen aber doch schetz toulerant werden« erinnerte er trotz-

dem sachlich. Und ich erwiderte, den Einwurf zwar anerkennend, aber widerlegend: »Ja, gewiß: insofern, als man niemand körperlicher oder materiellen Verfolgungen oder Unruhen wegen seines Glaubens oder einer Ansicht aussetzen soll; aber nicht in dem Sinne, daß man nun auch jede Dummheit oder Beschränktheit unerwidert oder gar geehrt lassen müßte! Wenn manche Leute zum Beispiel Blätterteig für etwas Göttliches ansehen, obwohl man sogar den Bäcker bei Namen kennt –« weiter kam ich nicht; das Gelächter war zu arg. (Der Junge Damm schmunzelte reservierter aber seine Augen glänzten)
»Tja; eigentlich ist es doch auch nur Fetischismus« sagte er, stolz auf das Wort; aber er hatte natürlich recht.

Letztes Antreten am Abend (Dreimal stehen wir so am Tage; manchmal über eine Stunde lang! – Hinter mir erklärte Damm trocken: »Dank des Vaterlandes? Das heißt einen Leierkasten und ein Halsschild »keine Rente«; aber wir werden nich mal das kriegen«; laut widersprach ihm Keiner; denn sie waren Alle zu unsicher geworden, aber man sah deutlich, daß ihnen die 12 Jahre »Heil« und Fahnenrauschen unauslöschlich im Blute lagen. – Befehlen und Gehorchen muß man leider zuweilen in dieser Welt; aber wer Gefallen daran findet, sollte sofort erschossen werden, denn er ist unheilbar vergiftet! »Führer befiehl! Wir folgen!« Gab es jemals etwas Widerlicheres als diese Bitte um einen Befehl, was es auch immer sei?! Pfui Deubel!)

Der Kompagnieführer: Morgen sollen wir Bücher kriegen; aus einer Schweizerspende, 2 bis 3 Stück pro Zelt. Endlich.

11.5.) *Riesenkrach im Nebenzelt,* Geschrei: der sommersprossige etwa 16jährige Offz. Anwärter »von« Hedenberg hat irgendwas zu fressen geklaut, und dafür eine anständige Abreibung gekriegt; kam mit dickem Gesicht, aber nur wenig verlegen zum Morgen=Antreten. Denkt wohl, wenn er zu Haus ist, weiß es ja keiner. »Das will nu 'n Freihea sein« murmelte der schlanke blonde Gerd (feiner Junge, lernt Klempner) mißbilligend. »Das haut den s-tärksten Neger um!« – Der Regen hört nicht auf. Hoffentlich gibts die Bücher bald.

10 Uhr Damm kam vom Englisch-Unterricht zurück. Er hat sich ein paar Readers Digest beschafft und lernt zäh (aber wieder einmal); Vokabeln, auch Grammatik. Auch Kraft kehrte vom Fortgeschrittenen Unterricht [zurück] (polish up your English) Er hat an Hilfsmitteln den »Razors edge« Somerset Maughams und – vielleicht um des Gegensatzes willen – Poes »Gordon Pym« (hab mich schon an beiden erbaut; d.h. natürlich nur am Poe.) Er durchkämpft gerade die letzten Seiten des Maugham'schen Reißers.)

Richtig : Legte er es nicht aufatmend beiseite, sah versonnen vor sich hin, und hob dann lebhaft die Augen zu mir : »Das ist ausgezeichnet gemacht, was?« Ich runzelte geschickt gestört die Braue, mißverstand ihn flink, und sagte hastig (als wollt' ich gleich wieder versinken) : »Kunststück; Poe ist oft gut; ich bin gewiß, er hat bei der Überfahrt noch den Acheron ausgelotet. – Obwohl natürlich auch von seinen opera omnia 50 Prozent Nullitäten und entbehrlich sind«. »Guter Kritiker« murmelte ich noch gedankenvoll hintennach; Er lachte gönnerhaft und schwenkte das Pocket-book »Nein, nein; hier der W. Somerset Maugham : der Mann ist ein ganz großer Könner! Du hast's ja auch gelesen.« – »Ich will dir ganz genau sagen was es ist« erwiderte ich scharf ....

Somerset Maugham – Poe : »Ich will dir genau sagen, was es ist« erwiderte ich scharf : »S. M : nämlich ein mühselig zusammengeleimtes Gelumpe aus Boulevard=Anekdoten, schwitzend mitgeschriebenen Lebensläufen, zuweilen ist es Zeit ein verkrampftes »freies« Schweinereichen zu wagen, die Nichtigkeiten der vornehmen Welt werden mit jener demütigen Breite behandelt, an der man sogleich auf 1000 yards den Engländer in der Literatur erkennt; von Indien und Mystik wird auch stets gern gehört; das gibt Tiefe : man denkt immer, der weiß noch mehr! – Der mildeste Vergleich ist noch ein Aquarium : ein paar

billige Fischlein, Schnecken, höchstens mal 'ne Libellenlarve; und den leicht schleimigen Boden erreichst du überall mit der Hand, ohne dir die Manschettenknöpfe naß zu machen –«
Ich wies auf den Gordon Pym : »Wo aber Kraken auftauchen, verraten sie Tiefsee« »Ist Kannibalismus nicht auch ein ziemlich grobes Mittel?« fragte er spöttisch. »Du kannst nicht erwarten, daß eine solche Tiefe immer klar sei« entgegnete ich ruhig, »außerdem hat ein begabterer Mann als wir beide, nämlich Jules ...« ich wurde unterbrochen die Zelt-flap schlug; die Bücher kamen!!

Die Bücher : Eine gelbbraun gebundene Schweizer Bibel (davon hat jedes Zelt eine) ein Band Goethe Ausgewählte Werke Band 3 (die langen Prosaarbeiten sind drin, Wilhelm Meister und Wahlverwandtschaften), und, Lessings Minna (wenigstens ein Lichtblick). Trotzdem alle angeblich gern hatten lesen wollen, riefen diese Titel allgemeine Enttäuschung hervor (wenn's nach dem Geschmack des Volkes ginge, müßten Hans Dominik und Ganghofer – um gleich die Elendesten zu nennen – bleiben, und Shakespeare und Cervantes gehen. »Die Kunst dem Volke« das war auch so ein Propagandawort des nazistischen Rummels; das Volk und sein Geschmack als Wertmesser [:] Das wäre das Letzte! Damm ist auch noch der Ansicht; werde ihm demnächst reinere Begriffe vorlegen.)
Kraft vereinnahmt gleich unter widerstandsloser Billigung Aller den Goethe; Lessing fiel an Damm, und ich machte mich gleich über die heilige Schrift her, las wieder amüsiert die alten jüdischen Lokalschnurren, derbfädige Sittenlehren, heiliges Gestammel, pikante Anekdötchen, Kraut und Rüben : welche Geistesverfassung muß Einer haben, um Sowas für buchstäbliche Äußerungen (oder doch Einbläsereien) eines Gottes zu halten. –

Kuddel, Gerd und Louis traten ins Zelt : sie waren derartig eifrig in die kritische Zerlegung eines eben gesehenen Boxkampfes vertieft (es sind so ein halb dutzend Schläger im Lager), daß sie Kraft, ohne sich zu entschuldigen, auf die Beine traten; sie nahmen verwegene Stellungen ein, duckten sich tigerhaft geschmeidig, Brauen und Kinn drohten wulstig; sie begannen jeden Satz mit »Oh, Mann ...«, urplötzlich war die Luft voll Hader, »Du vasteist jo nix«; Alle aber einigten sich darauf, daß der letzte »rechte Gerade« oder »Haken«, der dem Gegner das Ohr halb abgerissen hatte, ein Meisterschlag gewesen sei. Endlich waren sie erschöpft, saßen hochaufgerichtet und angenehm durchblutet auf der zusammengelegten Decke; und sahen sich funkelnd um. Als sie mich fragten, enthielt ich ihnen meine Ansicht nicht vor : »Ich würde auf einer öffentlich[en] Boxveranstaltung jedem der Buben, die sich für Geld gegenseitig in die Fresse hauen, 100 Rutenhiebe auf den Hintern geben lassen – anschließend 3 Jahre schwerster Zwangsarbeit – und dem Zuschauer 200, und 5 Jahre.« »Ja, ich bin scha nua ein Rei-ta un die Sehnsuchtreib mich wei-tanach Konschie – – ta.« trällerte Kuddel düster; da las ich ihm zum Trost aus einer Ecke New York Post vor, daß in Cazenovia im Staate New York eine Fußball-Ruhmeshalle geplant sei, sie solle 4½–5 Millionen Dollar kosten. Aber das war selbst ihnen zu dick (d.h. der Preis! Die Sache an sich – Gott, es stehen so Viele in metallenen Fracks auf Postamenten, warum nicht auch solche Hüpfer? In Griechenland kriegte ja auch jeder Olympionike sein Denkmal, d.h. ewigen Ruhm für seine Roßknochen; die Menschheit ist nun mal so. – Wieder ein Beleg für den Geschmack des »Volkes«) »Die sin wohl doch mall« sagte Gerd verächtlich. Sind sie, Gerd; sind sie.

Nachts : Alles Geld haben sie uns heute auch noch abgenommen; mir 280.– Mark (Anmerkung : Frühjahr 1949 : ich soll sie noch wiederkriegen). – Die M.G.s knallen dauernd am Stacheldraht entlang; einmal ganz nahe; nervöse Posten.

12.5. : 2 Mann sind heute Nacht erschossen worden, als sie einen Fluchtversuch machten. Wenn man die Anlagen sieht kann man nur den Kopf schütteln, über den bloßen Einfall. – Louis kam von der Leichenschau zurück : beide etwa 17/18 Jahre alt, ohne Soldbücher auch noch; kein Mensch weiß, wie sie heißen. Die verdammten Lausejungen! (oder besser die verfluchten Hurra-Journalisten, und hitlerschen Kriegsberichter : denn die haben die dummen Kinder auf dem Gewissen!)

[...]

Oder wenn mir der »Befehl« erteilt würde, K. Z.-Insassen satzweise zu erschießen; Befehl ist nicht immer Befehl, so straff und »soldatisch« sich das auch ausnimmt : es gibt wie schon erwähnt eine Grenze für »Befehle«, und wenn der Befehlende zu tierisch-stupide ist sie zu sehen, so hat der Ausführende den Gehorsam zu verweigern, oder sich wenn nur irgendwie möglich dem Befehl zu entziehen, z. B. durch plötzliches »Erkranken« oder »Verunglücken« – sie wollten ein Beispiel und ich erzählte es ihnen vom 13. Aprill 45 wo der »Befehl« eines irrsinnigen Infanterieobersten kam, mit unserer Batterie die Stadt Vechta zu beschießen, obwohl sie 2 Stunden zuvor zur Lazarettstadt (also »offenen«) erklärt worden war, und ich, als Rechentruppführer, nach kurzem Kampfe mit mir selbst, einfach die Schießgrundlagen für eine Straßengabel 500 m vor der Stadt an die Geschütze durchgab. – Sie schwiegen; Vaterlands= Verräter oder Lump wollten sie mich nicht direkt nennen, dazu war ich ihnen immerhin schon zu bedeutsam geworden; aber freudig einstimmen konnten sie auch (noch?) nicht – Schade!

V2-Alarm – vielleicht vom Harz her noch.

AN UFFZ. WERNER MURAWSKI

Drei »fiktive Briefe« an Werner Murawski enthält die Sammlung *Arno Schmidt's Wundertüte,* entstanden Ende der 1940er Jahre. In ihnen wendet sich Schmidt an den 1943 an der Ostfront getöteten Bruder seiner Frau Alice.

An
Uffz.
Werner Murawski
Fp. Nr. 23 567 D

Lieber Werner!
Ich danke Dir für Deinen letzten Brief vom 15. 11.; er zeigt mir, daß trotz so vieler entgegenwirkender Einflüsse unser schönes altes Verhältnis noch weiter besteht. –

Über Deinen Entschluß, Offizier werden zu wollen, sage ich nichts mehr; Du weißt, wie ich darüber denke. Leider haben wir uns in den letzten 4 Jahren ja fast gar nicht mehr gesehen, sonst hätte ich es vielleicht noch verhindern können. Die Geschichten vom »roten Halsband« (Herder) waren also umsonst. Nimm mir ein bißchen Enttäuschung nicht übel; ich hatte damals immer wieder unter vorsichtiger Ausnützung meines Vorsprunges von ein Dutzend Jahren versucht, behutsam Geschmack und Liebe an den Wissenschaften in Dir zu wecken, und hatte auch meine rechte Freude daran, wie Du so schön darauf eingingst. Ich hätte Dich später gern in den geistigen Disziplinen tätig gesehen; natürlich, unter Berücksichtigung Deines Temperamentes, in deren unruhigeren und abenteuerlicheren Zweigen, Archäologie, Urkundenforschung u. dgl. – Du würdest wohl Gutes geleistet haben. – Nun, es ist weder meine noch Deine Schuld, wenn es anders geworden ist; aber schade ist's doch und ich fürchte, die Totschlägerei als Kunstwerk wird Dich auf die Dauer nur unvollkommen befriedigen. – Genug hiervon. –

Daß man im Felde nicht sonderlich zum Lesen kommt, hätte ich Dir aus den Latifundien meiner militärischen Bitternisse bereits vorher mitteilen sollen : es ist schon aller Ehren wert, Werner, daß Du's überhaupt versucht hast! Und noch dazu in tapferster Weise (Wie es dem OA so wohl ansteht) mit Goethe. Das Schönste aber ist, daß Du mir so trutzig offen schreibst : »... selbst er sagt mir nichts an solchen Tagen; man ist wohl einfach nicht mehr aufnahmefähig genug ...«; das ist anständig von Dir, Werner, daß Du die Schuld auf Dich nehmen willst; aber es ist nicht nötig. Denn »an solchen Tagen« hört man seine Stimme wirklich besser nicht! Und Du brauchst ob Deiner Ketzerei nicht zu erschrecken!

[...]

Wind kommt über'n Fjord; es ist Mitternacht geworden. Ich habe im letzten Jahre interessantes Material über terrestrische Refrektion gesammelt, so gut es bei dem ewigen Großalarm und den erbärmlichen Instrumenten möglich war; vielleicht können wir einmal zusammen eine umfassende Untersuchung anstellen[.]

Nun, Näheres von all dem, wenn wir uns wieder sehen!

Schreib bald wieder!

Arno

[...]

Anmerkung : Werner Murawski, geb. 29.11.1924 in Wiesa bei Greiffenberg/Schlesien, der einzige Bruder meiner Frau, fiel am 17.11.1943 bei Smolensk.

AUS DEM LEBEN EINES FAUNS

Der Verwaltungsbeamte Heinrich Düring führt ein Leben in kleinbürgerlicher Enge. Dem Nationalsozialismus und dessen allgemeiner Ideologisierung und Kriegsbegeisterung steht er ablehnend gegenüber, äußert sich darüber aber nicht. Die Handlung setzt im Jahr 1939 ein. Im Landratsamt unterhält sich Düring mit seinen Kollegen.

»Mensch, Runge!« (heuchlerisch) : »Na?!« (Peters, Schönert, die Krämer, Alle, rundherum). Und er erzählte stolz und kurz.

Von Bergen-Belsen : (war als SS-Mann zum Lagerpersonal abkommandiert gewesen, das fette Schwein). »Oh, die arbeiten dort Alle schön!«, lächelte verkniffen und herrenhäusern : »die Juden.« Pause. Er schob die Karteikarte näher an die dicken Blauaugen; aber es mußte heraus : »Und wenn sie sich weigern – werden sie aufgehängt.« – ?!!? – : »A'm Spezialgalgen.«

Nichts! Ich weiß nichts! Ich kümmre mich um nichts! (Aber das weiß ich : Alle Politiker, alle Generäle, alle irgendwie Herrschenden oder Befehlenden sind Schufte! Ohne Ausnahme! Alle! Ich erinnere mich der großen Pogrome noch gut; ich vergesse es nicht, wie die SA beim Dr. Fränkel mit der Axt in die Schreibmaschine hackte, unds schrille Klavier aus dem Fenster kantete, bis er Selbstmord beging! : Aber einst wird kommen der Tag, meine Herren Lumpen. Und wehe dem, ders dann ›nochmal versucht‹ mit Euch!)

»Christus? : hat sich selbst kastriert!«; das war wieder Schönert, der prononciert Matthäus XIX Vers 12 vorlas, die Parallelstellen, die Skopzen erwähnte, und seine mangroven Ideen dann unablässig fortspann. (Aber an sich gar nich so abwegig, wie? Später ma näher ventilieren).

Eine kleine schwarze Kundin, beltenebros also, mit ganz unverhältnismäßig hoher Brust, machte Peters viel zu schaffen, der sich lange und übertrieben dienstlich mit ihr unterhielt, und mit seinen Fischaugen mehrfach unzüchtige Handlungen an ihr vornahm. (Iss ja nich wild : eher traurig! »Die wird ein Dreieck hinlegen!«. Luther war genau so : der konnte auch »keine Frau ansehen, ohne ihrer zu begehren«!).

Dann sonnabendne Pläne der Tipsen : »Hat der Landrat schon was wegen heut Mittag angeordnet? – Also : meine Damen!«, und ich wandte mich mürrisch wieder den Mappen zu, mit kalten textilnen Griffen.

Ein Mutterschaftskreuz! : Das war der pucklige versoffene Benecke, der mit den 14 Kindern; alles Karikaturen, rothaarig, schielend, Zähnen wie Mah-Jongg-Steine, ein Satz Trolle : den Hintern aushauen!

Also ein Mutterkreuz : und sie breitete stolz die Hände auf dem fetten Mutterbauch. (Solange der Staat noch Bockprämien zahlt, brauchen wir uns ja nicht zu wundern, wenn der Lebensraum immer knapper wird. – Aber es sei : wozu bin ich Beamter?!)

Als Kaiser Augustus das bekannte Gebot ausgehen ließ, betrug die Bevölkerung der Erde etwa 50 Millionen. (Schönert bestätigte). Nun ist ja die nutzbare Erdoberfläche ziemlich eine Konstante. Auch zugegeben. Zur Zeit haben wir 2.500 Millionen, d.h. das Fünfzigfache; und jeden Tag nehmen sie um weitere 100.000 zu : also?! Und nun knallten die Meinungen aufeinander. (Ich bin ja ganz für Sterilisation der Männer – nicht etwa Kastrierung – und legalisierte Abtreibung. Mehr als 1.000 Millionen dürfts nicht geben!)

Argumentum ad hominem : »Ja, ließen Sie sich denn sterilisieren, Herr Düring!« (Ausforderung und Triumph : na?!) : »Aber sofort, Herr Runge! Lieber heut wie morgen!«. Und auch Schönert nickte betroffen und schwelgerisch : »Völlig freie Fahrt. Und der Genuß ist derselbe!«, und stützte sich tiefer auf den Stuhl von Fräulein Krämer. (Dann technische Einzelheiten : wie das gemacht wird : Bajonett rein, Fuß ran, raus. Oder mi'm Kardoffelscheela.)

»Links! : – Links! : – – Ein Lied!« (Arbeitsdienst), und die uniformen Hampelmänner zuckten vorbei mit paukenden Beinen, legten gehorsam die Germanenköpfe zurück und brausten begeistert auf : »Duh heiljes Lant dea Treu ...« (und in ihren KZs verdarben derweil die Millionen!). Weiter brüllten die zackigen Totengräber, von ebensovielen Schöpsen nur durch die Gestalt unterschieden, tiefer faltete sich mein Gesicht, mehr Ruinen ahnte ich, mehr gliedrige Tote (»Unt wie des Adlers Flug vom Nest / ihist Dei-nes Geistes Flug : Haltet aus!«); ich nickte nicht höhnisch; ich lächelte nicht bitter; ich nicht! Nur schade, daß ich, ein Sehender, das Blinde-Kuh-Spiel werde mitmachen müssen. (Na, vielleicht kann man doch etwas beiseite treten. Ma sehn). (Elefantiasis des Staatsbegriffes).

Zerkaute Nagelränder, gleichgültige Kleidung, breites Gesicht um stumpfe Augen : »Einen Paß, bitte.« (In sehr stillem sauberem Hochdeutsch : ist schon was!). Und ich fragte ihm selbst seine Biographie heraus. (Wollte ein Visum nach England : also emigrieren. Schlaue Kerls, diese Schriftsteller. Hatten Alle keinen »Anhang«, und waren frei beweglich. Während unsereiner). »Kennzeichen?« : »– : Vielleicht : Brillenträger? –« schlug er vor; Nicken und das und das. (Aber dann wurde mirs doch zuviel, und ich gabs Massa Otte mit seiner blendenden Sütterlinschrift zum Ausfüllen).

›12 Uhr Gemeinschaftsempfang‹ : und es war wieder eine Reichstagssitzung, mit Ha und Heil und Liedertafel und markigem Gebrülle; zum Schluß : »einstimmig angenommen«. (Dann auch : »Ein Lied!«. Und waren so stolz : in England gibts immer diese widerlichen Pro und Contra im Parlament : aber wir sind einig, von oben bis unten!). Und im Volk überall die ruhige glückliche Überzeugung : der Führer wirds schon machen! Gott, sind die Deutschen dumm! 95%! (D.h. die Andern auch nicht besser : laßt nur erst mal die Amerikaner ihren Hindenburg wählen!)

Die Menschen gebärdeten sich wie Fahnen; ihre Lippen flatterten, ihre Hände klatschten, Manche rannten wirbelnd vor Anderen her. An den offenen Fenstern sotten und kochten die Radiogeräte ihre Knackmusik, in die sich schon grauer Wind mischte. Regenlicht trat wieder zwischen die Häuser, und bald darauf glitschten die Wassernadeln über die Asfaltseen.

Unberührt vom Schicksal meines Volkes?! : Was sich dort braun gebärdet, Märsche töfft, und begeistert Groschenworte tauscht, ist nicht mein Volk! Ist das Volk Adolf Hitlers! (Eine halbe Million vielleicht sind anders, d.h. besser; aber dann sollten wir uns auch anders nennen, auswandern, nach Saskatchewan, – ach, s ist alles betrüblich und un, und ich stach grämlich weiter die dürren Beine aufs Pflaster. Oder meinetwegen nach den Falklands).

[...]

Skandal, Skandal : Der Cousin vom Otte (der aus Berlin) hatte sich anläßlich seines Besuches eigenmächtig zum SA-Scharführer befördert, und sollte nun exkommuniziert werden. : Also genau wie die »Führer« oben, die sich gegenseitig auch immer wieder neue Titel ersinnen, neue Dienstgrade und Arabian-Nights-Uniformen. Das ganze Volk ist ergriffen vom Orden- und Abzeichenfimmel und webt begeistert an der Saga von der eigenen Größe mit! : Muß den Deutschen doch also genau auf den Leib passen!

Dann lieber noch die schmucken Sauereien Schönerts; »Ja?«, und man mußte drüber lachen : er zeigte mir heimlich Fräulein Knoops Wappen – das war die emsig-dicke und weißrosig Kalte – ein nacktes Mädchen mit einer Kerze in der Hand und der Legende »nosce te ipso« –. Gewetzter Geist der Schönert (kein geschliffener); aber er ist auch »dagegen«, as far as it goes, und schon gemeinsame Brechreize schaffen eine Art ausreichender Sympathie; und fast alle Menschen sind ja in demselben Grade unwissend, wie sie klug sind.

Das Musikinstrument ist mir am meisten verhaßt : die Ziehharmonika des Volkes! Mit ihren gedunsenen, verwaschenen, knopfigen Tönen.

»HeilittlerSiewünschen?« (auch Bürger sein, gut, und das Land zusammenhalten; laß Deine Rechte nicht wissen. Also hob ich die leicht zum Deutschen Gruß, und ballte dafür die freie Linke : werd ich so mein Leben einteilen : in die offene staatserhaltende Hälfte. Und die geballte Linke).

(Ich behalte mir jede Handlung gegen den Staat vor! : das ist zu meiner Sicherheit als Mensch nötig! Denn der Staat vermag mich mit Gewalt zu allem anzuhalten, was seinen verantwortlich-verantwortungslosen Leitern just auszuhecken beliebt : ich dagegen habe nicht die Macht, den Staat zur Besonnenheit oder Gerechtigkeit oder Erfüllung seiner Pflichten notfalls mit Gewalt zu zwingen. Also muß ich ständig – außer dem fundamentalen Recht, den Staat ungefährdet mit all meinem Eigentum verlassen zu dürfen – Front gegen die Staatswillkür machen. Und kommt mir ja nicht mit dem vornehmen Einwand : darüber hätte ich kleiner Angestellter ja gar keinen Überblick!! Und wenn all Eure Generäle und Politiker noch so ehern vom eben angebrochenen Goldenen Zeitalter dröhnen : in zehn Jahren habt ihr Deutschland restlos zugrunde gerichtet! Und dann werden wir sehen, wer recht hatte : der kleine Düring, oder all die großen Herren und 95% der Deutschen! Aber es empört sich Alles in mir dagegen, zum Mittanzen, wider mein besseres Wissen, gezwungen zu sein; und ich werde meine Handlungen dementsprechend einrichten!)

[...]

Die Sonne?! : ein Wahnsinniger fuhrwerkte da oben mit seinen brüllenden Schmelzflüssen herum! (Und wir Anständigen nennens noch »Sterne« und besingen wohlerzogen den Nebelglanz des Höllensamens!). Ich spuckte dieser Sonne ins fleckige Gesicht, trat hackig-hastig die Erde, und zerriß mir die Knopflöcher über der Brust, daß Schweiß und kümmerliche Haare unter mir sichtbar wurden. Ich hackte die Handkante in eine Astgabel : der verfluchte Lorbas da oben! : Sieht angeblich Alles, hört und riecht Alles – herzliches Beileid nebenbei! – und läßt wieder einen Krieg starten! (hat ihn folglich in seine vorgebliche Weltplanung mit aufgenommen?!)

»Laa-täane : Laa-täane! / Sonnä, Mont unt Stäan-ne!« : Kinder mit ihren bunten flackernden Papiertüten wollen sich auch aus dem alltäglichen Gelebe lösen : mit Lichtern, mit Worten. (In der Dämmerung. Gaa nich dumm!).

»Nanu, Berta?« : sie kam mir hastig entgegen : »Anruf vom Herrn Landrat persönlich : Du sollst morgen unbedingt ins Büro kommen! Auf keinen Fall wegfahren!«. Nach einer Pause aus der Küche : »Was iss denn los?«. »Vielleicht iss Einer krank geworden – ?« (hinterhältig pomadig und achselzuckend). »Ach so« (plausibel und erleichtert : die wollen nicht sehen!)

Nachts die Hand auf meiner Schulter : »Jawas?!«; denn meine Frau stand im Hemd vorm Bett, und ein sehr bitterer und grober Witz kitzelte mich auf der Zunge. – : »Hör doch mal Heinrich : die Motorräder!«

Richtig!! : richtig : da stand die ruckende Maschine, zyklopisch glotzend, bei Hogrefe drüben am Zaun; dann zu Alsfleth. Dann – »Geh doch mal runter, Heinrich : in allen Häusern iss Licht!«. – Also ne Jacke an. –

»Nanu, Herr Heitmann!« (Vom Wehrmeldeamt, aus Falling), und ich erkannte sofort den Stoß brauner Karten : »Gestellungsbefehle, was?! – Geht los; wie 14/18.« Und Jener stolz : »Na, diesmal dauerts nich so lange, Herr Düring, wie damals bei Ihnen!«; und ich hob interessiert die Augenbrauen : ? . – »Na, wir ham doch jetzn Führer!«, mitleidig und verächtlich ob meiner so großen Verkalktheit. ›Du Idiot‹ dachte ich sofort, übersetzte aber bieder : »Jaja, freilich« (und wollte ihn überbieten) : »in 4 Wochen ist Alles wieder vorbei!« (merkst Du noch nischt?!). Aber : »Höchstens!« bestätigte er nachdrücklich, und ritt wieder auf den Sattel ein : »Na : Heil!!« (So braun möcht ich auch mal sein!).

Nichts grausiger und kläglicher : als zwei Völker, die nationalhymnend aufeinander losgehen. (Der Mensch, das »hurrahschreiende Tier«; als Definition).

»Was ist denn Heinrich?!« : und ich wies mit stummem Kopf zu Spreckelsens nebenan, wo die junge Frau, tränenüberströmt, ihrem blassen Mann das Bündel schnürte; nachts um 3 : sie rannte in offene Schränke und zerriß ihre Wäschestapel (und anläßlich des Unterhosenwechsels machten sies noch einmal; ohne an die offenen Fenster zu denken).

Nessun dorma!!

[...]

Kino : erst Wochenschau : siegende wiegende Schnellboote (mit der betreffenden Scharfmachermusik dazu), und strahlende ›Blaue Jungens‹ : »Wenn wir bloß ma n bißchen für Großdeutschland fallen könnten!«. Panzerprozessionen und Geschütze (die Franzosen sind die besten Artilleristen der Welt gewesen! : Alles haben sie erfunden, Hohlladungen, Graphische Schußtafeln; und ich dachte der alten Beschreibungen von Kettenkugeln und Spiegelgranaten im Memoir des Generals von Brixen, seinerzeit Adjutant Rüchels, das im Original in den Arbeitsunterlagen prangte : schon 1795 hatten die Franzosen Schlachten mit Luftlenkung geschlagen! Zum Beispiel Fleurus!).

Dann der ›Kulturfilm‹ : natürlich Alpen (und auch obligat heroisch instrumentiert; die Wolken segelten ergreifend zu einer Variante der Freischützenouvertüre); Seen und ach so schneeige Gipfel. Patinierte Felsen : 50 Fuß hoch waren die Steinschliffel, in rostiger Buschklepperrüstung, Farnfeder oben am Hut, Wakkelstein als frecher Schädel. Ein milchweißes Ochsengespann setzte über den Fluß (Bläser schwollen da hymnisch auf, als strömende Begleitung). Und überall in der gefällig ausgefegten Landschaft ›Deutsche Menschen‹, patentierte, voller Charakterköpfe und Vertrauen auf den Endsieg. (»Ja, reizend, Berta!«).

Blöd und süß : der Hauptfilm. Man walzte dekorativ (»Nein, diese en-tzückenden Kleider, Heinrich!«); Willi dalberte um Lilian; und Hans Moser, der liebe kleine Schelm : Kinderkinder, wenn auf Totschlag bloß nicht immer gleich so hohe Strafen stünden!

Aufreizende Festtafeln, with someone blowing smoke right out of the screen, and people drinking beer and smacking their lips (1944!! – Obwohl ich nicht daran zweifle, daß ein Mensch mit einer hinreichenden Gabe Punsch im Leibe es zu Allem bringen kann!).

Der Kaiser, der Kaiser, die ›Liebe Majestät‹, tanzte höchsteigenhändig mit ihr : und sie griff sich tief in den Falbelrock, mit knixenden Händen, glitt dichter heran : Riesenaufnahme (Oh Swift in Brobdignag!), schob lautlos den Mundhangar auf : lexikongroße Zahnplatten besetzten die Kieferbogen, unterm Nasenpilaster; die Wimpern starrten wie Kistennägel. Aus der Höhle begann es lockend zu walzen (und die seelenlosen Gaffer wiegten sich unmerklich im befohlenen Takt, wie das Lästrygonenhaupt oben hin und her schwankte).

Ja, und der Kaiser tanzte also mit ihr, paullinckisch, und s war eine große Ehr' (vielleicht hatte sie auch schon ›unter‹ 3 Kaisern gedient); aber die ›Standeskluft‹ war dann holt doch zu groß, und da akzeptierte sie den Honvedmusketier, den lustigen schneidigen, als erotisches Surrogat : und es war Alles so erstunken und absurd, so gemütvoll und deutsch : nee! Ich schloß vergnügt die Augen : da roch ich wenigstens bloß den Schweiß um mich, und hörte meine kleine Nachbarin gebrochen schluchzen (wahrscheinlich als der Kaiser – einsam und tragisch wie nur je ein Wiener – in die Hofburg zurückschritt). – Sie breitete sich dann noch dekorativ auf ein Prunkbett, und poussierte n bissel mit Morpheus; bis ihr Penis in Honveduniform sie erlösen kam : gottlob! (Und bloß raus! – – »Ach s war wieder mal schön, Heinrich!« : meine Frau. »Wunderbar, Berta.«; und wir bürgerten hauswärts. 20 Uhr und Sonnenuntergang).

Dem Kriegsausbruch begegnet Heinrich Düring, der als Soldat am Ersten Weltkrieg teilgenommen hat, mit Pragmatismus, indem er Vorkehrungen für die zu erwartenden Lieferengpässe trifft. Neben seiner Ehefrau hält er auch seine Geliebte, die junge Nachbarstochter Käthe, zur Vorratshaltung an.

23. 8. 1939 : Pakt mit Sowjetrußland : ?! – : jetzt dauerts nur noch Tage! Und ich überlegte : was war im vorigen Kriege so gut wie Geld gewesen? : Kaffee, Tee, Kakao; Tabakwaren. Also brachte ichs aus Fallingbostel mit, und den zugelöteten Kanister mit Feinschnitt. Zigaretten in Tropenpackungen. Rum und Hochprozentigen.

Noch 2.400 auf der Sparkasse : ich hob zwei Drittel davon ab, und kaufte weiter (Mißtrauensvotum gegen den Staat : Jawoll, mein Führer!!) : Lederstücke für Schuhsohlen und Conti-Gummiabsätze. Eisenkleinwaren; auch einen neuen Axtkopf und zwei Blätter für die Bügelsäge. Schnürbänder, Streichhölzer : »Herr Pfeiffer selbst, ja? : Können Sie mir heut noch 80 Zentner Kohle liefern? Und 40 Briketts? – Jaja : 80 und 40. – – Nein, Nummer 64 : ich komm in der Mittagspause vorbei und bezahls. – Jawoll!«

Öl, Zucker; Briefumschläge, Papier; Kernseife. – Halt : Fahrradbereifung. Taschenlampenbatterieen (aber die halten sich nicht, verdammt!). Glühbirnen : Radio muß immer in Ordnung sein, also ein paar Ersatzröhren! – – Revolver? : und ich schwankte lange; kam mir dann aber doch zu romantisch vor, und blieb lieber bei dem schweren Haumesser. Noch n massiver Ledergürtel mit Messingschnalle, recht breit (iss ja schon so gut wien Korsett fürn älteren Herrn, nich?!).

Halt : ein Paar Gummistiefel (und von der schwersten Sorte!). – : »Hab billig Winterkohle kaufen können, Berta : Gelegenheitskauf : Zentner ne Mark«, log ich ihr eins, zur Tarnung meiner Einkäufe; denn sie wurde schon nervös, »und morgen kommt auch noch ne Kiste Wein : iss doch besser, wenn man immer was im Haus hat –« (schmeichlerisch) : »wenn Deine Brüder ma komm!« – Dann wieder ins Büro :

»Na, Peters?!« : »Also was diese Polen frech werden, Herr Düring!«, und auch Schönert (na, er war noch zu jung). Am entrüstetsten und geilsten die Weiber, die Krämer voran. Und die Augustsonne brannte.

When I was walking down the street (: Hurrah, the cotton down!) / a charming girl I chanced to meet : Hurrah : the cotton down! – : »Käthe!!«. Sie kam, stemmte den Wind lässig mit den Hüften beiseite, und versetzte ihrem Popo eins mit dem Handrücken : ?

»Käthe : einen Tip! : «, und ich erläuterte ihr hastig wieso und warum. Sie runzelte sofort das Gesicht zusammen, dachte kurz drohend nach – : »Na und?« knurrte sie; und : »ich hab doch kein Geld.«. Ich knautschte ihr einen 50-Mark-Schein in die Hand, und riet : »Kauf Dir wenigstens gute Toilettenseife, Hautcreme, und was ne Frau am dringendsten braucht : gleich n paar Kartons.« »Ach was : steck sie in die Aktentasche, da sehens Deine Eltern nich; und zu Haus schließt Dus in' Schrank. – Und sags, wenns nich reicht.« Sie hatte noch immer das Geld in der Hand und maulte konzentriert; – »Na schön,« sagte sie endlich zögernd : »Seife meinst Du? Würde knapp?«. »Alles, Alles, Alles,« rief ich nervös : »Schuhe, Camelia, Zahnpasta : verlaß Dich drauf : in 14 Tagen gibts Alles nur noch auf Karten!«. »Ach, Du kennst das nicht, wie das war, Käthe!« (ungeduldig) : »sei nicht dumm –« (sie hob nur eine Braue, und ich bat sofort ab : na gut. Erledigt). »Schön,« entschied sie, bedächtig nickend : »ich machs also. Schreib mir mal aufn Zettel, was Du alles meinst«. »Ja, bon«.

Nochmal zurück : »Versuchs auch Deinen Eltern hintenrum beizubringen : daß sie Lebensmittel und Kohle kaufen; je mehr desto besser!«. »Mm.«. Sie drehte fest und lippenleckend den Kopf und suchte mit den Augen das nächste Geschäft : »Mm«. Bedrohend leise : »Du, aber wenns Unsinn iss .....!«

Die Böhme bewegte sich schon unruhig in ihrem Wiesenfeucht, Acker dünstete Gold, graue weiche Bremsen stachen wohlbekannt; noch wanderten Lodenmäntel um Jünglinge, Schilf war noch nicht ausgestorben. – Halt : nochmal zur Eisenhandlung : »Ein Paar Türangeln, bitte. –. –. Nein, nein : für ne ganz einfache Schuppentür; aber recht kräftig«. »Und die Schrauben bitte auch dazu« (zwei als Reserve).

Drachen stehen schräg über Kolonie Hünzingen, im Oben : ich gab meiner Frau 200 Mark : »Kauf für Dich und die Kinder in Walsrode neue Schuhe und warme Unterwäsche. – Und wenn der Lieferwagen von Trempenau kommt, laß Dir erst die Rechnung geben und vergleich!«. »Ja aber,« sie war ganz ärgerlich! »Gib doch ja nicht das ganze Geld aus, Du!« und ihre Augen wurden zu Notgroschen. »Hier hast Dus Sparbuch –« sagte ich großartig (von meinem andern Geld braucht sie ja wirklich nischt zu wissen!) : »sind noch 800 Mark drauf : wenn Du klug bist, kaufst Du die noch heute ab : Alles!« – »Du bist ja verrückt, mit Deinem Krieg,« sagte sie ruhig und jetzt sehr energisch (jetzt, wo sie das teure Glied der Geisterwelt vom Bösen gerettet hatte) : »Bloß noch 800!!«, und sie sprang hoch und schritt klageweibern hin und her : »Mach bloß nich Alles wild, Du : Weber hat schon gefragt, was denn bei uns los wär!«. Ich folgte ihr auch noch in die Küche : »Berta,« näherte ich mich (pflichtbewußt und vergnügt) : »Du weißt, was Du zu tun hast!«. »Jaja«, sagte sie schulterherüber, überlegen und verächtlich. (Also bitte : mein Gewissen ist rein!)

25.8.1939 : dauernder englisch-polnischer Beistandspakt; und es malheurte sich Alles recht rund zusammen : »Na, Berta?!«. »Ach, Du hastn Knall!«, ärgerlich und abwehrend. (Jetzt dauerts nur noch Stunden!).

Die allgemeine Kriegsbegeisterung und die nationalsozialistische Propaganda, die auch vor seiner Familie nicht haltmachen, kommentiert Düring zwar ironisch-distanziert, erlaubt aber seinem Sohn dennoch, sich freiwillig zum Krieg zu melden. Paul fällt an der sogenannten »Eismeerfront«, wie das Kampfgebiet im Großraum Russland, Finnland und Nordnorwegen genannt wurde.

»Geländeübung! –« und meine Frau wies bekümmert auf Paul Düring, 16 Jahre. »Laß n ne Kniebeuge machen, daß der Dreck abplatzt«; und mein zebraner Sohn, Feirefies, war begeistert. (»Also was Du für Ausdrücke hast, Heinrich!« : meine Frau).

»Zeig mal Deine Schulhefte«; und er brachte sie mir hochmütig, wie einem Wahnsinnigen. Durchblättern : Englisch genügend, Französisch Genügend, Deutsch Fast Genügend. (Durchsehen muß ja mal sein. Mein Vater allerdings wurde im Ernst immer wie unsinnig, wenn ich statt ›Sehr Gut‹ nur ›Gut‹ anbrachte; weissagte, wollte mich »runternehmen«, und war überhaupt ein rechter Hansnarr). Nun, ich runzelte eben erzieherisch die Stirn, sagte aber nichts : war ja Genügend, und damit basta. (Nur nicht noch die erhabenen Lehrerfantasieen unterstützen, daß die Schule der Nabel der Welt sei, oder fürs Leben und überhaupt). Dann wog ich die Hefte in der Hand, und machte einen Versuch : »Sachmapaul – : hast Du Dich ma mitn Kommunismus befaßt?«. Er fiel aus allen Wolken und stieg wieder auf : »Sag ma –« fing auch er an, und schüttelte verächtlich-amüsiert den Kopf; abfällig : »Lohnt sich doch gar nich! Iss doch im Dritten Reich längst überwunden.«. »Du kennst also nichts davon, und läßt Andere für Dich denken?«, forderte ich kalt heraus, »Hast Du ihn mal mit dem Nazionalsozialismus verglichen? : Wärst wahrscheinlich recht überrascht.«. »Iss doch gar kein Vergleich«, sagte er kühl und unendlich überlegen : »unseres iss doch ne Weltanschauung«; und ging, ein erneuerter sicherer Mensch. (Hat keinen Sinn, zu Jemandem etwas zu sagen!)

»Was heißt Immunität genau, Pappa?« (sollte wohl die Versöhnungshand sein), und ich erklärte es ihm. »Warum gerade Reichstagsabgeordnete?«. »Würden sonst wahrscheinlich sofort Alle abgeholt,« sagte ich häßlich, und wir lachten wenigstens ein bißchen zusammen. (Dann gab ich jedem 2 Mark : da der menschliche Scharfsinn noch kein Verfahren ausgemittelt hat, wodurch wir unsere Habe in die andere Welt mitnehmen

könnten, muß man Kinder beizeiten die Verachtung des Geldes lehren, vorsichtige Verschwender: »Und gebt es aus: Sparen ist Unsinn!« fügte ich hinzu. Und wenn sich Euch sämtliche Haare sträuben: ich habe als Kind genug unter dem verfluchten Sparbüchsenkomplex geduldet!)

Noch ne Stunde bis zum Essen: also im Sessel lesen. – – Halt.

Ameisen in der Stube!: Hinter dem Bücherregal quollen sie zu Hunderten aus der Scheuerleiste. Gerda kehrte sie auf die breite graue Blechschaufel, und ich blies dünne Nebel aus DDT. (Schade. Sind kluge Kerls. Viele Morde und Katastrophen: wie werden die den Leviathan – d.h. mich! – anklagen; drohend, verzweifelnd, die Antennen schütteln, mit sechs Füßen Trotz stampfen und Heldenmut. Und mein Quermaul blies unablässig Gift und Tod. Hasten und Flüchten, zahllos gelenkig, gliedsam entrinnich).

Auch wir Menschen müßten geköpft werden: ganz schnell, ehe uns Alter oder Siechtum quälen, ganz sachlich, ohne Übergang. Im Schlaf. Oder am Waldrand, wenn man zum Bahnhof geht, von vier Verkappten überfallen werden, unters Gerüst gezerrt: Kapp!!

[...]

Ahnenforschung: mein Sohn fragte mich gierig aus (wurde auch gleich wieder sportlich aufgefaßt: wer am weitesten zurück kann). Gottlob war schon bei meinem unehelichen Vater Schluß, und er notierte enttäuscht. Auch in den anderen Linien waren keinerlei Große Männer, Offiziere, Politiker, Künstler, aufzujagen: waren alles ganz einfache ehrliche Leute gewesen!

[...]

Sirupjew Schokoladowitsch: mein Sohn!: »Also Du wirst noch ganz zu Zucker werden, Paul!«; denn er schaufelte den Pudding buchstäblich schüsselweise (und ich wettete mit ihm, daß er Sonntag n Waschbecken voll ißt : ich bring 10 Päckchen extra dafür aus Fallingbostel mit, ›Mändelchen‹, abgemacht? Und er schlägt ein!). Vorher, Sonntag Vormittag, haben sie ›Vormilitärische Erziehung‹, mit Zeltlager, Flaggenparade, und all dem scheinbar unvermeidlichen und schrecklich interessanten Opernzeremoniell. Mit 17 könne er sich freiwillig zu n Soldaten melden : Offizier werden : »Darf ich Pappa?! – Sonst kann ja der Gruppenführer ma mit Dir sprechen.« (Direkt als ruhige Drohung, unmißverständlich); und auch meine Frau machte geehrte Augen : »Wenn er doch Offizier wird, Heinrich! Mit seiner höheren Schule : denk ma, wie neidisch Alsfleths sein würden!«. »Das gibt natürlich den Ausschlag«, sagte ich bitter, und : »von mir aus!«. – »Im August hat er ja Geburtstag – : von mir aus! –« (Ehe ich mir die Parteibonzen von ihm auf den Hals hetzen lasse! : wen es derart zum Strammstehen hinzieht, den soll man nicht aufhalten : Gott, war ich ein anderer Kerl in dem Alter gewesen! Hatte eine solide demokratische Erziehung genossen! Und wo Menschen in Scharen auftraten, immer den Rücken gedreht! – Und ist meine Frau albern!)

[...]

»Na Berta!« (immer noch in tiefster Trauer) : unser Sohn war vor 14 Monaten an der Murmanfront gefallen; als O.A., auf der üblichen achtwöchigen Frontbewährung. Zuerst von der Schule stolz auf Urlaub, als bestaunter Wachtmeister und Fahnenjunker : »Na, Pappa?!«; als hätte ers nu geschafft! Wo das Schlimmste erst kam! Und ich hatte den Pfauen verkniffen lächelnd betrachtet, bis er sich gekränkt abwandte. Ihm auch erklärt warum, gewiß; aber er hatte zuviel vom Kampf als ›Stahlbad für den Mann‹ gehört. »Außerdienstlich verkehr ich mit Mannschaftspersonen nich!« hatte er mir befremdet mitgeteilt, als ich ihm riet, sich da, wenn irgend möglich, von Zeit zu Zeit : gesunde Ansichten zu holen! Na bon! – Ja, als dann der Ortsgruppenleiter ankam, fiel meine Frau aus allen Wölkchen,

schmiß die Kartoffelschüssel ins Führerbild, und kriegte Heulkrämpfe. (Ich : fühlte nichts! Man dürfte das ja eigentlich Niemandem sagen; aber Paul war mir ferner als ein Fremder; um Cooper kann ich heute noch weinen. Aber von ›meinem Jungen‹ wußte ich die Hohlheit und schreckliche Mittelmäßigkeit : seiner Mutter! : eigentlich hätte ich ihr sagen müssen : Du trägst Dein gerüttelt Maaß Schuld mit daran, eitles Weib! Hättest Du mit mir Vernunft gepredigt, anstatt über die Silberkordel um sein Spatzengehirn zu jauchzen!!).

(Dann die Grabschrift : »Was lassen wir denn in die Zeitung setzen, Heinrich?!« hatte die Schwarze Gebrochene gefleht. »›Paul fiel‹« sagte ich hart, »›eines der vielen irregeleiteten Kinder‹!« : ich hätts gemacht!! – Oh! : das wollte sie aber doch nicht; zumal ihr bißchen Gewissen sie vielleicht doch nicht ganz freisprach : denn wie hatte sie verächtlich auf die armen Obergefreiten-Knechte von nebenan herabgesehen. Wie hatte sie den Pfennigmund gespitzt, und war am Arm ihres Sohnes ausgeschwänzelt! Wie hatte ihre freche Schnauze ausgefordert, als ich ›Den Offizier‹ als das verächtlichste unter allen Wesen bezeichnete : »Bist woll neidisch auf Deinen Sohn, eh?!«; und war lachend in die Speisekammer gegangen, ihm die letzten Vorräte zuzustecken! – Ja, und dann entschloß sie sich halt für das Originelle »Gefallen für Großdeutschland« – na, wenn Du meinst?! – Aber Gerda ließ sie doch nicht mehr freiwillig zur Flak gehen!).

Heinrich Düring hat im Wald die Hütte eines Deserteurs der französischen Armee entdeckt, die Anfang des 19. Jahrhunderts Teile Niedersachsens besetzt hielt. Allein oder gemeinsam mit seiner Geliebten Käthe zieht er sich immer wieder dorthin zurück. Als die nahegelegene Munitionsfabrik EIBIA angegriffen wird, retten sich die beiden durch den Bombenhagel in die Hütte, die sie nach einer gemeinsam verbrachten Nacht aus Angst vor der Entdeckung abbrennen.

Nachrichten (aber auch ganz trüb und leise) : Alle Jäger waren zu ihren Stützpunkten zurückgekehrt; andrerseits hatte man die seit langem gewohnten ›Frontbegradigungen‹ auch heute nicht vergessen (»Verläßlich wie ein OKW-Bericht« hatten sie früher immer geprahlt!). Der Papst litt schon wieder an schweren Marienerscheinungen (cf. Scheffels ›Kastel Toblino‹, pag. 398); und feindliche Bomberverbände waren in dem üblichen Anflug begriffen (also wahrscheinlich wieder Berlin).

Die Hierarchie der drei christlichen Großbekenntnisse (und der zahllosen kleinen dazu) zehrt immer noch borniert von jener unzureichenden Begründung, die vor 2.000 Jahren dem geistigen Mittelstande gerade noch angemessen war. Seitdem wird mit der wachsenden Erkenntnis in jedem Jahrhundert und jedem Einzelnen der Unwille immer größer, über den unheilvollen Riß zwischen der anerkannten Notwendigkeit gütiger Menschenliebe, und jener unentwegten schamanenhaften Begründung dafür : ein Dritteil der Schuld an unserer verzweifelten geistigen Gesamtsituation trägt dieser, die Meisten noch beunruhigende Widerspruch, der edle Menschen sogar soweit gebracht hat, daß sie in gequältem Zorn dann selbst die Liebe verleumdeten. Es ist doch wirklich an der Zeit, die christliche Mythologie mit all ihren Göttern, Halbgöttern, Sehern, Himmeln und Höllen (und natürlich auch die irdischen Dekorationen, Maschinerien und kostümierten Statisten!) dahin abzustellen, wohin sie historisch und wertmäßig gehört, nämlich in die Nähe der römischen und griechischen, etc. : dann wird es ruhiger werden in und um uns. –

Die Petroleumlampe in meiner Hand machte mit mir einen Sprung, und schüttelte die Milchhaube ab. Der Schrank gab mir einen Stoß, den ich nur mühsam mit der Faust parierte, und seine Türen prügelten noch auf mich ein. Meine Frau schwankte hinter ihrem Schürzengitter und hielt einen Tisch in den Händen! Die Scheiben knurrten hell und wild in ihren Rahmen; eine Tasse sprang hoch und mir vor die spreizenden Füße; die Luft jumpte (bloß gut, daß die Fenster alle sommerlich offen standen!); ich stürzte mit schrägem Kopf durch Türen, tanzte auf der torkelnden Treppe herum, und fiel am Tor in Menschen.

»Sie greifen die Eibia an!!« der alte Evers gellte und zitterte wie ein schwarzer Mantel, ich griff in Käthenes und wir galoppierten schon, technische Nothilfe, hinter dem Wind in jene düstere Richtung, mit klatschenden Sohlen, über Zäune flankend; zwei Krähen rasselten entlang; eine wandte sich und schrie mich an : Kärrll! Kärrll!

Es ruckte und pochte wieder, und die Häuser fern lachten hell und irrsinnig aus allen zerklirrenden Gläsern. Die Nachtze klatschte in die donnernden Fäuste, Explosine, und unzählige Knalle haschten um den Horizont. (Die Blitze hackten heute von unten nach oben; und jeder donnerte jupitern genug, wie er in seiner entsetzten Wolke verschwand!).

Die lange Straße zuckte. Ein Baum wies mit mastigem Finger auf uns, taumelte mehr, und schloß den Zweigkäfig hinter uns. Wir kletterten über die rotkarierte Erde, durch flammengefütterte Ruinen, kauten mit Kiefern das rauchige Luftgelee, das Getümmel der Lichter stießen wir mit Handplatten beiseite, und unsere Füße taperten vor uns her, in quer geschnürten Schuhen, dicht umeinander. Die Lichthiebe zerkeilten unsere Fronten bis zur Unkenntlichkeit; der Donner kelterte Poren und Drüsen, und füllte den offenen Mund mit Knebellawinen : dann häckselten uns wieder die massigen Klingen.

Alle Bäume als Flammen verkleidet (am Sandberg) : eine Hausfront stolperte drohend vor, mit seidenrotem Schaum vor dem Maulleck und flackernden Fensteraugen. Haushohe Eisenkugeln rollten Getöse um uns, schwärzliche, deren bloßer Schall schon tötet! Ich sprang mich an Käthe, wickelte sie mit zähen Armen ein, und zerrte meine Mächtige : von der Nacht riß die Hälfte ab, und wir fielen tot zu Boden ob des Donners (klommen aber noch trotzig wieder auf, und jappten ratlos in alle Vulkane).

Zwei Eisenbahnschienen hatten sich losgerissen und angelten krebsscherig nach; die Zange drehte und klang im Bogen einmal liebevoll über uns weg (und wir rannten und duckten uns unter der langsamen Eisenpeitsche). Von unten klopfte es herausfordernd an unsere Knochen; ein Röhrenmaul erschien und feuerte lässig Säuren.

Alle Mädchen mit roten Strümpfen; alle hatten Zinnober in den Eimern : ein langer Pulversilo skalpierte sich selbst, und ließ sein Blumengehirn übertrüffeln : unten beging er Harakiri, und wiegte oft den denkmaligen Leib über dem blutenden Schlitz, ehe er den Oberrumpf abwarf. Weiße Hände hantierten geschäftig im Überall; manche hatten zehn gliedlose Finger *und* einen aus lauter roten Knubben (und unter uns stampfte rhythmisch der große Holzschuhtanz!). HJ kroch werwölfisch umher. Feuerwehren irrten flink. Hunderte Arme spritzten aus der Grasnarbe und verteilten steinerne Flugblätter, auf jedem stand »Tod«, groß wie ein Tisch.

Betongeier mit glühenden Eisenkrallen flogen mißtönig schreiend über uns hinweg, in großen Scharen (bis sie drüben in der Siedlung ein Opfer erspäht hatten und niederstießen). Eine zakkengelbe Kathedrale stand brüllend in der violettgefransten Nacht : so flog der Dicke Turm in die Luft! Büschel lieberoter Leuchtkugeln wiegten sich über Bommelsen, und wir hatten zweifarbige Gesichter : die rechte Hälfte grün, die linke wolkiges Braun; der Boden tanzte unter uns weg; wir warfen die langen Beine im Takt; ein Lichtseil loopte wahnsinnige Kurven am Himmel : rechts bonbonglas, links tiefes Taumelviolett.

Der Himmel erhielt die Gestalt einer Säge, die Erde ein roter lebhafter Teich.

Und schwarze zappelnde Menschenfische : ein Mädchen mit nacktem Oberkörper sprengte kekkernd heran, und die Haut hing ihr um die verschrumpften Brüste als Spitzenkrausen; aus den Achseln wehten ihr die Arme hinterher wie zwei weiße Leinenbänder. Die roten Wischlappen am Himmel schrubbten polternd Blut. Ein langer Plattenwagen voll gekochter und gebakkener Menschen schwebte auf Gummirädern lautlos vorbei. Immer wieder erfaßten uns luftige Riesenhände, hoben uns an und warfen uns. Unsichtbare rempelten uns aneinander, bis wir vor Schweiß und Ermattung zitterten (mein schönes schwitzendes Stinkmädchen : komm doch weg!)

Ein vergrabener Spiritustank rüttelte sich frei, rollte sich auf wie Marienglas auf heißer Hand, und zerging in einen Halemaumau (aus dem Feuerbäche gossen : ein Polizist gebot bestürzt dem rechten davon Einhalt und verdampfte im Dienst). Eine fette Wolkige richtete sich am Magazin auf, blähte den Kugelbauch und rülpste einen Tortenkopf hoch, lachte kehlig : o wat!, und knotete kollernd Arme und Beine durcheinander, wandte sich steatopyg her, und fortzte ganze Garben von heißen Eisenrohren aus, endlos, die Könnerin, daß die Sträucher bei uns knixten und plapperten.

Eine glühende Leiche fiel schmachtend vor mir auf die Kniee, und brachte ihr qualmendes Ständchen; ein Arm flackerte noch und schmorte keck : mitten aus der Luft war sie gekommen, »Vom Himmel hoch«, die Marienerscheinung. (Die Welt war überhaupt voll davon : wenn wieder ein Dach hochklappte, schossen sie von den Simsen wie Taucher, gehelmt oder mit nacktem Haar, flogen ein bißchen, und platzten unten wie Tüten. In Gottes Bubenhand!).

Aus Rubinglas pulste eine Feueraktinie in döblinener Waldung, schwankte huldvoll mit hundert Armtrossen (an deren jeder ein nesselnder Fussel wallte), dann tauchte sie zögernd tiefer ins Nachtmeer, und plänkelte nur noch verstohlen. Ein dreistöckiger Bunker begann sich zu regen : er brummte verschlafen und bewegte Schulterblättriges; dann warf er gurgelnd Dach und Wände ab und die senkrechte Morgenröte machte uns gleich Kleider aus feuerfarbenem Taft und viele hitzige Rosengesichter (bis der schwarze Schlag die Erde unter uns wegzog wie ein Sprungtuch : Ein Auto mit Löschpersonal stürzte wirbelnd vom Himmel, krümmte sich ein paarmal und verreckte nickend im Kies; die Leichen lehnten animiert umeinander).

(Eine Zeit lang fielen breite stille Feuerflocken um uns, come di neve in Alpe senza vento : ich schlug sie mit Hand und Mütze von Käthes Göttin fort, und bat um sie herum : sie strich mir eine vom grauen glimmenden Haar, und sah weiter, wie sich die Schatten zischend kielholten).

Ein steifer Mann erschien am Himmel, in jeder Hand einen Hochofen : er prophezeite so Tod und Tod, daß ich an meiner Hand schob, und die Knochen dunkel durchs feurige Fleisch sah. Zwei lange Lichtschenkel steppten jene Mauern nieder; die Straße erbleichte davor und schmolz zum Teil. Auf Bahren trug man viel schwarze schmierige Koffer vorbei : die Arbeiter der dritten Schicht, erklärte der oberste Kondukteur, und setzte sich wieder mit wehender Zunge an die stumme Spitze. Meteore zogen hupend durch die obere Luft; Bauernhäuser schüttelten sich vor Lachen, daß die Schindeln heruntersprangen; Feuerkünste spielten überall gottvergessen und Funkenfontänen geyserten.

In der weinenden Schnattergruppe am Straßenrand wurde eine Frau verrückt : sie krampfte die Röcke in dicken Fäusten hoch bis zum Bauch, aufklemmte den Mund, sperrhölzern, und stürzte vor ihrem groben Geelhaar in dic jazzenden Trümmer; auf einmal wurde der Boden vor uns glühend : eine dicke Ader schwoll auf, verzweigte sich heller, pulste und blubbte suppen, und zerriß seufzend (daß die weiße Luft uns fast erwürgte, und wir kotzend ins Rückendämmrige tasteten. Eine Tanne fing schreiend zu brennen an, Rock und Haare, Alles; aber das war nichts gegen die röhrigen Bässe, die aus den Lichtfudern befahlen und zaunhohe Flammenzähne knirschten).

Eben : ritt das dicke Weib von vorhin auf einem Roßbrocken dicht über uns durch die Luft, glomm und zunderte verzweifelt nach der Mamma! Von hinten hetzte uns immer Wind zwischen die Beine, schleppte Keucher und kondolierenden Staub dazu, und machte, wenn es ihm einfiel, schwankende Funkenzelte. Ein Lichtpenis, schornsteinlang, stieß zuckend der Nacht ins Zottige (knickte dann aber zu früh ab; und rechts schuhplattelte dafür schon jauchzend eine rotbärtige Flammensäule, daß der Grus unter uns murrte und aufschluckte).

Eine pfeifende Stimme lief vor einem Menschen her, der sich eins brannte; er wurde mit der Stirn an einen Stumpf geklebt und zappelte da noch lange. Die zackigen Schalle schlugen uns wie mit Morgensternen; das beizende Licht fraß die Haut um die Augen; neben uns brachen Schatten in die Kniee. Bunker B 1107 brüllte wie ein Stier, ehe er den verfilzten Betonschädel hochschüttelte : dann riß ihm der Wanst auf und Rotglut hieb uns den Atem ein. (Ich klebte Käthe mehr nasse Taschentücher vor den sperrenden Mund und die große bebende Nase).

Die schwarzgelben Fetzen der Nacht flogen! (Einmal trug die Harlekine lauter rote Schlipse!) : vier Männer rannten hinter einer Riesenschlange her, die über den Bahndamm sprang und vorne zischte und geiferte; sie stemmten die Hacken ein und brüllten scheinbar (aber nur die Gesichter gafften auf; und die lächerlichen Helme der tapferen Idioten). Lichtplakate erschienen so schnell ringsum, daß man die Dröhnenden gar nicht alle lesen konnte (bloß die Augen wurden von den giftigen Farben verklebt, und schlitzten sich nur mühsam und automaten wieder : »Komm doch! Käthe!«. Schnalzende Flammenhuren, ganz in rot, mit spitzen schräggeschminkten Gesichtern, machten einen scharfen Ausflug bis vor uns, blähten die glatten Bäuche vor, Lachen knisterte, und kamen noch näher ins bordellene Luderlicht : »Komm doch, Käthe!«).

Die Nacht schmatzte wieder mit vielen blanken Lippen und Zungen, und zeigte ein paar reizvolle Entkleidungen, daß die bunten Klunkern umherrieselten : dann setzte schon endlos knatternder Beifall ein (und Trampeln, daß uns der Kopf klirrte). LKWs mit fuchtelnder SA fuhren etwas zu weit hinein : die Burschen sprangen ab, zischten wie Streichhölzer und verschwanden (während auch ihre Fuhrwerke hopsend zerliefen). Ein greinender Junge trug seine queren Arme zu uns her : das Fell zottelte ihm wie ein Handtuch von den Wagerechten; er zeigte kupferne Zähne, und wimmerte im Takt der Detonationen, wenn der Gorilla wieder seine Brust rumpelte.

Im Innern der Erde rollte es ständig wie U-Bahnen : das waren die Granatkeller! : Gut! : Besser, als wenn sie auf Schuldig-Unschuldige abgefeuert würden! Alle Stichflammen schlitzten BDM-Mädchen an. Und sie atmeten immer noch, als wir sie an den strammen Beinen übern Rasen fortkarrten.

»Käthe!!«

»Runter!!!«

Denn neben uns begann der Bunker zu krähen, und richtete so streng seinen roten Kamm, daß wir sehr niederfielen und uns anzitterten, als er wändeschlagend über uns hinwegflog. An seiner Stelle erschien erst

eine Feuermorchel (die 30 Mann unten nicht umspannen konnten),

dann die Giralda,

dann viel Apokalyptisches (und glitzernde Reisigberge).

Und dann erst walzte uns der Schall nahtlos ans Gras, daß die Siedlungen drüben die Mützenpfannen in die vivatne Luft warfen : »Käthe!!«.

»Kää-tää!!!«

Ich fuhr mit der Hand an ihren Beinen hoch, erklomm ihren jappenden Bauch, erspangte die Schultern : »Käthe!!«; der Kopf winselte aus Betäubung, ich bügelte entsetzt in ihrem Gesicht : »Au!«

Ein rauher Klotz, groß wie ein Büffett, biß meinen Handrücken : »Käthe!!«. – Sie warf die Beine hoch und rang wie eine Otter. : »Haare!« brüllte sie hemmungslos. Und ich fühlte rasend um sie, die Stirne, die hohlen Ohren, der fellne Hinterkopf. Und riß die Schreiende an den Schultern : »Mein Haar!!!«; und sie bewegte sich immer noch nicht oben!

Die Mähne : qualmte im heißen Steinmaul! – Ich warf mich auf die Seite, brach mit knickendem Nagel das Taschenmesser auf, und schnitt verwildert über ihr, daß sie gellte und mich herumschlug : »Jetzt?!!!« – »Nein : immer noch nich!!«.

»Jetzt?!?« : – »Au – ich,« sie riß den Medusenkopf ab, und kratzte mich Aufhebenden vor Schmerz. Rote Pinsel steckten aus der Erde und tünchten die kreischenden Wolken so purpurn; mehrmals brach der Himmel zusammen (und die rotschwarzen Stücke fielen unter den Horizont). Käthe bellte und wedelte mit den Waden; wir bissen uns heulend in die unsichtbaren Gesichter, und krochen zwischen den Sternhaufen linksum, bis wir wieder in Schallschläuche gerieten, im Schwerterhag, bis es wieder finster wurde; bis ich

»Da : die Richtung! : aufn Schien'!«

Bahnentlang : wir wichen einer heranzischenden Lok aus, robbten auf immer dunkler werdenden Läufern : »Komm die Rainstraße runter«, und wieder der andere Bahnstrang Bomlitz – Cordingen – : jetzt wußte ich genau wo ich war, und führte rasch und zügig : »Kannst Du laufen, Käthe?!« »Ja. Geht. Bin glaub ich sonst in Ordnung!«.

In der Warnau : »Chhhhhhh –« : »Schön.« »Das Wasser!«. Wir wischten uns mit Sand und Gras, und halfen uns gegenseitig, wenn sich die gedehnten Arme nicht mehr genügend nach hinten bogen. »Mensch, ich krieg den Schuh nich mehr an!«. – – »Doch. S geht noch mal.« (Aber sie humpelte schwerer in meinen Armen fort).

»Och! – : –« : ein Heer von Verrückten fuchtelte mit Lichtdegen über den Wäldern; die Klingen knickten und blökten (natürlich floß danach viel karminenes Blut durch Wolkenwadis). Die Wiese federte unter unserm Hornhuf (lederbezogenem); Schwärze stach rund unsere Hornhaut; von außen sah ich aus : fingerzahm, Bürgerheld, ein steifnasiger Angestellter : Ihr werdt Euch wundern!

Buchenfähnlein, Eichathleten, Kiefernschützen : das ist unsre Leibwache, wie dereinst in Sherwood Forest : »Such outlaws as he and his Kate«; und damit drangen wir tiefer in den Wald hinein : ich kannte die Attitüde jedes Grashalms; lag das Rindenstück noch wie vorjesmal? : hier war ein Fuchs übern Boden geklettert, dort ein Mensch, jetzt zwei Menschen. Begriffen Wacholder, zehten Moos und kalte Pilzkappen, Pilzhappen, die Ameise drohte klauig hinterm Contiabsatz her; im Hosenbein der Stich von harten Grasfloretten.

Wir liefen leicht und schleifend hinter unsern Gliedern her, über windstille Wiesenscheibchen, bis ich einer breithüftigen Jungtanne in die biegsamen Stachelarme geriet (weit gespreizte Astbeine, weidliches Stammbecken, meine Hand ertappte moosige feuchte Falten; und der Brustküraß federte und jechte : »Käthe – ? –«. »Ja. Hier.« (gleich am Ärmel.))

Der Mond fummelte für Sekunden nebenher, im westlichen Unterholz, verzerrt, rot vor Wut. Um die Ecke : da stellt er sich klein und drohend, über Kieferknitteln, Wegelagerer in Wolkenlumpen, mitten vor uns : weg Du!

»Ach, jetzt weiß ich. – Aber : mein Fuß, Mensch!«. »Wart. N Augenblick!«. –

Petroleumlämpchen : die Flamme hatte die Größe einer Zirbelnuß; dicht drüber gelbes und blaues Feuerhaar, schweflig bewegt. : »Komm rein. Vorsicht mit der Tür!«. (Lautlos die geölten Scharniere. : »Fein!«).

»M : Fein!« : sie stand und sah sich befriedigt um (der Fensterladen schloß filzdicht), dann setzte sie sich auf die altbekannte Decke, und stöhnte ein bißchen über ihrem Fuß. »Wart, ich helf Dir.« Ganz weit aufschnüren; – milde die Hacke herausbiegen : »Gehts?«; und sie warf den Kopf an die Bretterwand und knirschte am ›Ja‹.

Der große rote Fuß! : 2 Zehen waren schon gebrochen und wurstig geschwollen (»Wart, ich mach heißes Wasser«; und auf dem zusammenlegbaren Hartspiritus-Kocher knackte die Konservenbüchse, eisenbraun voll : »Dauert 5 Minuten. Höchstens!«).

»Ochungechungechunge!«; um sich abzulenken sah sie umher : meine Einrichtung : »Noch wie früher.« Seife und halbes Hand-

tuch; Nägel in der Wand, hier und da. Essenvorräte, 2 Decken, Streichhölzer, Machete und Kompaß. »Du hast Leukoplast und n Verband? – Priema!«. Das kleine Fernröhrchen, 15fache Vergrößerung, und man kanns sehr zusammenschieben : »Hat schon viel genützt? Was?«, und ich erzählte ihr die Anekdote, wie ich damals den Wagen vom Landrat, drüben auf der Chaussee, damit erkannt hätte; und sie besah es genau, zogs auseinander und drehte es.

Zwei Bücher : Ludwig Tieck »Reise ins Blaue hinein; und Vogelscheuche«. Fouqué »Zauberring«.

Zwei Bilder : Otto Müller : »Mm –« wieder- und wieder anerkennend. Franke »Frauengruppe«. »Das hier war sie, ja?« fragte sie, und wies mit dem Finger auf die Grüne Kurtisane (Himmlische und Irdische Liebe. Kein ›Christus‹ oder sonst was Blutiges!). – (Unter den Bretterdielen die Geräte rausholen).

»Komm, ich wasch Dich. –« : Vollbad aus der Konservenbüchse. (Erst Fußpflege; und sie bewegte vergnügt den Knöchel im festen Verband : »Priema!«; Lob und Sicherheit). Die Brandflecken auf Hüfte und Rippen einkremen; und sie stemmte fröhlich den zottigen feuchten Bauch gegen mein Gesicht. (Dann untersuchte sie mich aber auch, stach mir drei Brandblasen auf, und prüfte Gesäß und Hoden. Und wir gerieten tiefer ineinander).

Die Cavatinen des Windes.

Ich fand mich überall im Gitter ihrer großen Finger, im Joch ihrer langen Arme, der breiten Schärpe ihrer Beine. Schwer. (Sie würde etwa sagen : ich trug ihn wie eine halbe Rüstung; sein Leib hackte nach mir; er erkniff sich überall Brüste).

(So mit hellgelbem Körper ist man schlecht getarnt! Ob die Kriegsbemalung der Indianer – mal abgesehen von der Schockwirkung – nicht gleichzeitig den Zweck hatte, den auffälligen Menschenleib durch bunte und dunkle Muster und Banden optisch in naturähnliche Gebilde aufzulösen? Beim Schlich durch Baumschlag und Strauch? Braun aus Erdockern; Grün sind Pflanzensäfte; auch Pilze haben Farbstoffe; Beeren. Wie

unsre modernen Zeltbahnen : ist ganz dasselbe! – – – : »Ja; den Schilfgürtel hab ich draußen breiter gesät : mindestens 10 Meter, Du! Und 40 Kiefern gepflanzt : sind fast alle angewachsen! – – Na, jetzt ists auch egal : Nachher.« Dann RIF-Seife, Ruhe in Frieden, für mich : Alles aus einer Erbsenbüchse).

The Ladie's Supper : und sie grub stolz mit dem Taschenmesser die Leberwurst heraus : »Ochmensch!«. »So hab ich seit Jahren nich mehr gegessen!«; filled up. (Und fürn Tee der Beutel, zierlich am Faden : selbst Amerikaner verwenden ihn zweimal. Engländer viermal. Deutsche achtmal. : »Süßstoff?«. »Nee! : Bloß nich! Barbar!«. – – »Du lebst aber n Tag hier!«. »Nur heute, Käthe.« Und sie, gerührt und zufrieden : »mmm«). – Wie spät?? : na – : Elf bestimmt durch : 23 Uhr 43 genau. Wir konnten aber noch längst nicht schlafen, nahmen die Decke, und setzten uns vor die Tür, halbnackt wie wir waren : »Das brennt noch tagelang!« (Der Eibia-Rummel) : »Das Feuer frißt sich durch die endlosen Rohrleitungen – nach Lohheide; vielleicht bis zur Raubkammer nach Munster rüber – immer weiter durch alle Schächte : völlich aus-sich-tslos!«

Wir sahen mit platten Augen und umgestürzten Gesichtern an Schilf und Wald, über denen, fern, immerfort, das rote Meer wellte und rempelte. Ich war aller Worte müde : ausgewaschene Worte, abgelutscht von Milliarden Zungen, dietricheckartschen, abgetragen in Milliarden Maultaschen, fritschgoebbelsschen, schiefgelatschte auf allen Luftwegen, breitgequetschte mit allen Lippen, nasalierte, ausgespuckte, splittergebackne, durch Besen geschissne : Muttersprache! (Och, was n reizendes sinniges Wort, nich?!).

Aber wenn Einem die Sprache im Munde brennt : Mir! Wenn Einem Dickichte Häuser sind : Mir! Einem Wind die Glieder wischt : Uns, uns uns! (Hautumspannt, haarumschwirrt, Fußgeklopf, Rückenrausch : und jetzt vertrieb man mich aus meinem Paradies, vermittels Landräten und Förstern? Was?! – Sie rieb mir beruhigend den Unterarm : ist ja auch sinnlos).

»Ich hab noch ne Flasche Bier drin, Käthe.« : »Gib se her.«. Sie trank schlaff und endlos; konzentrierte dann die Nase, und stieß diskret und entzückend unkig auf. Ich küßte sie rasch auf die kalten Bierlippen; und lauschte auf ein neues Rohrdommeln in ihrem Leibe – – aber diesmal wurde nur ihre Brust voller und breiter.

»Hoffentlich sind die Häuser alle zerstört!«. Sie musterte mich, und nickte dann : compris. Schüttelte dann den Kopf : »Glaubs nich«.

»Wo mußt Du Dich wieder melden?«. »In Nancy« (faul). Ich kalkulierte kurz mit Brauen und Lippen; schüttelte den versengten Kopf : »Nee Käthe : da brauchst Du nich mehr hin! – – In – : 14 Tagen! Sind sie am Rhein«. Achselzucken : »Dann muß ich mich halt in Karlsruhe melden«. Nochmal Zucken. Aus dem Schilf floß feinster Nebel heran : wo ist seine Quelle? (Schönes Bild : ein moosiger Findling, aus dem lautlos Nebel sprudelt. Sinnlos natürlich. Weg!).

»Was machst Du da so bei den Nachrichtenhelferinnen?« »Hffff« (durch die Nase) : »Telefondienst viel. Auch Schreibstube«. Und ich nickte bitter : weiß schon, was kommt. (Sie; kalt) : »Die lassen ner Frau ja nich eher Ruhe, bis sie sich hergegeben hat. Das ganze Offiziersgesindel. Und Zahlmeisterpack. Kennst die Schweine ja. Warst ja auch lange genug Soldat«. »Ja. Leider«. – »Hör auf davon«.

Der Nebel leckte uns die Zehen : nun noch den Boden weg, dann schwebte man ab, Hände in den Hosentaschen, den Ekstatenkopf im Genick, neben Käthe. (Aber das waren wieder nur Worte : weg mit dem Unendlichkeitsfimmel! Lieber so sitzen!).

»Halbes Jahr noch. Höchstens dreiviertel!« (der Krieg) : »aber dann geht das Hungern erst richtig los! Da wern wir ganz schön schlank werden! – Hast Du noch gute Seife und so, Käthe?«. »Mm« und Kopfschütteln; aber sie schloß die Hand ein bißchen um mein Knie, und ich wußte, daß das ›Danke für den

Tip damals‹ hieß. »Sobald Du wieder hier bist, kriegst Du noch n paar Kartons.« Sie drehte mir ein Stück Profil hin, sie fragte zähe : »Hat Deine Frau noch welche? Oder Gerda?«. Ein warmer trockener Luftstrom hatte den Nebel aufgewischt; unsere Füße lehnten wieder schief am Boden : »Nein.«

»Heirat bloß nich, Käthe! : Keinen Alten, keinen Kriegsversehrten, keinen Frommen, keinen eitlen Anspruchsvollen. – Einen, der gut kann, und bei dem Du Dich nich langweilst.«

»Am Ende« – ich tappte mit der Handfläche auf mich Beleg : »bleibt nur : Kunstwerke; Naturschönheit; Reine Wissenschaften. In dieser heiligen Trinität. – Und gut in Form bleiben.« (Bloß aufhören! Das Maul trottet immer blödlings mit Einem – mir – davon : Schluß!).

Aber nun lachte ich doch wild auf : »Aber nur! Käthe! : Abbrennen! Sonst nichts! – Morgen früh zünden wir das Ding an«; und als sie überreden wollte : »Die kommen doch mit Polizeihunden, und nehmen Witterung. Und Fingerabdrücke : da sind wir bald reif«. Kopfschüttelnd, abwehrend : »Neenee.« (Daß Einer im Leben nich gesessen hat, ist schließlich bloße Glückssache. Natürlich nich gleich wegen Raubmord oder so!).

»So.«; und ich wickelte sie drinnen in die Decke : ihre hellen Arme knieten ums sonnenblume Gesicht. »Noch n Stückchen Holz in' Ofen?«. »Zeigs erst her«; und sie nahm das unscheinbare Klötzchen lange in die Hand; Schlichtheit, Vergänglichkeit, Düsterheit, Starrheit; und reichte s stumm zurück. (Das gab dann Licht an die flackernde Decke, und murmelte mit sich selbst. Wie bei Thierry. Zum letzten Mal). (Dann tiefste Erschöpfung).

(Traumstück : ein Bild ›Erinnerung‹ : Alter Mann auf der Parkbank. Hecken bilden einzelne Abteilungen, auch Lauben. Er sieht sich dort selbst in verschiedenen Altersstufen : als Kind. Im Schwimmbad allein unter vielen halben Mädchen. Über Büchern im Gehen, fern ein Landhaus. In der Mitte des Parkes die große Marmorstatue Käthes. Ohne Punkte).

Die Nacht im schwarzen Frack (mit nur einem liederlich angenähten Knopf); der Tag erst im rotgelben Morgenrock, dann in schlampigem Wolkenkittel. (Ich im Schilf : beim Stinken).

Ich stopfte die leeren Flaschen, die Blechbüchse, alles Unverbrennliche in den winzigen Blechofen, zog das armdünne Rohr heraus, und ging damit. »?«. »Alles hinten in' Teich versenken« (hart). Was brennt, auf den Dielen verteilen. (Rest in' Rucksack).

Wir sahen uns nur um, nicht an.

Also : das Streichholz an die Zündschnur! 5 Minuten war sie lang (und mündete in Hartspiritusbrocken, unterm restlichen Brennholz. – Halt : noch den Fensterladen drauf; und die lose Diele).

Ich half der Humpelkäthe die Astleitern empor, die Sprossen herab; der Schleichweg rann unverbindlich durch Farn und trockene Nadelstreu (und wir blickten uns nicht mehr um, als es – schon weit hinten – zu knacken und knattern begann : hatte wahrscheinlich irgendwas vom Brand heut Nacht gezündet!).

Neblicht und trocken also (Herbstnähe) : und Anblick der Wälder als Morgengabe. : In 4 Wochen würde ich schon zwischen schwarzen nassen Stämmen gehen. Auf blutigem Parkett. Allein. Im neuen Zeltbahnanzug).

Im Buschrand, und wir gingen noch sorgfältiger (zögernder). Der Sog der Wälder war so stark, daß unsre Haare nach hinten zeigten (wo jetzt nur noch ein dünnes Rauchseil aus den Wolken hing). Ein Vogelschwarm strudelte langsam am Himmel. – »Na komm«.

Was Andres bloß! (Und die Sonne trieb oben im trockenen Nebelrauch) : Ansehen : ihr verschnittener Kopf : »Käthe : was tätst Du, wenn Du die Sonne wärst?«. Sie verstand; sie lachte langsam unter steinernen Traueraugen : »Nu-u-u .... : « :

»*Manchmal* brummte ich wie ne Viermotorige am Himmel lang«. (Und wir hoben verlegen die Gesichter : ? – : Nein. Ansehen. Lippen. Weiterlächeln).

»*Manchmal* ging ich schwarz auf. Und viereckig. – *Und* knallend.«

»*Armen Leuten* kochte ich unentgeltlich Suppe. Und Künstlern.«

»*Manchmal* drehte ich mittags wieder um, mit wehendem Wolkenröckchen.« (»Wenn Du genug gesehn hast.«). »Manchmal schnürte ich mich sehr, und käm als Goldene Acht.«

»*Die Astronomen* müßten andauernd neue Bulletins über mich herausgeben : ›Verläßliche Beobachter wollen sie auf einer Gemüsekarre in Hamburg zwischen den Apfelsinen haben liegen und blinzeln sehen‹!« –

»*Manchmal* liefe ich verschleiert nur dem Mond nach« : ein komplimentierender Knix! – »Aha!« (resigniert). – »Manchmal käm ich tags ans Fenster, und beobachtete Dich und diese dürre Krämer!« (Sfinxblick).

»*Deine alte graue Hose* tät ich versengen!!« – – »Ist sie tatsächlich so scheußlich?!« erkundigte ich mich betroffen und wölbte die Unterlippe : dann allerdings weg damit!

Ein verschlafenes Rind machte kindlich linksum, und der alte Bauer klatschte mit den Zügeln und schnäbelte das betreffende Kommandowort. Seinem gefleckten Bassisten.

((Käthe singt etwa :

»Bäume in roten und gelben Joppen / stehen um ein Gehöft; / und sie stoßen sich flüsternd an, / wenn ich vorbei bin.

Auf grünen Geleisen rangiert mein Herz / (Blätter sträuben; sinken lassen); / achttausend Burschen in Lincolngrün / (Blätter Blätter sinken lassen).

Das Schwimmlicht des Mondes. Beeren beeren. / Flucht sich der Bauer weg, / vorm Abendpferd mit Novembergesicht, / unverständlich mauzt das Rad.

Deine Hand regiert im flachsenen / Tauwerk meiner Haare; im / weißen Säulengewirr der Beine; im / düstern Gekraus meiner Winkel.«)).

»*Wie lange bist Du noch genau hier?*«. »Zehn Tage.«, und unsere Mienen entspannten sich herrlich : Wer denkt heute noch 10 Tage voraus?!

SEELANDSCHAFT MIT POCAHONTAS

Viele von Arno Schmidts Hauptfiguren haben als Soldaten am Krieg teilgenommen. Joachim, der Ich-Erzähler in *Seelandschaft mit Pocahontas,* wird an diese Zeit erinnert, wenn das Rattern des Zugs auf den Schienenstößen lautmalerische Ähnlichkeit mit Maschinengewehrsalven hat. Er reist an den in Niedersachsen gelegenen Dümmer. Dort wird er gemeinsam mit Erich, mit dem er einst in derselben Einheit kämpfte, einige Urlaubstage am See verbringen. Der Anfang des Textes ist hier abgedruckt.

i Rattatá Rattatá Rattatá. / Eine Zeit lang hatten alle Mädchen schwarze Kreise statt der Augen gehabt, mondäne Eulengesichter mit feuerrotem Querschlitz darin : Rattatá. / Weiden im Kylltal. Ein schwarzer Hund schwang drüben die wollenen Arme und drohte unermüdlich einem Rind. Gedanken von allen Seiten : mit Flammen als Gesichtern; in schwarzen Mänteln, unter denen lange weiße Beine gehen; Gedanken wie leere sonnige Liegestühle : rattatá. / Rauchumloht Gesicht und Haar : diesmal strömte er aus einer kecken Blondnase, 2 gedrehte Fontänen, halbmeterlang, auf ein Chemiekompendium hinab (aber kleingeschlafen und fade, also keine Tunnelgedanken). / Rattatá : auf buntgesticktem Himmelstischtuch, bäuerlichem, vom Wind geblaut, ein unsichtbarer Teller mit Goldrand. Das ewige Kind von nebenan sah zuerst das weiß angestrahlte Hochhaus in Köln : »Ma'a kuckma!«

»Die Fahrkarten bitte« (und er wollte auch noch meinen Flüchtlingsausweis dazu sehen, ob ich der letzten Ermäßigung würdig sei). Die Saar hatte sich mit einem langen Nebelbaldachin geschmückt; Kinder badeten schreiend in den Buhnen; gegenüber Serrig (»Halbe Stunde Zollaufenthalt!«) dräute eine Sächsische Schweiz. / Trier : Männer rannten neben galoppierenden Koffern; Augenblasen argwöhnten in alle Fenster : bei mir stieg eine Nonne mit ihren Ausflugsmädchen ein, von irgend einem heiligen Weekend, Gestalten mit wächsernem queren Jesusblick, Kreuze wippten durcheinander, der suwaweiße Gürtelstrick (mit mehreren Knoten : ob das ne Art Dienstgradabzeichen iss?). / Die Bibel : iss für mich n unordentliches Buch mit 50.000 Textvarianten. Alt und buntscheckig genug, Liebeslyrik, Anekdoten, das ist der Ana der in der Wüste die warmen Quellen fand, politische Rezeptur; und natürlich ewig merkwürdig durch den Einfluß, den es dank geschickter skrupelloser Propaganda und vor allem durch gemeinsten äußerlichen Zwang, compelle intrare, gehabt hat. Der ›Herr‹, ohne dessen Willen kein Sperling vom Dache fällt oder 10 Millionen im KZ vergast werden : das müßte schon ne merkwürdige Type sein – wenn's ihn jetzt gäbe! / Aber dies Kylltal war schön und einsam. In Gerolstein, Stadt siegfriedener Festspiele, Recken hingen mit einer Hand an Speeren, schlief auch ein Bahnmeister auf seinem Schild, gekrümmt, man sah eben noch ....lste.... / »Elle est« : »Elle est« : schlugen die Ventile der Lokomotive drüben. / Magische Quadrate (wo alle Seiten und Diagonalen dieselbe Summe ergeben, schon recht!) : aber gibt es auch ›Magische Würfel‹? (Intressant; später näher untersuchen). – Der Prospekt von Cooperstown : Heimat des Baseballs *und* James Fenimore Coopers (Was ne Reihenfolge! Und immer nur Deerslayer und Pioneers erwähnt. Ganz totgeschwiegen wurde das Dritte im Bunde, Home as found, wo er die Yankees so nackt geschildert hat, daß es heute noch stimmt, und das ja auch prächtigst am Otsego spielt : wenn der aus dem Grabe könnte, was würde der Euch Hanswürschten erzählen!). / Das bigotte Rheinland : selbst der Wind hat es eiliger, wenn er durch Köln kommt. Aber der Anschluß klappte : fette Jünglinge schritten in mestizenbunten Kitteln über die Bahnsteige; sorgfältiger Kuß eines geschminkten Paares; im Nebenabteil erklärte er einen Kurzroman : ›Oh, Fritz, nicht hier! – Oh, Fritz, nicht! – Oh, Fritz! – Oh!‹ / Ruhrgebiet : glühende Männer tanzten sicher in sprühenden Drahtschlingen; während ner Bahnfahrt schlafen können iss ne Gottesgabe (also hab ich se natürlich nich!). Wieder hingen ihr, sie fuhr bis Münster mit, die Rauchzöpfe aus den Nüstern, über die durchbrochene Bluse hinab, in den dunklen Schoß, vom Kopf bis aufs riuhelîn (also jetzt Heinrich von dem türlîn, Diu Crône; ebenso gut wie unbekannt, und mir den weitgerühmten mittelhochdeutschen Klassikern durchaus ebenbürtig, prachtvoll realistisch zuweilen, geil und groß). / Ein vorbeischießendes Schild ›Ibbenbüren‹ : erschienen Flammenpanzer zwischen seidenroten Mauern, und ich wieder mitten drin als VB der Artillerie : Schlacht im Teutoburger Walde, 1945 nach Christie. Licht flößte oben dahin, in Langwolken. / Hellsehen, Wahrträumen, second sight, und die falsche Auslegung dieser unbezweifelbaren Fänomene : der Grundirrtum liegt immer darin, daß die Zeit nur als Zahlengerade gesehen wird, auf der nichts als ein Nacheinander statthaben kann. ›In Wahrheit‹ wäre sie durch eine Fläche zu veranschaulichen, auf der Alles ›gleichzeitig‹ vorhanden ist; denn auch die Zukunft ist längst ›da‹ (die Vergangenheit ›noch‹) und in den erwähnten Ausnahmezuständen (die nichtsdestoweniger ›natürlich‹ sind!) eben durchaus schon wahrnehmbar. Wenn fromme Ausleger nun gleich wieder vom ›gelungenen Nachweis einer unsterblichen Seele‹ träumen, ist ihnen zu bedeuten, sich lieber auf die Feststellung zu beschränken, daß Raum und Zeit eben wesentlich komplizierter gebaut sind, als unsere vereinfachenden (biologisch ausreichenden) Sinne und Hirne begreifen. / Wände mit braungelbem Lichtstoff bezogen : der Künstler hat nur die Wahl, ob er als Mensch existieren will oder als Werk; im zweiten Fall besieht man sich den defekten Rest besser nicht : man hektokotylisiert ein Buchstück nach dem andern, und löst sich so langsam auf. / Lieber schon mit dem Koffer nach vorn gehen! : surrten Nebligkeiten vorbei, dunkelgraues Schattenzeug; nur die Bahnhöfe wußten schon Licht. (Und das Münzkabinett des Nachthimmels).

ii Fledermausstunde I (abends ist II) und die Klexographien der Bäume. Das blasse Katzenauge des Mondes zwinkerte noch hinterm Schornstein, ansonsten prächtig klar und leer. Trotz der Müdigkeit war mir recht flott und akimbo im Gemüt, und ich fing an, aber bürgerlich rücksichtsvoll und nur mir hörbar, zu flöten, Girl of the Golden West, cantabit vacuus, wer müßig geht, hat gut pfeifen; als Scherenschnitt mit Aktentasche in einer Scherenschnittwelt. Und dies also ist Diepholz (kritisch vorm Stadtplan) : Lange Straße, Bahnhofstraße, Schloß, ähä. Zwei Bauchfreundinnen stökkelten vom Tanz nach Hause und trällerten schwipsig die Schlager. Baulichste Schönheiten : nischt wie quadratisches Fachwerk und ›Gott segne dieses Haus‹, aber sehr sauber, das muß man sagen, auch feines Ziegelpflaster. Ein Büro der SRP und ich verzog bedenklich die kalte Gesichtshaut : nich für 1000 Millibar! (befühlen : wächsern, mit Ohren, die Gurgel sandpapierte bereits wieder). Im Grau die Büchertitel kaum zu entziffern, trotz Scheibennase und Lupenaugen : ? – ? – ah, Schmidtbonn, Pelzhändler, gut! : Zerkaulen oh weh und brr! Die plumpe Wasserburg, scheunenmäßig wehrhaft, auf dem Graben Entengrütze, alle Wetterhähne sahen gespannt nach Osten : immer diese Vergangenheiten! Erste Geräusche (und ich schielte eifersüchtig) : ein verschlafenes Bauernmädel umringt von belfernden Milchkannen; der Arbeiter, der prüfend sein Rad besichtigt, Tretlager und Gangschaltung; fern im Norden loses Gewebe aus Schall : ein Zug (Taschenuhr : grundsätzlich : 10 nach 4). Der große See schien zarten Qualm und Wolkenkeime zu senden; aber der Himmel blieb noch immer unbeteiligt.

Fledermäuse erschienen noch schnell mit schwarzen Markttaschen und feilschten zwischen Venus und Jupiter, so nahe, daß man es knacken hörte, wenn sie ihre harten Insekten schlachteten. Und endlich wurde auch das hölzerne Wartesälchen geöffnet (nachdem ich die Touropa-Plakate nun wirklich kannte! : »Ja, n Helles.«). / Der Frühzug in Richtung Osnabrück sammelte dunkelblaue Arbeiter und höhere Schulkinder; und mittenhinein plapperte endlich von außen das Motorrad : ? : ! : »Erich!!« : Malermeister Erich Kendziak : ein Rest roter Haare im Nacken, sonst kahl wie Ihr Bekannter; jedenfalls war er es, unverkennbar, und wir grinsten, 6 Fuß überm Erdboden, rissen uns auf altdeutsch die Hände aus : »Oba 2 Bier!«, und sahen uns dann, das erste Mal wieder nach gut 8 Jahren, genauer durch : – – : »Mensch, Du wirst ooch schonn grau!«, und ich parierte die Verbindlichkeit unverzüglich : »Leidestu immer noch so stark an vapeurs?«; wir stießen munterer an, und er verbrannte sogleich etwas Tabak zum Wiedersehen : »Roochstu immer noch nich wieder?« (Und ich mußte den Kopf senken : nee, s reichte immer noch nich : »Wenn ich ma wer' 200 Eier im Monat haben!«). Dann ganz schnell die ersten Kriegserinnerungen : die schnellfingrigen Polen; das flohreiche Hagenau; Norwegen mit seinen gottlosen Granitpolstern : »Haste ma wieder was von Ee'm gehört?«; in halb Europa gab es keine Stelle, wo uns nicht Silbergeränderte zusammengebrüllt hätten : »Oba!«. / Er schwitzte jetzt schon hinter seiner Autobrille, in seiner Lederjacke : »Sieht aber fantastisch aus!« lobte ich, und er nickte überlegen : »Leute, die Dich in' Hintern treten möchten, müssen damit immer noch zugeben, dassde vor ihn' stehst! : Fuffzehn Geselln hab ich im Augenblick arbeiten, Spezialist für größere Flächen, da kommt schonn was ein!« (bekümmerter) : »Bloß pollietisch mußte im Augenblick ganz vorsichtich sein – na, ich geb Je'm recht : und wähln tu ich doch, was ich will!« (und vertraulichneugierig, ganz wie früher, im Flüsterton des Dritten Reiches) : »Was hälstn Du davon?«. Ich zuckte die Achseln; war kein Grund, das vor ihm zu verbergen : »Auf Landesliste Gesamtdeutsche Volkspartei; im Kreis SPD : Wer mich proletarisiert, muß damit rechnen, daß ich ooch noch Kommune wähl'!« und er knallte entzückt die flache Hand auf den Tisch : »SPD iss zwa ooch nich mehr, wasse wa : wolln ooch schonn ›uffrüsten‹ : Kinder, wo sind die Zeiten hin, wo se im Reichstag jede Heeresvorlage ablehnten?! Aber s bleibt ja weiter nischt übrich; denn CDU – lieber fress ich n Besen, der 7 Jahre« : »Aber Herr Kendziak!« mahnte ich preziös, und er zeigte geschmeichelt die Zähne : »Oba!«. / »De Ostzone? : Meine Schwester iss drüben,« berichtete er : »und meine kleene Nichte : die Briefe müßt'e ma lesen! : den' gehts nie schlecht! Sekretärin isse : ham sich vorjes Jah alles neue Möbel gekooft; *und* n Stückel Land mit m Wochenendhaus druff – sonne Wohnlaube eben für sonntags. Ja nie Alles glooben : Mögen die drüben schonn Fuffzich Prozent lügen : für den Rest komm' unsre uff! Iss ja nich mehr feierlich, wenn De abends vom NWDR das Gelalle ›Hier spricht Berlin‹ hörst!« / (Überlegene westliche Kultur?? : Nanu!! : Wo hat sich Goethe denn schließlich niedergelassen : in der Bundesrepublik oder in der DDR he?! Von wo nach wo floh Schiller? Und Kant hats in Kaliningrad so gut gefallen, daß er sein ganzes Leben lang nicht rausgekommen iss!)

KÜHE IN HALBTRAUER

Otje und Carlos, beide Mitte Fünfzig, richten sich in der Lüneburger Heide ein kleines Urlaubsdomizil ein. Ein Austausch über Erinnerungen an den Krieg und Bemerkungen zum Umgang damit in der Bundesrepublik finden während der Arbeit an einer Kreissäge statt. Die Verständigung wird durch den Lärm der Säge zunehmend gestört.

1

Früher, als junger Mensch, hab' ich mir wohl auch eingebildet, die Mienen= und Gebärden=Sprache sei von Liebenden erfunden worden – so ›Nachbarskinder‹, von ›harten Eltern‹ vorsichtshalber auf Armlänge auseinander gehalten; (obschon mir dunkel schwante, daß die sich nach & nach nachdenkliche Sachen telegrafiert, gewinkt, hinundhergezeigt haben würden; a=part a=part.) Später dacht' ich, es könnten kluge Diebe gewesen sein, nachts, in behelfsmäßig erleuchteten Juwelierläden; oder auch abhörgerätumstellte Politiker, in den Sieben Bergen, ruhend auf Rasengrund, zur Koalition bereit. Heute weiß ich, daß es zwei ältere Männer an der Kreissäge gewesen sein müssen; nach ungefähr 40 Minuten.

2

: »Komm; unser Morgen sei weiß!«. Otje lud mit erkünstelter Rüstigkeit zum Milchfrühstück; und wir, obwohl es erst das zweite seiner Art war, betrachteten die Gläser mit der perlmutternen Flüssigkeit so zögernd ..... (›Im Freien‹ noch zusätzlich : hinten ein schütterer Wald, (in dem es aber tapfer zwizerte); vorn kurios dürre Büsche; dann Graben=Geradheit in Grüne.) / Fern u=bootete eine lange Limousine durch Getreidemeere. – »So früh?« : »'n Jäger vielleicht,« proponierte Otje lustlos. Ich griff gleich zum Fernrohr, das, armlang, immer neben uns zu liegen hatte, (Städtebewohner eben; die jede Krähe für 1 Naturschauspiel ästimieren);

und spähte streng hindurch : – – Wolkeniglus überall, (vermutlich standen uns weitere ›gewittrige Schauer‹ bevor). Am Hintern schmerzte das feinsinnige ›Birkenbänkchen‹ .... : »Ah=Ha!«. Denn eben spaltete sich drüben lautlos die glatt=bunte Blechwand, und gebar einen ganzen Wurf farbiger Schnitterinnen. »Was? : Schnitterinnen?!«; jetzt heischte er sein Teleskop. – »Die Gelbe –« hörte ich ihn nach einiger Zeit murmeln; (auch mir war die Dicke gleich aufgefallen; ›Nachbarskinder‹; auf 300 Meter Entfernung.)

Denn wer sich kein Haus kaufen kann – und Wer vermag das schon; es sei denn, er wäre kühn wie Cäsar im Schuldenmachen; überdem wird man, nach begangener Tat, ja sofort steuerlich bestraft, wegen ›Vermögensbildung‹ : neenee; fleißig & sparsam sein ist Bei=Uns völlig fehl am Platz! – der mietet sich 1 Baräckchen in der Heide. »Auf 99 Jahre; wie weiland Kiau=Tschou.« Schon winkte Otje ab; er wußte zur Genüge, wo ich das Licht der Welt undsoweiter; (je nun, mein Vater war zufällig Sergeant dort gewesen; und ich, mit 2 Jahren, ganz gutbürgerlich, wieder brav nach Germanien übergesiedelt. Beziehungsweise worden. Trotzdem hatte ich doch wohl ein organisches Verhältnis zum Reich der Mitte; und ein Recht – oder war es eine Pflicht? – im DU HALDE zu blättern. Auch schöne Erfolge bei Damen, früher; wenn ich im Gespräch einflechten konnte, daß ich eigentlich Chinese sei.)

Folglich hatten wir gemeinsam, für Uns & unsre Frauen, (erfreulich=kinderlos verheiratet; aber das bedeutete wiederum mehr Steuern : ich sag' ja, wer sich Bei=Uns, verantwortungsbewußt, aufpaßt, ist immer der Dumme!), 2 hannoversche Morgen in diesem Sinne dauergepachtet. Für einen Spottpreis übrigens, da es sich um ›Ödland‹ handelte – Bauern verstehen ja nichts von Natur & deren Schönheit. Ich hatte noch zusätzlich 50 Mark pro Jahr dazugelegt, unter der Bedingung, daß ›die Kulisse‹ nicht verändert werden dürfte; (die würden sich noch mal wundern, die Herren Landwirte, was sie, die ganze ›Realgemeinde‹, damit so unterschrieben hatten! Der Advokat hatte, bei der Verlesung des betreffenden Paragrafen, auch verkniffen gelächelt, und sich langsam die Spinnenfinger gerieben.) / Dann also das Hüttlein drauf, 4 mal 6; (›second=hand‹; auch hatte es zuvor entwanzt werden müssen; man merkte aber nichts mehr). / Und nun hieß es eben ›wohnlich machen‹; eine Aufgabe, die hauptsächlich uns Männern obzuliegen schien; die Damen hatten lediglich auf einem Birkenbänkchen ›bestanden‹, und ein paar Tannenzapfen gesammelt – wir hatten nämlich, unter anderem, auch vor, ein paar Winterwochen bei lodernden knispernden knackend=knallenden Feuern zu verbringen : allein der Einbau des erforderlichen ›Kamins‹ hatte, (obwohl vom Dorfmaurer ›schwarz‹ durchgeführt : die 40=Stundenwoche ist ja nichts für einen denkenden Menschen; und für einen Nicht=Denkenden muß sie platterdings unerträglich sein!) ein kleines Vermögen gekostet. / Ob aber der Hag seines Lohnes wert war? – Otje hatte billig 200 alte Militär=Bettstellen gekauft; und wir daraus die benötigte Anzahl eiserner Zaunpfähle ›gewonnen‹, einfach aber geschmacklos. (Und die Erinnerungen ›Militär‹ und ›Bettstellen‹ hatten wir noch gratis : jede einzelne davon hätte genügt, uns Halb=Greise bis an unser Lebensende zu beschäftigen!).

Und wir ergo, ganz ›im Zuge der Aktion‹, jetzt hier, um das erforderliche Holz zu ›machen‹. (Die Damen noch in Hannover; die kamen, mit einer Taxe voller Kissen & Decken, vorsichtshalber erst nach 3 Tagen : »Die ›opfern‹ ja mit nichten ihre Mädchennamen; nee : nehm'm uns=unsre weg!«. Otje, wütend; aber Recht hatte er.) / Mittagessen diese 3 Tage beim Gastwirt; meist ›Zarte Leber‹, auf Reis mit Tomatenfarbenem. Pro Tag 9=50 für uns Zwei; (einerseits teuer bei der sehenswürdigkeitslosen Gegend. Aber wenn sie reizvoller wäre, wär'sie wiederum längst überlaufen, und gar keine ›Oase‹ mehr; was ja aasig gesund sein soll. Also eher merkwürdig klug von dem Wirt=hier, diese 9=50.) / Nach dem Essen das wanken wollende Gleichgewicht etwas aufs Feldbett legen – 4 der oben erwähnten, je 2 übereinander, hatten wir aufgestellt. Erstaunlich wie Jeder von uns, schier synchron, unmittelbar nach 14 Uhr, auf einmal dem Anderen mitteilte : der Arzt habe ihm täglich mindestens 1 Stunde Dösen verschrieben. (Ab & zu zum Andern hinüber blinzen; kontrollieren, ob dessen Augen auch derb geschlossen sind, und männiglich sich im erquickenden Heilschlaf befindet : ? Nuschön; befinden wir uns. Soweit ist die Fantasie, unberufen, noch intakt, daß man 60 Minuten hinter'nander die Augen zulassen und 1 Gedankenspiel anstellen kann. Manche schreien immer gleich auf : »Eingesperrt?! Oh das muß furchtbar sein; das ertrüg ich keine 3 Tage!« : können demnach keine großen Geister sein, (vorausgesetzt, daß sie wirklich so denken; was man nie weiß); da wäre man in der Kriegsgefangenschaft weit gekommen, mit solchen läppischen Maximen!). / Und dann eben, kurz nach 15 Uhr, ›erwachen‹. Und, leuchtend=erholten Blicks, die Schultern bewegen.

Rasch 'n paar Postkarten versenden; auch Kurzbriefe (selbst der Dorfkrämer hier hatte bereits ›Stücklens Verdruß‹ feil : dies neue, ganz dünne=zähe Briefpapier, von dem 14 Seiten DIN A4 auf den 20=Gramm=Brief gehen : wie soll man sonst wohl mit den periodischen Portoerhöhungen Schritt halten? Neenee; 's ganz richtig so. Obwohl die Ansichtspostkarten anscheinend noch aus den zwanziger Jahren stammten – so sah's im ganzen Ort doch nirgendwo mehr aus!). Und an die neidischen Kollegen im Werk adressieren : ›Gruß.‹; und ›Gruß!‹. Hier, dem Bachmeyer zusätzlich noch 'ne Spritze verpassen ..... mmm=ä : ›Es gibt ja *zu schöne* Fleckchen Erde!‹ : »Unterschreib ma mit, Otje.«

3

Die Stämme ließen wir natürlich anfahren. Ebenso die Eisenbahnschwellen, (irgend ein ›Bahnkörper‹ in der Nähe wurde gerade erneuert; und wir, allzeit attent, wie es guten Kaufleuten wohl ansteht, hatten uns flugs eingeschaltet : *massiv Eiche!*). Die Damen freilich hatten sich eingebildet, wir würden die nötigen Hügelketten von Scheitern irgendwie ›sammeln‹, fällen herbeiwälzen mit der Hand sägen; dann, siegfriedig am ganzen Leibe, am Hackklotz stehen, breitbeinig, den Bihänder weit rückwärts über die Schulter gezogen, ›Notungs Trümmer zertrotzt er mir nicht!‹. (Und die zahllosen Ergebnisse anschließend noch ›schlichten‹, und in entzückend ländliche ›Feimen‹ aufbauen, daß Einem gleich ganz eichhörnchen= und holzwurmmäßig im Gemüt würde. Auch sollten wir, ›nebenbei=mit‹, einige Hüte voller Kastanien & Eicheln zusammentragen – SIE gedachten ›Futterstellen‹ anzulegen, ›HELFT DEN ARMEN VÖGELN IM WINTER‹.)

Die Verhandlungen mit den Bauern bezüglich des Transportes waren gar nicht so einfach gewesen – sie Alle hatten auf einmal angeblich ›mit der Ernte‹ zu tun gehabt; (obwohl wir uns vorher genau erkundigt hatten, wann & wo man was fächset : alles lediglich Schwindel, preisdrückerischer!). Als sie erkennen mußten, daß das gute Baare nun gleich ins Nachbardorf abfließen würde, nahmen sie auch relativ rasch Vernunftähnliches an. / Also die Stämme stapelten hoch und schwarz, die Schwellen höher & noch=schwärzer. Auch ›Wurzelholz‹ lagerte im Geländ', tatzig, von Menschen nimmermehr zu zerkleinern – da selbst Otje, total frappiert ob der bestialischen Formen, vom ›grafischen Element im Winter‹ gefaselt hatte, enthielt ich mich, jeglicher Überstimmung gewiß, des hier zuständigen Ausdrucks : mit *der* Nervenkraft kann man Besseres anfangen. Noch bedeckte ein ›abgebrochener‹ Feldschuppen den Boden; Bretter, Latten, Ständer; alles, (wie hätte HOMER sich sehr richtig ausgedrückt?) ›reichgenagelt‹ : »Sag bloß davon nichts dem Sägenbesitzer!«

Denn die Beschaffung der Kreissäge hatte erneut die ländliche Menschheit at its worst gezeigt! / Erst, leeren Blicks, endlose Rübenfelder durchschreiten; Kartoffeln (Marke ›SASKIA‹ : sic!) Lupinen Graminosen; alles Dinge, wovon man den Teufel etwas verstand, (eigentlich abscheulich. Die Unwissenheit, mein'ich.) Mit wütend=flachen Händen die Bremsen an sich breitklatschen : Arme, Bauch, Brust, »Ach=Scheiß ›frisches Oberhemd‹!«, (die Hoden kloppt man sich noch platt wegen den Mistviechern! Na egal; taugten ohnehin nich mehr viel.) / Einziger Trost : dann & wann hinter die Weg=begleitende Hecke treten. Dort jedoch, statt seiner, das Fläschchen mit KIRSCH ziehen : ~ . ~ ... : ! : sofort wurde's heller; sofort lagen die trefflichst gesprenkelten Steine in ganzen Wällen da, alle Farben tolle Muster; diese Bauern wußten wahrlich nicht, was sie besaßen. (Thema für Farbfilm=Amateure : ›FEUERSTEINE 61 UND EINIGE IHRER ZEITGENOSSEN‹. So'ne Liebhaberei sollte man sich tatsächlich zulegen : 'ne gute Spiegelreflex=Kamera; mit Vorsatzlinse; 'n Projektor hinge freilich auch noch dran; also rund Tausend, hm hm. Allerdings setzte das eine Gegend voraus, wo's von Feuersteinen wimmelt. : Aber da waren wir ja; oder?).

Und bloß nicht den Namen dieses Nachbardorfes einprägen; jetzt noch nicht; mit 55 muß man das Gedächtnis für's Notwendigste reservieren. / Farbelos & grau der Mechanikus. Unangenehm langes Gesicht, (ein sogenanntes ›sachliches‹; das ist : wie Gay=Lussac & Fischer=Tropsch zusammen – das lernen die ja schon in der Aufbauschule. Wir aber auch jeder Zoll 1 inch.) Und als in Otjes Brieftasche, auf schwarzsamtigem Wildleder, der Fächer von 6 Hundertmarkscheinen sichtbar wurde, widerstand Tropsch nicht länger : er versprach, mit unnötigem Handschlag, Säge und 300 Meter Starkstromkabel für übermorgen=Freitag. / Und wieder zurück über sehr sandige Wege. Die dicke=fette Landluft inhalieren. Kühe in Halbtrauer; zwischen ›Porst‹ und verdorrten Sumpf=Birken. (Gegen Abend gab es an 1 gewissen Stelle, gar nicht so weit von uns, wieder jene Nebeldecke, aus der eine kohlschwarze Stier=Stirn lautlos auf Einen losfuhr : !. (Und nachher doch auch ›sounds‹ wie bei THOREAU's; brrr!).).

: »Wollen wir noch mal kurz in's Gasthaus?«.

4

: Das Leben des Menschen ist kurz; wer sich betrinken will, hat keine Zeit zu verlieren! / Und die Abende in ›ZIEBIG's Gasthof‹ waren ja gar nicht unlebhaft. (Wir am Ecktisch für die vornehmen Personen; dem einzigen, der etwas wie 'ne Decke drauf hatte. Und Bier & seriöse Stumpen.)

Holen Knechtlein sich ›Zie=eretten‹. Pralle Dorfmädchen stapfen keck nach Flaschenbier herein. (Desgleichen geplagte Eheweiber; schlampig=schürzig, mit tiefliegendem Metazentrum, wüste Zitzen mit buntem Zitz überspannt.) / Im Fernseher das Bild irgendeines ›hamburger Hafens‹; endlos lange; (mal seh'n, wer's länger aushält : alle Minuten 1 Mal bösartig hinüber lächeln .....). Dann beginnt's aber schon gefällig, das graublaue Geflimmere; regt tausend Gelenke zugleich; und die Maschine gibt die bekannten ›halben Wahrheiten‹ von sich. : Wer ein schwarz eingebundenes Buch ›schwarz‹ nennt, ist im FREIEN WESTEN ein ausgesprochen ehrlicher Kerl. (Wer ›rot‹ behauptete, wäre 1 Lügner, klar.) Was aber ist Derjenige, der uns ständig einzureden versucht : es sei ›nicht=grün‹?! / Lächelte & florierte also Bonn. Bei ›Burr=Gieba & Bie=serrta‹ war anscheinend noch keine Sprachregelung erfolgt. (Ist ja auch nicht ganz einfach : Wer in diesem speziellen Fall für ›die Freiheit‹ ist, verdirbt's mit ›de Gohl‹; und umgekehrt.) ›Gagga=rien‹ kurz & leicht=verächtlich behandelt; (dafür desto ausgiebiger der neueste, prompt wieder zu 50% verunglückte, amerikanische ›Ecks=Plohrer‹.) Hie evangelisch=halkyonische Laien=Kirchentage; wenn man auf die unerwünschte Taste drückt, blüht sofort die Kolchose und duftet der Komsomolz : ›Em Barras de rieche Se‹.

Und immerfort das Gemurmle der Herren Landwirte. / Manches vielleicht gar nicht dumm; (obwohl sie natürlich andauernd her guckten, wie wir unser Bier verzehrten : vom ›Grünen Plan‹ verstanden sie ungefähr so viel, wie EINSTEIN von der Atombombe; nämlich einerseits sehr viel, andererseits überhaupt nichts!). / Zufällig sich ergebende Lokalinformationen zum Teil recht interessant : daß die auffällige, klein=runde Schanze hinten im Sumpf, ihre Entstehung dem einzigen (wohl versehentlichen) Luftminen=Abwurf des Krieges verdankte. Plus Details : wie damals Gras & Buschwerk ›im Umkreis wie rasiert‹ gewesen war. Rehe mit ›rausgerissenen Lungen‹ sollten dekorativ dagelegen haben; (und die entsprechenden, kannibalisch=breitziehenden Handbewegungen dazu : das hab'ich im Kriege bei *Men-*

schen mehrfach gesehen, amigo! Du kannst noch nicht weit gereist sein!). Der Eine beteuerte sogar, er habe das Dings, nachts gegen 1 Uhr, an seinem Dachkammerfenster vorbeirauschen sehen=hören – da der, gleichfalls anwesende, Ortsbulle uns an dieser Stelle überdeutlich (und unnötig vertraulich) zublinzelte, ja, =zwinkerte, wußten wir, daß die Mitteilungen des Betreffenden jetzt & künftig mit Vorsicht aufzunehmen seien. (So war es auch : 2 Gläser weiter behauptete er schon, mit ›dem Bruder Karl MAY's zur See gefahren‹ zu sein. – »Hat der überhaupt Geschwister gehabt?«; Otje wußte es nicht.) / »Diese Hula=Reifen –« dozierte ein hochgradig Untersetzter seinem Nebenmännlein hin (dessen Gesicht sich einer, für seinen Stand ganz ungehörigen, kritischen Unterlippe erfreute) : »– die verführen zu Bewegungen des Beckens ...! : Die Kleine von Thieß'ens=nebenan ..... : ? – : Zum Wohl!«. »Zum Wohl –« erwiderte das Nebenmännlein buchstabengetreu (und ihre Augen glinzten wie die Scheiben von Puffs in der Dämm'rung).

Einiges zum bevorstehenden ›20. Juli‹ : da hatte *der* ›Staatsmann‹ einen unverbindlichen Vortrag gehalten; (à la ›nicht=grün‹, siehe oben). Und *Jener,* der Klügere, schweigend ›1 Kranz niedergelegt‹. *Der* das ›Nachdenken des Soldaten‹ gepriesen; (der nächste Redner dieses freilich sogleich präzisiert : für den Fall einer ›unsittlichen Obrigkeit‹! Sogar 1 General sollte, mit gewissen Einschränkungen, für's Nachdenken gewesen sein – da hätte BEN AKIBA doch wohl mal Augen gemacht.) / Und gesegnet sei der Musikautomat, dem man bloß 10 Pfennig in die Seite preßt, und schon kommt aus dem Schlitz ›HOCH=HEIDECKSBURG‹ raus; (oder auch, man hat da angeblich die Wahl, ›ONWARD, CHRISTIAN SOLDIERS!‹ – der Unterschied ist zur Zeit ja auch nur mit bewaffnetem Ohre hörbar.) / Bei einem anderen, noch bunteren Gerät drehte dann & wann 1 Kühner roulettierend an 3 Knöpfen : auch hier sollte man, theoretisch, falls man ›Glück‹ hatte, oh Glück oh Glück, etwas gewinnen können. (Merkwürdig ungewordne Nation : fleißig & stillfriedlich arbeiten mochte bei uns kaum noch Jemand; die wollten Allealle bloß irgendwie ›gewinnen‹, Toto Lotto Kwiss & Krieg, wobei man ja notorisch nur verlieren kann – ›Wahrscheinlichkeitsrechnung‹ nennt sich die betreffende Wissenschaft.) / Da waren, traun, die Mitteilungen über die Potenz der Dorfhure noch interessanter. (Frage : ob man sich die glühende Zuneigung der eigenen Gattin wohl dadurch wieder zu erobern vermöchte, daß man ihr, morgens, 1 Rose in die Badewanne legt? Vielleicht würde sie ja gleich mit 1 kleinen ASBACH erwidern. Oder ihn gar nackt kredenzen ...? : »Otje!«. Und auch er nickte schwer und langsam; und stellte sich's vor – liebenswürdige greise Träumer wir, alle=Beide. Aber : »Anschreien bei Tage ergibt Impotenz bei Nacht.« Ja; sicher. Gewiß.) / Und zwischendurch schimpfte die Kunststoffkiste schwer auf ›den Osten‹. Man legte *mehr* Kränze nieder. (Und nicht Einer hatte für ›Kasernen‹ ›Soldatenställe‹ gesagt – zugegeben; wir kannten lediglich die der Hitlerzeit; die=heute sollten freilich, ich hatte es erst jüngst wieder in der SPD=Presse gelesen, ganz anders sein, und gar nicht zu vergleichen. Immerhin hatte mich ›Das Reich‹ 70 Monate, gleich 2.000 beste Tage, meines Lebens gekostet – zum Ausgleich hatte ich mein gesamtes Hab & Gut, bis auf 1 abgebrochenen Aluminiumlöffel, verloren : nicht daß ich irgendwie darauf stolz wäre, au contraire; aber falls ›Andersdenkende‹ gar so flink mit ihrem ›Meckerer‹ bei der Hand sein sollten!) / »Prost, Otje.« : »Proos=Carloß!«.

Die Stimmung der Fast=Vierfüßler wurde ausgelassener. / Der Altbauer (mit silbernem Haupt und goldenem Schnurrbart; mit wollenem Leib und ledernen Füßen – *und ›Altbauer‹ :* was die sich gegenseitig so für Titel erfinden!) nahm einen Messerstiel in den, noch leidlich festen, Mund; stellte 1 Schnapsgläschen auf die Klinge : – ! – : – und balancierte es so quer durch die Gaststube – : »Braawoo!«. (Auch er ›gewann‹ dafür sogleich wieder etwas : was'n Volk!). / Der Tagelöhner, in schlappem fahlem Leinenanzug, kriegte noch 1 letztes Glas Fusel eingeplumpt; und machte dann den ›Preußischen Parademarsch von 1910‹ vor : ›Da=Búffa

Búffa Búffa Búff!‹ – Bei dem Anblick winkten wir doch lieber den Wirt herbei; zahlten kompliziert; und gingen. (Noch lange vernahmen wir hinter uns eyn schön new liet : ›Ü berDei neHö henfeift der Winnt. Sokallt.‹)

5

Und heut um 9, ich erwähnte es wohl bereits, sollte nun besagte=gemietete Säge erscheinen. / Wir waren, vorsichtshalber, um 6 aufgestanden. Hatten ›weiß‹ gefrühstückt, (um, sportlich trainiert, sämtliche Kräfte beisammen zu haben). Und warteten nun eben : Tropsch ließ uns den Begriff der ›Ewigkeit‹ baß erkennen lernen! / Griffen wir also dann & wann zum Sehrohr, und spähten den fernen Schnitterinnen unter die Röcke. Erkiesten uns Jeder Eine; führten sie in die betreffende ›Fichtenlaube‹; und taten ihr dies & das, vor allem das. (Natürlich nur noch in der Fantasie; wir hatten schließlich allerhand zu sägen – wenn ich mir so diese grauen, zernagelten Bretter besah .....). / Warum verzog Otje sich ständig hinter's ›HAUS‹ – wir hatten vereinbart, das Dings so zu nennen – und murmelte währenddessen was von ›Ma sehn ob er kommt‹? Da war doch nichts als Wald : von da her erschien Tropsch doch bestimmt nicht. Kam zurück. Und roch, wie wenn er ›fündig‹ geworden wäre; (gleich anzüglich schnüffeln : hff=hff. – Freilich; die Morgenluft *war* rauh. Hm.) / Gespräch über die ›Wechseljahre der Frauen‹ : »Sollte man nicht auch das genaue Gegenteil erwarten können?«; (nämlich, daß sie besser ›ließen‹ : sicherer freier weniger prüde würden? Schade um all die freislichen Hüften, mit Zubehör; alles noch fast wie neu.) / »Halb Neun erst.«

Anderes Thema : »Meinst Du, wir könnten Schwierigkeiten haben? Wenn wir heute, so nahe dem 20. Juli, sägen?«. Und ich, nach keinem Zögern : »Achwas! Einmal mitten=hier im Walde. Und überdem : wann sonst hätten wir denn wohl Zeit zu sowas? Neenee; da soll uns Einer komm'm!«. (Und 'ne merkwürdige Ecke ist das ja : heute früh lag hinten, mitten im Waldgras – wo gestern Abend noch nichts gewesen war! – eine Kugel von einem Fuß Durchmesser. Gelb; pampig=schuppig; als Otje mit'm Stock darauf schlug, wuppte es büchsen, und stieß dann eine flache, matt=giftgrüne Rundum=Staubwolke aus : »'n Bovist! – Jung sollen sie eßbar sein.« Aber Otje, massiv=verächtlich : »›Eßbar‹ bist letzten Endes auch=Du. – Falls De nich zu sehr nach Bock schmeckst.«

6

: »Da!« –

Gay=Lussac erschien mit seinem beräderten Apparat. / : »Na endlich!« (Weil der Kerl noch zu murmeln wagte! Während ich seine Pferdefratze so betrachtete, entstand in mir tief=innen irgendwie der Wunsch nach ›Sauerbraten‹ & Kartoffelklößen ›auf thüringische Art‹ – was man denkt, ist tatsächlich völlig irrelevant : »Gib ihm'n Stump'm, Carlos.« : »Du so'ss mich nich immer ›Carlos‹ nenn'n!«).

Der=hier also zum einschalten. / Das der Knopp, falls mal der Stamm zu dick sein sollte; die Säge stecken bleibt, und die Sicherung raus springt; bong. / Dies die Kipp=Führung. / : »Und ja nich durch Nägel durchsägen! – Oder gar –« (und wie mißbilligend der Houynym auf unser scharmantes Wurzelholz zu blicken wagte!) : »– S=teine. Die sich häufich in solchn S=tubbm findn.« (Hau schon ab, Freund!). –

Allein mit dem Untier – : sollten nicht überhaupt & grundsätzlich *drei* Mann zum Sägen sein?! Wir sahen uns an. Versichert waren wir nicht. Gegen sowas nicht. / Die Morgenluft wurde stärker; auch bunter. Ich schob verwildert den Unterkiefer vor; schritt hinum zum Hebel; und ruckte machtvoll – (voll Macht; voll=macht Schrumm) – : ?. / – – : ?? – / : !

: sss=SSS=SSSIII – und der naja›Klang‹ durchpfiff derart bös die feuchte Stille, der Apparat vibrierte derart heftig, daß wir doch erst erneut unsern Mut zusammennehmen mußten. / : »Erst die dünnsten Stangen, ja? –« –

: – –. / : – – ! / : – – – : – : !!! –

Ei das ging ja scharmant! / Schon hob ich, leicht ächzend, ein gewichtigeres Rundholz auf die (ungewohnten) Unterarme – : »Vorsicht!« – (und den Oberstschenkel mit drunter; und, keuchend, am dicken=unteren Ende ausharren. Während der Schuft, oben, den ›Zopf‹ gleichsam mühelos, (und eingebildet lächelnd, ob ›seiner Kraft‹ was?!), in Scheiben schnitt : Nu warte; wir wechseln auch mal ab! / Sst, Sst, Sst : das waren läppisch=dünne Brettchen, no match for us! / Es sprühte & schrillte & fiff, im treibriemigen Zug=Wind. – : »Mensch; das'ss doch noch *Eiche*!!« (Denn die Eisenbahnschwellen wunderkerzten förmlich! »Ob das aber Tropsch=Lüssack recht sein wird?« : »Scheiß Gay=Fischer!«). Meinethalben. Obwohl man unser Geschrei sicher bis über's Flüßchen vernahm – schon schienen einige Nümfm herüber zu schauen; (und *was* die eigentlich dort machten, daraus wurde man auch nicht schlau – konnte das sein, daß die den Rand des Getreidefeldes=dort sauber gerade putzten?).

Ein Krach wie im Kriege? Oh ja! / : »Sag ma, Otje – hast Du, Deinerzeit, als Artillerist, nennenswert ›nachgedacht‹?«. (Mir fiel nur eben wieder dieser ›20. Juli‹ ein. Auch kam eben ein ganzer Haufen dünner=kürzerer Stücke; wir standen ergo dicht beieinander, und konnten brüllend quatschen.) »Na ja,« erwiderte er unschlüssig; machte dilatorisch ein paar ›Sst=Sst‹ : »– aber wir hatten mal 'n Rechentruppführer dabei, der dachte ständig. Der hat mir, dann in belgischer Kriegsgefangenschaft, folgendes erzählt« : Sst=Sst! : »Anfang April 45, im Rückzugsgebiet Oldenburg, hört er am Feldfernsprecher – ich glaub', VECHTA hieß das Nest – daß das zur ›Lazarettstadt‹ erklärt sei, und Freund wie Feind ihre Verwundeten dort rein schafften. 1 Stunde später aber ruft auf einmal irgend'n ›Oberst‹ – der Befehlshaber des betreffenden Frontabschnitz – durch : ›Befehl! : Sofort 200 Schuß auf Vechta legen!‹. Auf die Rückfrage hin, plus submissestem Bedenken, daß doch just Verwundete …? heißt es, ebenso einfach wie brutal : ›Halten Se'n Mund! In'ner Viertelstunde erwart' ich Vollzugsmeldung! – : Ende!‹. – Nu sag, Carlos : was hätt'st Du gemacht?«. Und wandte sich tatsächlich zu mir, als wär er's selbst gewesen, dem die Anekdote passiert war. : »Paß Du lieber auf Nägel auf. – Oder überhaupt : laß mich ma ran!«. –

Und die breite santosbraune Schwelle fachmännisch mustern – auf Eiseneinschlüsse hin; auf eingewachsenen Schotter – und schon grollte die Maschine auf, bärenhaft=gereizt; und fraß sich, schrillend & stäubend zugleich, durch die Materie : hindurch! (Und 'ne kaptiose Frage war es natürlich; denn ›Befehl war seinerzeit Befehl‹. Und Verweigerung Verweigerung. / Und ich war seit eh & je 1 Feigling gewesen. Und das Alter soll zwar im allgemeinen ›unfehlbarer‹ machen, oh leck; aber zusätzlich=mutiger wohl doch nicht. Entschloß ich mich also, nach der dritten Schwelle) : »Tcha. Mir wär' sicher ›schlecht geworden‹.« Und, da ein Blinder den verächtlichen Ausdruck auf Otje's Gesicht hätte wahrnehmen können, rasch & heftig hinzugesetzt : »Sag bloß, Du wärst hochgeschnellt; und hättest heroisch gerufen : ›Nie, Sie unsittliche Obristenhaftigkeit!‹. – Oder vielmehr Dein ›denkender Rechner‹ : bring Du lieber die paar letzten Schwellen ran; dann machen wir 'ne kleine Pause.«

: ? – : »'ne Pause!!« kreischte ich; denn der Kerl hielt, nein reckte, mir ein derart verständnisloses Ohr her – kurze=weiße Härchen wuchsen ihm in der Fleischtute; auch das noch! – und verzog den Mund so abscheulich fragend, daß Einem nur die arme Frau leid tun konnte, die dergleichen flämisches Antlitz allmorgendlich auf dem Kopfkissen neben sich erblicken mußte.

– Pause. – / Erst als ich mich dabei ertappte, wie ich ihm, (der ganz merkwürdig leis' heute zu sprechen schien!), angestrengt auf die Lippen schaute, wurde mir bewußt, wie auch mir die Ohren klangen, präziser wimmerten, (wenn nicht gar gellten). Und buchstäblich weh taten : ich hatte das unabweisbare Gefühl, als sei mir das linke, länger der Säge zugekehrt gewesene, leicht geschwollen, und schmerze gar nicht undeutlich : konnte das sein?! – / : »Nee; Der hat folgendes gemacht : 1 Minute lang mit sich gerungen. À la ›heroisch ablehnen‹? : wird er erschossen. ›Schlecht werden‹? : dann machts der nächste Stellvertreter. Neenee : keine Lösung! / Also über die Karte gebeugt – ›Zeit gewinnen‹, klar – dann Koordinaten abgegriffen; den Geschützführern draußen ›Seite & Höhe‹

gegeben. Und dann, als die ›200 Schuß wie befohlen‹ raus waren, hat er ›Vollzug‹ gemeldet.« – Witzlos; ich zuckte auch gleich abfällig die breiten Hängeschultern. Aber Otje ergänzte : »Freilich hatte er sich, wie er mir *nach der Kapitulation, vor Brüssel,* anvertraute, ›vermessen‹. Den Planzeiger versehentlich an eine leere Straßengabel, 500 Meter vor dem Städtchen, gelegt. Kann ja dem Besten unter uns passieren, wie?«. Nicht schlecht. »Eichmann würde sagen : ›Kein Wunder, daß wir'n Krieg verloren haben‹. – Kuck mal, da drüben!«

Denn da schwankte 1 Riesengerät durch die Felder. Und wendete schnarchend. Kam gefräßig wieder in unsere Richtung her – – : »'n Mähdrescher!«; Otje, fachmännisch, mit dem Kieker am unfehlbaren Auge. (Dann durfte auch ich es sehen : auf der Kommandobrücke allerlei buntes Volk. Vierschrötige Roggenmuhmen; Kerle aus Blauleinen gepustet; Säcke große=schöne=pralle=trockene=viele). – »Hübsch.« –

– : »Komm, weiter : in'ner guten Stunde treffen die Damen ein!«. / Die langen Stämme überschwer; aber sie (die Säge) fraß sie (die Stämme) doch. Schon hielten wir, nervös, die Köpfe zur Seite vor dem Gebrälle. Schon riß sich Keiner mehr von uns um die Sägelust. (Sonnenangestrahlt 1 Hochspannungsmast. : Was röhrst Du mir tiefsinnig ins schöne Ohr?)

Otje : »Und erst im *nächsten* Krieg! Ich hab'ne Schwester in Görlitz : wenn ich mir vorstelle, ich kriegte den ›Befehl‹, auf die 200 Schuß zu ›legen‹?! – : Wie gut, daß wir nicht mehr Soldat zu spielen brauchen! Da werden sich dann täglich diverse solche häkligen Fragen ergeben. – : Kuck ma!« (denn eben kam die Dicke=Gelbe freiwillig vorbei : gleich hoben wir die Stämme müheloser. Lächelten (obwohl's vermutlich ausgesehen haben wird, wie auf Illustrationen zum 1. Teil DANTE); und hinterher gaffen, mit verschwitzten Leidensmasken. Ich bemerkte etwas. Otje erwiderte. : ? – Wir wiesen einander die leeren Handflächen : wir hörten kein Wort mehr. / *: »WAS : IST : DENN?!!«*. / Bis er endlich Gebärden zu Hülfe nahm. Die Spitzen der kleinen Finger in die

Mundwinkel hakte, und ihn mehrfach=schnell damit breit zog : ! (Auch noch zusätzlich hinter der ockern=Entschwindenden her zeigte : !). – Achso. Ja; garantiert. Aber – und ich hob die linke Faust, an der ich den kleinen Finger schlapp abstehen ließ; und schnepperte mehrmals=betrübt mit dem Zeigefinger der Rechten daran : ...... Und noch, überdeutlich=resigniert, den Kopf dazu schütteln : »Wir nich mehr, Otje.« – Auch er begriff; und senkte die breite Stirn schwermütig über's Sägeblatt. (Das vielviel leiser zu werkeln schien, denn zu Anfang : vielleicht wäre ›taub sein‹ ja gar kein so großes Unglück?). / Und fuhr doch auf, bei dem Todeston, als er den Baracken=Fensterrahmen klein schnitt; und anschließend=betroffen, mir den zerteilten ›Stuhlwinkel‹ her zeigte : ! Oben drüber sein dämliches Gesicht. : »Jetzt kostet's 3 Mark mehr, Freund : es ist erreicht!«. (Aber er verstand mich ja doch nicht. Und überhaupt ging es erfreulichst dem Ende entgegen – ich tippte mich nur noch angewidert=bezeichnend an die eigene Schläfe; machte die Gebärde des Geldzählens; (und 3 Finger dazu heben : I I I?! – Er zuckte schwächlich die Achseln; und faßte's wieder mal nicht : »Laß gut sein.«). / Und ordentlich auf den Moment freuen, wo man in sich zusammenfallen könnte!).

7

: ›ENDE!!!‹ – / (Und, alles hängen lassend, da stehen; wie benaut.) –

8

: 1 Hand auf meiner Schulter?! –

Auch Otje fuhr dito herum ..... : Jeder stand der Seinen von Angesicht zu Angesicht gegenüber! / Wir hatten nichts, gar=nichts, gehört. : »Ja, seid Ihr denn taub?«; und amüsierten sich köstlich über unsere dreckigen, ängstlich=lauschenden Gesichter. Und streichelten uns idiotisch; und nickten sich zu, über uns arme Luder.

(Schienen & blieben jedoch guter Laune; denn sie hatten unterwegs irgend 'ne besondere Vogelsorte angetroffen – nach dem zu urteilen, was sie uns vor=flatterten und =schrien, »Dix=Huit : Dix=Huit!«, konnten's Kiebitze gewesen sein? – Else kenterte beim Vormachen der Wildlederhut; sie duckte sich (wobei ihr Hintern breit wurde, wie ein Waschkessel : schön!) und fing ihn wieder – also bestimmt Kiebitze. / Wir zeigten ihnen im Fernrohr noch jene Archenoah, lautlos treibend in Roggenseen. (Und Beide gleich, beanstandend : »Na, ›lautlos‹? – Das knattert doch ganz anständig.« – Wir hörten nichts, wir Beide. Legten aber indessen den Grundriß zu jenen befohlenen 2 Holzfeimen – : so etwa würde das=dann=demnächst aussehen. : »Schön.«). / Schnuppern – : »Sagt mal? – : Habt Ihr was getrunken?!« – (Und gleich die bekannten angewiderten Gesichter dazu geschnitten : das ist der Dank.)

Flucht und Vertreibung

Auf meinem Handtuch stands eingewebt HUAND, und sie rätselte lange : ? : »›Heeresunterkunftsverwaltung Andalsnes‹ : die Gegenleistung des Deutschen Reiches für 6 der besten Jahre meines Lebens und ein komplettes Haus im Schlesischen« erläuterte ich zuchtlos die verblichene Inschrift, und die Nackte schauderte ungekünstelt.

Seelandschaft mit Pocahontas

»Aber ich haap wieder so drann denkn müssn – : wie=Wir, im Feebruar 46, über de Grentze gekomm' sint. : Da hatt'ooch Eene – nakkt – im Schnee geleegn. So gans=verrengt; wie anne Puppe= weeßDe? : und die hatt'*ooch* lauter ›Reif=im=Schaam=Haar‹ gehaapt.« / : »Ich war doch erst Sechznn=weeßDe? Unt ich haap ma das – gans gedanknlos – Alles so angesehn. Danneebm gesessn. Uff amm Schteine : wir warn ja *soo* müde. Ich konnz Fahr=ratt nimmer schiebm. Meinemutter hatt ma a Tüppl inn de Hant gegeebm, mit Terrmoß=Kaffeh – : ich haap's nie haltn könn'n!« / »Und=dann hab'ich da, neebm der Frau : Koffeeh getrunkn.«

Kaff auch Mare Crisium

BRAND'S HAIDE

In dem Kurzroman *Brand's Haide* wird der entlassene Kriegsgefangene Schmidt in das Dorf Blakenhof in Niedersachen eingewiesen. Er nimmt Kontakt zu den Bewohnern des Dorfes auf, vor allem zu den Frauen Lore und Grete, die wie er selbst geflüchtet sind. Der hier wiedergegebene erste Teil mit dem Titel ›Blakenhof oder die Überlebenden‹ enthält neben Kriegserinnerungen und Alltagsbeschreibungen auch Ausführungen über den romantischen Autor Friedrich de la Motte Fouqué, über den der Ich-Erzähler eine Biografie schreiben möchte.

21.3.1946 : auf britischem Klopapier.

Glasgelb lag der gesprungene Mond, es stieß mich auf, unten im violen Dunst (später immer noch).

»Kaninchen«, sagte ich; »ganz einfach : wie die Kaninchen!«. Und sah ihnen nach, ein halbes Dutzend, schultaschenpendelnd durch die kalte Luft, mit Stöckelbeinen. Drei derbere hinterher; also Söhnchen der Ortsbauern. Eltern, die immer noch Kinder in diese Welt setzen, müßten bestraft werden (d. h. finanziell : fürs erste Kind müßten sie 20 Mark monatlich zahlen, fürs zweite 150, fürs dritte 800).

»Wieso gerade 800 ?« Ich sah ihn an : ein alter Mann (genauer : älterer). Rauhes Wollzeug, Stiefel, vor ihm ein Karren mit feinstem Herbstlaub, matt, rot und rötlich. Ich nahm vorsichtig ein Blatt herunter (Ahorn) und hielt das durchsichtige gegens Licht : meisterhaft, meisterhaft. (Und welche Verschwendung! Der muß es dicke haben!) »No«, sagte ich leutselig (wollte ja auch noch eine geographische Auskunft!), »also meinetwegen : 1000. – Meinen Sie nicht, daß es gut wäre?« »Hm«, schob er nachdenklich, »von mir aus schon. Es hat viel zu viel auf der Welt : Menschen.« »Na also«, resümierte ich (dies Thema) : »auswandern lassen sie uns nicht. Bleibt also nur rigorose Geburtenbeschrän-

kung; Pfaffengequätsch ist quantité négligeable –« (er nickte, zutiefst überzeugt) »– in 100 Jahren ist die Menschheit auf 10 Millionen runter, dann läßt sich wieder leben!« Ich hatte wenig Zeit; auch kam ein hundekalter Wind die schöne verwachsene Schneise herunter; ich fragte den Pelzgestiefelten (solide Arbeit : mir fiel unwillkürlich das Wort »Bärenfell« ein!) : »Noch weit bis Blakenhof?« Er zeigte mit dem breiten Kopf : »Da!« pommte er kurz : »kleines Nest« und : »Sie kommwoll aus Gefangenschaft? – Vom Iwan??«. »Nee«, sagte ich bluffig, widrige Erinnerungen kürzend : »Brüssel. Vom Engländer.« »Und? Wie waan die?«. Ich winkte ab : »Einen genommen und den Andern damit geprügelt. Etwas besser als der Russe natürlich.« Aber : »14 Tage lang haben wir manchmal keinen Stuhlgang gehabt. Im Juli haben sie uns Stille Nacht, Heilige Nacht singen lassen : eher durften wir nicht wegtreten.« »Nee, nee : Persil bleibt Persil!« (d.h. Freiheit!) Aus seinen blauen Augen nahm ich weitere Fragen : »Der Landrat«, erläuterte ich überdrüssig brauendrückend : »Zum Schullehrer eingewiesen«. »Och : das iss Der drüben!« wies er mit hohen Augen : »Da oben, wo die Kirche iss. – – Zum Lehrer?? : iss doch gar kein Platz mehr! – *Auch* Lehrer?« Ich schüttelte entschieden, entschloß mich : »Schriftsteller«, sagte ich, »und ausgerechnet bei der Kirche? Deus afflavit ...« (und winkte gähnend ab). Er grinste (gloobt also ooch nischt : guter Kern hier in Niedersachsen!). Aber neugierig war er auch : »Schriftsteller!« sagte er munter : »so für Zeitungen, was?!«. »Nichts da«, entgegnete ich entrüstet (schätze Journalistenarbeit nicht) : »kurze Erzählungen; früher süß, jetzt rabiat. In den Zwischenräumen Fouqué-Biographie : so als ewiges Lämpchen.« Er sann und faltete ein Graumaul : »Fouqué –« sagte er bedeutsam : »frommer Mann das. – – n Baron, nich?« »Und ein großer Dichter dazu«, sagte ich herb, »ich bin nichts von alledem. Dennoch!« Dann fiel er mir auf : »Sie wissen von Fouqué?!« fragte ich mit schwacher Teilnahme (derbe Hände, aber eine Mordsnase. Und der Wind fing wieder an zu pfeifen, als käme er von den Sigynnen : die mit den zottigen Hunden). »Die Undine kennt Jeder von uns erementaschen hier«, versetzte er mit Würde; ich hatte das vorletzte Wort nicht verstanden; wollte auch keine Zeit verlieren, denn die Knochen taten mir weh vom Schleppen. Ich stand vom Schemel auf : »Also da rum –« sagte ich müde; »Ja : hier –« er nahm einen Zweig und kratzte in den Sand des Radfahrweges : »Den S-teig hoch; die Kirche bleibt rechts; links wohnt der Supperndent –« (ich winkte ab : nur Palafox und Sarpi waren ehrwürdig; vielleicht noch Muscovius; vielleicht noch mehr. Na, ist egal.) : »– das Neue ist das Schulhaus : so rum!« – »Danke.«, nahm die Munikiste hoch (ein Prachtstück : innen Zinkwanne mit Gummidichtung, wie ne Tropenpackung) : »Wiedersehn!«. Er strich sich mit der Hand übers Gesicht und war weg (verschwinden kann heutzutage Jedermann; ich hab mal Einen gesehen, neben dem ne achtundzwanziger einschlug!)

Den Wasserschlauch : beim Pfarrer dehnte ihn Einer in feisten Händen : Laokoon oder über die Grenzen von Malerei und Dichtkunst. Oben verwüsteter Himmel, trostlos wie ein leeres Kartoffelfeld, fehlen bloß Treckerspuren und Igel, don't ask me, why. Stattliche Figur, nebenbei, der Dicke, d.h. nach dem Tode gut seine anderthalb Düngerkarren wert. Und neben der Kirche : mir bleibt auch nichts erspart! – Ich fühlte mich auf dem freien Platze irgendwie exponiert : wenn mir jetzt eine Sternschnuppe auf den Hinterkopf fällt; und ging beleidigt um die Ecke. (Ein Buchtitel fiel mir ein : »Hör mal!« = Gespräche mit Gott.)

»O Gott!« sagte sie, ältlich und dünn. Ich zuckte sämtliche Achseln : »Der Landrat hat mich hierhergewiesen« sagte ich, als seis persönlich unter lauter shake-hands geschehen, und blickte unerbittlich auf Stempel und Signum (in hoc signo vinces; hoffentlich). »Na ja; kommen Sie bitte rein«, kapitulierte sie. Ich stellte den Hocker in den Flur, hob die dicke Kiste am Seilgriff darauf, und folgte ihr in ein Wohnzimmer : komplett

grün und mit Goldschnitt. Brandmalerei hing gegenüber; dies galt für vornehm und üppig damals (auch meine Eltern ...); ein Bücherschrank, vor den ich sogleich hintrat, nachdem ich mich kurz zu erkennen gegeben hatte; Bücher. 200 etwa. »Wir haben den ganzen Ganghofer«, stolz; und sie wies auf die jägergrüne Reihe. »Jaja, ich sehe« antwortete ich düster : also Brandmalerei und Ganghofer : ich würde mich wie bei Muttern fühlen. Ein greises Brockhauslexikon : ich griff kalt den Band F heraus; Fouqué; ... »nach den Freiheitskriegen lebte er abwechselnd in Nennhausen *und Paris* (sic!)«, las ich und lächelte eisig. Richtig : da war auch das Vertikow; mit Spiegelchen, Beulen, Zinnen; ein Borobudur von Mahagoni. Echtem. Aus Holz kann man Alles machen : sie fuhr einmal beherrscht und glücklich mit der Hand um ein drallgedrehtes Säulchen : so mochte Tristan die Isolde gestreichelt haben, oder Kara ben Nemsi den Rih.

»Schorsch« hieß ihr Lehrersohn. O.A. gewesen. Und ihre Augen stolzten unecht wie aus Gablonz. Oder Pforzheim. Dabei liefen alle Männer in gefärbten Tommyuniformen rum; alle Frauen trugen Hosen. Lächerliches Weib.

»Schriftsteller – ?« machte sie neugierig, und ihr ward sichtlich wohler, standesgemäßer. »Ja, aber ....«; kurz : sie zeigte es mir :

Das Loch : hinten, um die Ecke; am Kirchplatz. 2,50 mal 3,00 Meter; aber erst mußte das Gerümpel raus; Spaten, Hacken, Werkzeug, und ich erbot mich, das selbst zu machen (ich brauchte ohnehin Hammer und Zange, Nägel : eigentlich Alles cosa rara, wie?)

»Angenehm« sagte er lässig. Ende Zwanzig und schon volle Glatze; dazu jenes fatale Benehmen, wie es stets die Offiziere aller Zeiten ausgezeichnet hat. Pfui Bock. Worte, Worte; blöd, blöd : außerdem Einer von Denen, die schon mit 20 Jahren »aus Gesundheitsrücksichten« nicht rauchen oder trinken (Viele davon wandern dann sonntags seppelhosig und halsfrei nicht unter 60 km, und schätzen Holzschalen und Bauernblumen in primi-

tiven Vasen); der hier tanzte; »leidenschaftlich«, wie ihm zu sagen beliebte : Du hast ne Ahnung von Leidenschaft!

»Drüben hats 2 Mädel« zeigte er mit dem Kinn eines Mannes, der sie aus- und inwendig zum Überdruß kennt : dann war gottlob wieder Unterricht und er ging; vamoose plenty pronto. Schon sangen Schulkinder mit festen Stimmen ein Lied; ein Schwächling hätte gesagt : klaren; aber ich erkannte tödlich genau, wie diese erzenen Kehlen in den Pausen würden brüllen können. (Wußte damals noch nicht, daß Superintendent Schrader ihnen das Toben auf dem Kirchplatz verwiesen hatte, und sie dafür am Fußballfeld die Lüfte wahnsinnig machten). Vielleicht hielt man meine zerklüftete Kleidung auch für Originalstreiche eines Genies; unvermittelt fiel mir Dumont d'Urville ein und die Reise der Astrolabe. Wunderbare Illustrationen. Aber es war keine Zeit. Ich ging über den winzigen gekalkten Vorraum : ein Wasserhahn, der zum Zeichen des Funktionierens tropfte : das ist gut! (d.h. das Tropfen nicht; aber daß gleich Wasser dabei ist!)

Ich klopfte : »Entschuldigen Sie : – können Sie mir etwa Handfeger und Kehrschaufel leihen? Und einen Eimer mit Wischlappen : für ne halbe Stunde – ?« – – – Ein kleines stilles Mädchen, etwa 30, aber plain Jane, also eigentlich häßlich, stand am Tisch (ganz nette Einrichtung übrigens, obwohls auch nur eine Stube war. Aber ein großes Ding; lang; mindestens 8 Meter!); sie sah mich still und verlegen an : »Ja ....« sagte sie zögernd : »– wieso ....« und von hinten, wo hinter einer spanischen Wand wohl die Betten standen, kam eine scharfe blanke Stimme heraus : »Ja : wieso?! – Kommt gar nicht in Frage! –« Sie sprach noch mehr; aber ich zog schon die Tür zu : »Oh, Verzeihung –« hatte ich noch überhöflich gesagt : es war schön, zuerst etwas gekränkt zu werden; da hatten sie nachher gewisse Verpflichtungen; das war dann eine sichere Grundlage für weitere Anpumpungen. Aber erst mal stand ich da!

Wie heißt das : Eine Chaiselongue ohne Kopfteil und Federn, der auch der Bezugstoff fehlt? Die Lehrermutter verkaufte mirs, und ein paar Bretter, die ich barsch zurecht schnitt und auf den (ganz soliden, nebenbei) Holzrahmen nagelte. Blieb sogar noch was übrig; wenn ich mein Koppel zerschneide, kann ich n Paar Holzlatschen draus machen; brillianter Einfall. Große Bauern im Dorf, Einer soll 28 Rinder haben : Apel heißt er (wir wollen ihn den großen Kuhfürsten nennen). Natürlich lag jetzt alles voll Sägespäne und altem Dreck; Wände hübsch weiß gekalkt; Steinfußboden. Zuschließen ließ sichs auch nicht; nur ein eiserner Riegel mit Krampe : das setzte ein Vorhängeschloß voraus : dann eben nicht. Außerdem schienen »die Mädels« immer die Vordertür geschlossen zu halten, stets steckte der Schlüssel innen. Außen ein kleines handgeschriebenes Schild, allerdings unter vornehmem Cellophan (oder Transparit; damit Wolff & Co. nicht beleidigt ist); gelobt sei Mil Gov : man weiß immer gleich, wer da wohnt. Keine Frau kann mehr ihr Alter verschleiern (wie diese Albertine Tode : das ist ein ganz dolles Ding, denn Fouqué selbst hats nicht gewußt, wie alt seine Frau war. Äußerst merkwürdig.). »Lore Peters, 32 Jahre, Sekretärin«. »Grete Meyer, 32, Arbeiterin« : Dann hieß die mit dem großen Mund unweigerlich Peters (oder gerade nicht : Arbeiterinnen sind auch saftig frech und weltgewandt wie Fernfahrer; war jetzt nicht rauszukriegen). Ich nahm den Bleistiftrest aus der Tasche (das war im Lager ein Kleinod gewesen; vor allem auch Papier; ich hatte auf das seltene Klopapier gekritzelt und sigma und tau berechnet) und schriebs dazu : Name. Auch 32. Klein dahinter wegenm Platz : Schriftsteller : war so gut wie ne Vorstellung; denn ich wurde schon durch die koketten Scheibchengardinen (Fenster mit Tändelschürzchen) diskret beobachtet. Dann ging ich nach einem Handfeger übern Kirchplatz.

Ein runder Teich lebte seit 300 Jahren in der Sandgrube. Auch Frau Schrader schmiß mich mißtrauisch raus : liebe Deinen Nächsten wie Dich selbst : quod erat demonstrandum. Zu Frau Bauer (mein Gott : der Lehrerin!) ging ich nicht : ich hatte schon einen Ruf zu verlieren. Das Klo stand adrett, dreisitzig, allein draußen; hübsches Steinhäuschen, reinliche Kabinen; wohl für die Schulkinder erbaut; das Wasser lief; superb.

»Soll ich wegen einem Handfeger bis ins Dorf rennen?!« (und da krieg ich erst recht keinen!) So stand ich wieder auf der Landstraße, frierend und tückisch.

Rrumms stand der LKW; ein Tommy sprang ab, approchierte, und fragte kurz : »Dis way to Uelzen?!« Ich tat fremd in der Sprache (Dym Sassenach) – wußte auch wirklich nicht, ob er rechts oder links fahren müsse –; sann obediently und produzierte gefällig meinen Personalausweis, blau, AP Nr. 498109. Er faltete ergeben amüsiert den Mund und nickte : laß gut sein; noch einmal hob er die Finger : »Jül–zenn!« sagte er eindringlich : Nichts. Gar nichts. Schwang sich wieder hoch : wunderbare Schuhe, US-made mit dicken Gummisohlen : hat unser Barras nie mitgekonnt : by by. Wenn ich n Handfeger gehabt hätte, hätte ich wahrscheinlich etwas gedahlt, aber so nicht; schon überschlug ich im Gehen, was ich so Alles gesagt hätte, verscheuchte die müßigen Gedanken : komisch ist der Mensch, inclusive Schmidt .... Auch die Mädel würden jetzt oben vor der Tür stehen, d.h. eine davon Schmiere; die Andere, die Peters, sicher schon im Tadsch Mahal; würde die Grete reinrufen, sich übers Mobiliar, Pritschehockerkiste, mokieren : Mitleid, Scham, bessere Vorsätze : exzellent.

Stück Pappe : geht als Kehrblech, und n Zweig eventuell. Rutenbesen. Ich war wieder an der Schonung von vorhin : der Alte hatte auch solches Schanzzeug gehabt, als er die Waldwege abstaubte. Ich rief nochmal hallo; aber es war Niemand mehr zu sehen; er würde ja wahrscheinlich auch nicht seinen Lebensabend auf derselben Stelle verbringen. Ich ging unschlüssig ein Stück in die Schneise hinein : so Ästchen und Gesträuch abschneiden kann ich immer schlecht (bin Anti-Vegetarier in der Hinsicht); rausreißen schon gar nicht, und n Messer hatte ich nicht; so ein Mist. Schön hier. Nieseln tats auch; Brot mußt ich auch noch kaufen; in einer Stunde wars finster : das war das Wort : finster! In solcher Stimmung drehte ich wieder um : da stand der Bube unten am Eingang!

Ich sagte, atemlos : »Entschuldigen Sie, daß ich so gebrüllt habe. Ich wollte Sie nur mal fragen, ob Sie mir nicht für – – 40 Minuten – Ihr Gerät borgen können. Ich brings sofort wieder.« Und erzählte ganz kurz what's what. »Mm – Sie sind bes-timmt nich hier außer Gegend« lachte er befriedigt (das hatte er eigentlich vorhin schon gewußt; was sollte die Anmerkung : denn sie bloß so als Causeur zu machen, sah er viel zu schlau aus. Er mußte irgend was meinen. – Quien sabe; ich nicht). »Na ja«, sagte er mild; hob lauernd den Kopf : »Was wollten Sie denn da drinn?« Ich verschwiegs ihm nicht; aber ich wäre halt ein Pflanzenfreund, Wälderfreund, und siehe da : es wäre ja auch gut gewesen! Er nickte, zuerst gerunzelt, dann einverstanden : »Brave Gesinnung!« brummte er gönnerhaft : »– sehr brav. – Also 40 Minuten sagten Sie. – –« Er kratzte sich die breiten gesunden Ohren : »Nachher stellen Sie die Sachen man – an den kleinen Wacholder da hin, nich?!« Ich merkte mir das Büschel : »Ja aber,« sagte ich zögernd : »Wenn Sie nun nicht da sind; – und es sieht Jemand die Sachen von der Straße : kommt rein und –«. Er schüttelte, völlig sicher, den Kopf : »Hier kommt Keiner rein«, wußte er ganz entschieden; und : »Ich bin auch immer in der Nähe ....«. Er reichte mir den Besen, und ich dankte herzlich : prima!

Rechts trug ich die Sachen : langsam und ausdrücklich an den Fenstern der Hartherzigen vorüber : »Lore & Grete« : oh, ihr Brüder! (Eigentlich Schwestern; ich weiß).

Am Holderstrauch : das Lied meint zwar Holunder, aber ist egal. Jetzt kratzte *ich* mich hinter den Löffeln; es war mir doch nicht recht, das Zeug so einfach in die freie Wildbahn zu stellen; vielleicht kam er gleich (aber unterdessen machen sie die Läden im Dorfe zu, großer Fuchs!). Ich stand wie ein gemalter Wüterich, parteilos und so weiter. Regenwind bog sich um die Ecke und zischelte mir feucht ins Ohr : kanns nicht verstehen; ich zog ein braunes Blättchen, four by six, aus der Tasche, strich auf der Rückseite zwei müßige Formeln (Konfirmation = Christenkörung; und »Gebet und Notdurft verrichtet man ...« : warum sind Sie neugierig?); malte in Blockbuchstaben darauf »RECHT SCHÖNEN DANK« und knautschte es um den Schaufelgriff; döste weltblind : nein, es hatte keinen Zweck. Ich ging, langsam, mit queren Querulantenaugen : war das peinlich! Sah wieder zurück : klein lehnte es am zufriedenen Busch. Auf der Straße. Schon war Licht in einem Haus drüben. Wieder den Kopf rum : – weg war es! Da kann man fertig sein. –

So ein Wildwestkaufhaus : wo es einfach alles gibt, ein Konsumverein. Ich wartete geduldig im gelben stickigen Lampenlicht; Schilder, Reklamen, Knorrs Suppenwürfel; Margarine wog man aufs halbe Gramm in Achtelpfunden. »Ein Brot« sagte ich (hart wie Deutschlands Jugend; na : da reichts länger); »Fett« : sie schnitt, klipp, Kreuzworträtselmuster in die Marken; »Hab ich Fleisch dran?«. Sie schätzte flüchtig übers grün getönte Holzpapier : »Normalverbraucher gibts den Monat keins«, kurz und hastig, sah mich an : »Käse ist noch da« sagte sie geschäftsmäßig : das machte 2 Harzer im Monat. »Haben Sie etwa Messer und Gabel zu kaufen?« fiel mir ein; die im weißen Kittel griente mir rund ins Gesicht : »Nee! Dat gifft dat noch nich wedder!« und hinter mir lachte dumpf der Hausfrauenchor. Scham überfiel mich ob meiner Weltfremdheit, zahlte 1,92 und wandelte »heim«. (Auch Papier zum Einpacken müsse man immer bringen, hatte sie mir noch eingeschärft : die Lumpen warten Alle auf eine Währungsreform!). Beim Superintendenten stand ein Riesenscheiterhaufen am Zaun; ich wollte erst nicht, aber dann steckte ich doch 2 Stückchen ein : »Laß uns, die wir Ritter der Nacht sind ...«

»Ob ich rüber gehe, nach einem Messer fragen?« Ich wußtes nicht. Ich räumte meine Kiste aus : 3 Zeltbahnen (aus Luthe; würde

sich apart auf den Knöpfen schlafen, Prinzessin auf der Erbse, morgen trenn ich sie ab), eine ganze Decke, ein winkliger rötlicher Rest. Dann richtete ich sie als Speisekammer ein : in eine Ecke das Brot; pedantisch daneben die Käse, die Margarine; auf die andere Seite der Brotbeutel am Strick, den Aluminiumlöffel darauf : fermez la porte; wenn ich auf dem »Bett« saß, war sie, auf den Schemel gestellt, ein Tisch. Handtuch hatte ich noch, ein Stück Seife (Lux : in der Hinsicht waren die Engländer ganz groß zu uns gewesen; auch wunderbare kanadische Zahnpaste und Rasierseife in Tuben), Zahnbürste, Rasierapparat (mit 1 Klinge : das war auch noch so ein Ding!). Morgen mußte ich irgendwie ein Wandbrettchen machen. Und kalt wars in dem Stall; aber an einen Ofen war gar nicht zu denken; ich holte die 2 Stücke Holz aus der Tasche, legte sie in die Stubenecke, und projizierte mir wehmütig den dazugehörigen Ofen herum, mit glimmendem Feuermäulchen. O mei.

Fast dunkel : Noch mal draußen rumgetrieben; die Kleine kam vorbei und wollte eine Blechbüchse in die Aschengrube werfen. Ich überwand einen Anstandsrest (ach, es ist grausam!), holte sie ein und bat : »Verzeihung – wollen Sie die tin etwa wegwerfen – – ?« Sie blieb ganz still; dann fragte sie : »– Ja, wollen Sie denn –.« »Nicht den Inhalt«, sagte ich gutmütig, »ich brauch nur was zum Trinken und so.« (»Und so« war gut! Aber warum soll gerade ich immer Bedeutendes äußern?). »O Gott«, sagte sie; aber ich ließ ihr keine Zeit : »darf ich – !« fragte ich nochmals (und ballte schon die Hand in der Tasche : hätt ich doch bloß nichts gesagt!), und da hielt sie mir endlich das Ding hin : »Es sind Fischgräten drin«, erklärte sie schüchtern : »es hat Zuteilung gegeben.«; »Danke schön!« und weg war ich. (Mitsamt den Fischgräten; bin dann nochmal rausgegangen und hab die weggeschüttet. – Ist so ne kleine 8 ozs can, hoch und schmal, die Aufschrift konnte ich nicht mehr lesen, weils dunkel war. N bissel auswässern, wirds ohne weiteres ne Tasse!)

Licht von drüben : schön hell, wohl ne Hunderter (später erfuhr ich, daß Alle hier oben auf der Warft, einschließlich der Kirche, nur einen Zähler haben; da wird gebrannt, was bloß geht). Radio sang; ein feines hohes Pfeifen dazwischen, wie aus kühlen traurigen Weltraumtiefen; sie waren geschäftig dort oben in den Gestirnen; Zauberei. Ich widerstand der Versuchung reinzukucken (sie verdunkelten auch gleich); zog die Knobelbecher aus und legte mich hin : in Mantel und Mütze, ohne Reue; ich war nicht schuld dran; so ward aus Morgen und Abend der erste Tag. (Aber die Knöpfe müssen unbedingt runter!)

Öreland : dies hab ich am 22.3. gegen Morgen get- (bäh! wird grade getrennt!) räumt; kein Wort verstellt! (Wie auch die andern Träume im Leviathan! Bin ein Bardur in der Hinsicht.) Also :

Öreland : Es war einmal eine große Stadt; die war auf Pfählen, schweren Pfählen, mitten in der rauhen See erbaut, es war weit im Nordmeer. Aber die Leute wurden wild und böse, obwohl täglich vom Sturm Seerauch durch die Gassen schwebte; sie soffen und prahlten, fast Alle; und unten knurrte das graue Gewell. Der Meergeist Öreland, düster und kalt, bekam den Auftrag, die Stadt zu vernichten; er legte sich um sie als brauner und trüber Nebelwulst, dicht überm Wasser. Aber als er schon mit schwerer Zunge an den ersten Bollwerken leckte, saß da ein Kaninchen – wie das dort hinkam?! – Da entschied Öreland, daß von Denen wohl Einige unschuldig sein mochten, und vielleicht auch von den Menschen; er hüllte Alles in kreisendes, in greisendes Gewölk; man hat von so einem Sturm nicht mehr erhört.

Als nun die Sicht wieder klarer wurde, war die schlimme Stadt verschwunden; nur scholliges Eis und etwa ein paar Bohlen trieben überhin. Und von den Planken aufs Eis, oder zurück, wies eben trug, sprangen zweifelhaft ein paar Menschen, Bauern in grober Tracht; natürlich saßen auch die Kaninchen da und froren.

Es war aber eine Strömung aufgekommen, die führte dies reißend mit sich fort, in den heulenden Abend und die lange Nacht.

Als der Morgen anbrach, wolkig und wintergrau, sahen sie, schon ganz nahe, ein wildes Land in schwerem Schnee : da hinein schwemmte sie der Flutstrom, in eine lange und tiefe Bucht. Über die schwankenden Trümmer klommen sie zum Strand, und die Kaninchen fuhren sogleich unter die nächsten Kiefernwurzeln. Auch die Steilwände, welche den Fjord säumten, waren schneeweiß und voll Ödwald, nach hinten stieg und stieg es unabsehbar.

Als sie sich noch umsahen, trat drüben zwischen Baum und Fels ein riesiger Kerl heraus, der Wind schlug ihm im Schulterumhang; er war wohl zweimal so groß wie ein Mensch. Er schrie ihnen zu, daß Bergwand und See und Wildwuchs zitterte : »Öreland!«, wandte sich kurz und schritt weit landeinwärts, war auch schon im Hochwald verschwunden.

Da war unter den Geretteten ein junger derber Knecht, der sagte zögernd zu den Anderen : »Ja nun – man müßte doch eigentlich – – fragen, wie?!«, und da trugen ihn auch schon seine Füße den Steinstrand hinauf, dann an den Büschen vorbei, schon waren da die ersten Bäume, und immer der großen Spur nach; das waren Schritte, da konnte er zweimal springen.

Es ging stets hart bergan, weglos zwischen den Stämmen fort, stundenlang. Endlich blieb er stehen und sah sich um; war tiefer Schnee und Wildnis, und steile Berghäupter sahen von überall herein. Da schrie er einmal mit aller Macht, was ihm entgegengerufen war : »Öreland!«; aber von den Felsen und aus dem Holz fuhr ihm nur sogleich verworrener Widerhall entgegen, so daß er den Kopf schüttelte, und rüstig rascher weiterlief.

Der Schnee wurde immer tiefer, und lautlos stapfte er unter den schwer belegten Ästen; immer höher kam er, und wenn er es recht bedachte, hatte auch die Spur längst aufgehört. Die Stille, die Stille. Er reckte sich im niedrigen Tannendickicht und schrie wieder, lauter als zuvor : »Öreland!«. Wartete. Lange.

Nach Stunden federte ein Zweig; aus nadelgrünem Eismund seufzte es zurück : »Öreland«. Weither kam das Echo. Er wandte sich unwillig und stieg weiter die kahler werdenden Hänge hinauf. Weißlich war der Himmel und so flach gewölbt, daß er manchmal daran zweifelte, zwischen ihm und den Bergkuppen hindurchzukommen.

Aber einmal begann das Bergland sich wieder zu senken; wieder kamen Wald und Täler, und als er um einen Felsen bog, sah er ganz dicht unter sich, in einem kleinen Grunde, ein Blockhaus aus dunklen Stämmen gefügt. Ein Kind lief gerade über den Hof, und er rief ihm eilig zu : »Wie heißt es hier?«. Die Kleine wartete verdutzt ein wenig, rief dann verwundert : »Öreland!« und verschwand im Schuppen.

Er lief weiter, immer dem nach, was ihm ein Weg däuchte, und kam nach langer Zeit an ein anderes Tal : ho, das war ja schon fast ein Dorf! Drei, vier Gehöfte standen da, und aus dem ersten trat just ein Knecht mit rotem gesundem Gesicht und einer Axt in der Hand. Der ging zu einem verschneiten Klotz, strich das dicke Schneekissen herunter, rollte Blöcke heran, und begann lustig zu hacken, daß die Späne flogen.

Vom Weg rief unser Wanderer herab : »Wie heißt das Dorf?!« Der Andere blickte zuerst überrascht auf; aber der Frager war auch nicht größer, und die Axt hatte er. So lachte er, und sagte laut in seinem Dialekt : »Öreland«. So so. Und weiter gings.

Der Wald wurde lichter, das Land freier, und ehe er sichs versah, stand er vor den ersten Häusern einer großen Stadt. Blanke Läden; zuweilen rollte ein Wagen vorbei. Über den Platz kam flink ein junges Mädchen mit glatter Pelzmütze; er ging gleich auf sie zu und nahm die seine ab : »Öreland?« fragte er und wies ringsum. Sie sah den großen Burschen spöttisch und interessiert an : »Hm –« nickte sie und ging langsam vorüber; nach ein paar Schritten sah sie noch einmal lockend über die behende schmale Schulter. Er fühlte den kunstvollen winzigen Stich im Herzen, und lachte polternd : nein, dazu war jetzt keine Zeit!

Er sprang in seinen Klobenschuhen rüstig an der Stadt entlang und vorbei; die Felsen begannen sogleich, wurden rasch höher, und bald ging er in einer tiefen Schlucht, deren Boden leicht anstieg : die Wände wurden immer düsterer und steiler, bis sie endlich in unabsehbare Höhe aufragten und der Weg so schmal wie eine Gasse wurde. »Det er alt så mörke her«, sagte er verdrießlich zu einer ihm begegnenden Frau : »was ist das nun schon wieder – ?« (im blauen Kopftuch). »Das ist die Schlucht des Berges Glimma«, antwortete sie bereitwillig und sah ihn im Weitergehen aufmerksam an. Zur Linken waren manchmal Häuser in die Felswand halb hineingebaut, vor denen auch Kinder spielten.

Nach einiger Zeit öffnete sich die Schlucht wieder auf ein wüstes Hochland; schwarze glatte Klippen standen da, als könnten sie heidnisch strenge Gesichter zeigen. Sie wurden immer größer, und zwischen ihnen, von weither, vernahm er ein allmählich lauter werdendes Dröhnen, und Donner wie von einem nahen Meer. Und da lag es auch schon vor ihm; eisenfarben und schwer bewegt. Er klomm zum Strand hinab, setzte sich ins Gestein, und besah das Wasser. Es dröhnte an den Granit; wälzte Hügel heran und zerschlug sie an den Blöcken. Er saß und horchte : es zitterte nicht, das Ufer. Das war ein gutes und festes Ding, dieses Öreland.

Dann stand er auf; da wollte er nur gleich wieder zurück zu seinen Leuten und ihnen das Alles sagen. Ein paar Äxte hatten sie ja noch; da könnte man sogleich ein Haus zimmern. Eine Säge würde er sich in dem ersten Ödhof borgen. Fische standen genug im Fjord, und sicher kam auch einmal ein Bär. Vielleicht würden sie ihm gar ein paar Nägel schenken. Er sah sich schon mit dem Papp-Paket durch die Wälder springen – – (Nochmals : ist ein wörtlicher Traumbericht!)

Angebissen hab ich das Brot einfach; Wasser aus der Büchse (hatte heißes bei Madame Bauer geholt : zum Rasieren angeblich). Sobald das Metall warm wurde, kam der Heringsgeschmack wieder durch (nachher aber wirklich rasieren!). Käse war eingewickelt in »Befreite Kunst«, Ausstellung in Celle. Auf dem Titel eine Abbildung : Barlach : »Der Geistkämpfer« : also so ein Krampf! (Gekrille). Da lob ich mir Rodins Denker! (Obwohl da auch was nicht stimmt : selbst unbekleidet macht es Mühe, den rechten Ellenbogen so auf den linken Oberschenkel zu setzen, *und* noch dabei zu denken!). Dabei hatte Barlach oft was gekonnt! Aber das hier war blöd. War bei uns Allen wohl so. – Wenn man bloß das verdammte Kritisieren lassen könnte! – So war mir heute Nacht, als die Fenstertafeln gelbgrau schimmerten, stundenlang, Licht schlich wohl oben, eingefallen, einen literarischen Essay zu schreiben : »Die erste Seite«; wie sies angefangen haben, die Leser zu »ergreifen« : gibts so was eigentlich schon?

Kvinnen i mine drömmer : Drüben forderte es heraus : »In der Nacht ist der Mensch nicht gern allei–né!« (direkt tiefsinnig, nicht?!), und ich nickte trübe, dachte an das alte verbaute Schloß Akershus im Mondschein (ich als Unteroffizier Anführer der lautlosen Scharwache, spitzwegmäßig); Herrn Ludwig Holberg, bronzen vorm Theater : Du Blitzkerl, und der Nils Klim; längs die Karl Johans Gate, mischten sich Överaas, Romsdal, Framhus; ich werd lieber ein Schneidebrettel machen.

Dies getan (there is much gold – as I am told – on the banks of Sacramento; irgend was muß man ja dudeln. – Ein Schulknabe stürzte vorbei, die Hand am Gürtel : nach seinem Bilde schuf er ihn!) Aß flink und häßlich noch ein Stück Brot : hol der Teufel die Heringe! (Und den Käse.) Wie Junker Toby. Gab noch eins zu : »Hört die Musik / singét mit uns im Chore …« (ein Kanon, mit dem uns das Nachbarzelt im Camp A schier wahnsinnig machte, bis wir Deputationen aussandten. Es gibt ja auch Leute, die Treitschke für einen Historiker halten).

Drei Buchruinen holte ich aus dem Mantel : Stettinius, Lend-lease; Smith : Topper und den armen Spielmann (der hatte in Luthe in einem Zelt gelegen, Morgensonne drum herum, ich stak im

Uniformfutteral und bläkte die Augen : eingesteckt hab ichs. Und würds sofort nochmal tun; da sieht man, was Grillparzer konnte, dämonisch! Jedenfalls mehr als ich; est cui per mediam nolis occurrere noctem. Dostojewskis »Idiot« ist eigentlich dasselbe Thema, wie?)

»Wokeen heddidadd geem?« fragte er barsch. (Schorsch : heddidadd!), na dann. »Tjä : nu issadd twei«, erwiderte der Kleine nörgelig und hielt ihm das zerbrochene Gerät hin. – Wie die in »Lend-lease« die Russen verhimmeln : in zwei Jahren werden sie anders reden! (Aber wir sind politisch unreif, gelt?! – Amerikaner wissen nichts!)

Lore, Lorelorelore (bin drüben gewesen : also stimmts doch : sie heißt Lore!! –). Ganz sachlich : habe erklärt, daß sie, wenn sie die Tür immer abschließen : – ob ich am Fenster klopfen dürfte? Sie hatten noch Licht, und man sah Alles : Ich, lang, schwarz und wetterwendisch; die Grete von gestern Abend klein und ruhig (wollte gleich auf Halbtagsarbeit fahren, in die Fabrik nach Krumau). Lore größer, schulterbreit und geschmeidig; sie hätte gar nicht das Sportabzeichen an der Jacke gebraucht; blasser klarer Mund, spöttische kalte Augen : Lore expects every man to do his duty; ich sah sie an und funkelte, daß wir Beide die Brauen hoben. Grete schaltete das Licht aus, und im Morgendüstern sprachen wir kluge und dumme Sachen. (Bin neugierig, ob die Postkarten alle angekommen sind – müßten eigentlich –, daß ich sie mit Arbeit und Urkunden beeindrucken kann); Beide habens Abitur gemacht, in Görlitz. Kenn ich auch; und wir aßen ein Eis am Blockhaus (wo man bis zur Schneekoppe sehen kann), gingen durch den Jakobstunnel und standen in der Bahnhofshalle. Ein Messer und eine Tasse haben sie mir geborgt; Gretel ist gut : sie will mir einen Tisch von der Firma besorgen. Wir kennen also unsere Biogramme. Haben mich mütterlich gebieterisch eingeladen, abends rüberzukommen (weil ich doch kein Licht hab!); Kaffee gibts auf die Marken noch, Seife und etwas Zucker; Lore wolltes nachher mitbringen. Und Grete 100 Mark vom Krumauer Postamt (denn ich habe 1100 Mark auf dem Postsparbuch).

Holzschuppen : sie zeigten ihn mir : ums Haus; ein Raum, größer als meine Stube : eine Ecke bekam ich. Ich griff in die Manteltasche, zog die zwei Kirchenscheite heraus und dekorierte sie hinein, symbolisch. Lore sah mich von der Seite an, hob eins auf und prüfte die rötliche Faser : »Das ist doch ...«, meinte sie mißtrauisch; zögerte, lachte, flammte stolz auf, und zeigte eine Schicht in ihrer Ecke : »Ich nehm auch meist ein paar mit«, sagte sie stählern : oh, wir Schoßkinder Lunae unter den Horden des Tages! – Ich hätte sie anbeten mögen : ich bin dîn ... (aber ob du mîn bist ... which I am doubtful of!). Sägen und hacken darf ich bei Gelegenheit; ein ganzer Haufen Rundholz ist zu zerlegen : kann ich machen : dafür sitz ich ja abends drin!

Tieck möchte ich lesen : Vogelscheuche, Zerbino, Kater, Eckbert, Runenberg. – Oh : Das alte Buch oder die Reise ins Blaue hinein!! (Wenn ich an meine verlorenen Bücher denke, möchte ich am Handgriff ziehen : siehe »Alexander« : der Weltvernichtungsapparat!). – Die Misere verlesen.

Abends : Grete hat weiß Gott einen Tisch besorgt, für 60 Mark; morgen bringen sie ihn von K. in dem LKW mit, der täglich die Arbeiterinnen herumomnibusiert (Omnibus, omnibi, omnibo, omnibum etc.). Ich hatte neue Holzbrettchen an den Füßen und saß behaglich im warmen Zimmer (wenn man die Augen hätte schließen und schlafen können, wärs Frieden). Grete stopfte Wollenzeug; und wir erzählten von allem Möglichen, Gott und der Welt, besonders der letzteren. (Wenn ich tot bin, mir soll mal Einer mit Auferstehung oder so kommen : ich hau ihm Eine rein!)

Sie setzten mir hart zu : Vor allem Grete hatte die kleine Gelehrsamkeit rührend beisammen, und ich machte den tiefsten Eindruck (»Intellektueller« betrachte ich als Ehrentitel : es ist nun mal das Auszeichnende am Menschen! Wenns Alle wären, würden die Schlägereien wenigstens nur mit der Feder ausgetragen, oder mitm Mund. Wär wesentlich besser!). Aus dem Radio sang auch Rehkämpfer, mozartisch und unter Glöckchengeplapper (Hol der Teufel den Käse!). Dann : »Blende ihn mit Deinem Schein ...!« (Ist schon passiert!)

Wilhelm Elfers : ich erzählte von Wilhelm Elfers und dem Radio : hoho, es war 1924. Von der Volksschule Hammerweg aus gingen wir zu ihm, fröhlich, die Daumen in den Schultornistern, aus Vorstadt in noch mehr Gärtlichkeit : Gottseidank war die Mutter nicht da (Marie hieß sie; Schullehrerswitwe, abends Konzerte mit Kollegen ihres verstorbenen Mannes – oh, wo seid ihr Alle : Kurt Lindenberg, Albert Lodz, Lehrer Tonn; ich werde ihnen einmal das alte Bild zeigen, wo ich auf den Stufen stehe, weinrot und grau die Strickjacke). Nun, und da hatte er auf dem Tisch ein kleines technisches Gewirre : drahtumwickelte Spule, Detektor, ein Kupferdraht hing zur Antenne, Kopfhörer, mein Herz rannte, heut sitz ich hier in Blakenhof : ich nahm die Hörer unbeholfen um die Kleinohren – da sang eine grillenfeine Geige : heute noch seh ich den Tisch und die blöde Decke darauf. Ganz leise zisterte die Musik aus der Norag (Wilhelm ging zum Klavier, konnte das Stück, wirbelte illustrierend laut in die Tasten : ich verachtete ihn unwillig, hörte nur, eine Stimme sprach Unverständliches; Musik zog fern – –). Ich nahm dann die Hörer ab; für 5 Mark 40 kauften Wirzuhause ein handgroßes braunes Kästchen, zogen Drähte, lauschten im Blaupunkt : wo ist die Zeit hin; Fluch der Vergänglichkeit! (Noch heute hab ich das Kästel, als Piggybank, 20 Mark sind drin.)

Warum kann man andere Menschen nicht an sein Gehirn anschließen, daß sie dieselben Bilder, Erinnerungsbilder, sehen, wie man selbst? (Es gibt aber auch Lumpen, die dann)

Kaffee : Ich wirbelte mit dem Löffel den saftigen Sud, Odhins Trost. Schaum lag netzig darauf, verdichtete sich beim Rühren, ich gab hohe Drehzahl, zog den Löffel durch die Trichtermitte heraus : zuerst rotierte da eine winzige Schaumscheibe, weißbraun und noch sinnlos; dann griff der Sog die fernen Teilchen :

in Spiralform ordneten sie sich an, standen einen Augenblick lang still, wurden von der immerwachsenden Scheibe eingeschluckt : eine Spiralnebelform! Also rotieren die Spiralnebel : bloß ihrer Form halber! – Ich zeigte das Beispiel; erläuterte es am Weltall; bewies am Analogon Rotation und Kontraktion : soff kalt das Ganze : »Kennen Sie James Fenimore Cooper?« Niemand kannte den großen Mann; also ging ich zu Bett; 22 Uhr 17 zeigte der Wecker : *meine* Uhr haben die Tommys mir Gefangenem weggenommen, daß ich des Kompasses ermangeln möge (und die Zeit kann man außerdem noch dran ablesen; Einer hatte etwa 200 solcher Kompasse; war 16. 4. 45 bei Vechta.)

Schlaf : mit Lore in Großstadtstraßen; wir gingen, zwängten uns durch verwickelte Kaufhäuser, Hand in Hand, Licht glitzerte in unendlichen Auslagen; Gesichter wirrten sich; ich ließ die Hand nicht los.

Kurz draußen : in der fleckigen Nacht war alles geschäftig, busy motion, unruhiges Gebäum, Wind in Wolken : Wind, kalt, hier unten.

Schorsch (ich saß vor der Tür auf dem Hocker im Sonnenschein). Las eben angekommene Fouquémanuskripte (arbeitete also), und er spann; so billiges Gerede, wie 222, rote Liste; tönernes Geschöpf : sagte »Gachten« für seine paar Hauspflanzen. Und die Zeit war wie angestemmt; wir dauerten zähe aus, eiris sazun idisi, wie ein Gemeinderat. Ein Bauer zog zum Superintendenten rein, mit tunkendem Gang, als schöbe er eine unsichtbare Mistkarre vor sich her : er wolle ein Kind anmelden, wußte Schorsch (also wie die Kaninchen!).

»Tag, Lore!« sagte das Schwein! Ich hätte ihm alles Mögliche rausreißen können; hielt mich am Bleistiftstumpen fest : der verfluchte Hund; wurde ganz kalt, dachte an die verwickeltsten Preuves de noblesse : es half Alles nichts.

Als Köder : ich drehte das Blatt, den Brief König Friedrich Wilhelms IV. (1837 allerdings noch Kronprinz), so daß das Mordssiegel sichtbar wurde, zog eine zerkratzte Linse aus der Brusttasche und betrachtete es – (: also wenn Das nicht wirkt! Heute war das Paket vom Baron Fouqué gekommen, mit 10 000 Mark versichert : der Briefträger hatte sowas noch nicht gehabt, sagte er. You can't have driven very far. Wenn ich bloß mal n Schnaps hätte; Apel soll welchen brauen. Apel : der große Kuhfürst).

Resolut holte sie sich einen Stuhl in das blitzende Licht. Setzte sich : neben mich! »Hier will ich arbeiten!« sagte sie (wie Undine : neben mich!!)

Ich zitierte : »Leben ist ein Hauch nur ...« »Was ist Das?« fragte Schorsch nach einer Weile träumerisch bestürzt. Ich feixte nachlässig und schüttelte : »Nichts für Sie; oder einen Schlagerrefrain : ist bereits anderweitiges geistiges Eigentum.« Aber er sah mich starr an, und flüsterte dabei schon abwesend : probierend. (Später hörte ich ihn elastisch im Flur gehen – Vorbereitung zum Dorfbummel – und trällern : »Leben ist ein Hauch nur – da da da dada. Sum sum sum – sumsumsum –«, er kauerte vorm Schrank, wühlte nach Schuhwerk, tauchte wieder auf : »Ja, und es währt nicht –«. »Ja und es währt nicht – – !« – : »Ja und es währt nicht : la-a-ang!« – Und ich nickte registrierend : Tja, c'est ça. Und armer Fouqué; ach, weg mit dem Affen. Schorsch ist natürlich gemeint. N Fußball-fan ist er auch noch!)

Ich sah hoch : flammte meine Augen in ihr Gesicht : »Uralter französischer Boden« erwiderte ich, und bewies ihr, daß 1810–13 das französische Kaiserreich hier gewesen wäre; die Böhme war die Grenze : vive l'empereur! (Was hätte jetzt Alles geschehen müssen; ich kann doch mit einer Garnitur Wäsche nicht sagen : ich liebe Dich!). »Sobald mein Buch erscheint, werden Sies sehen«; ich zeigte ihr vorsichtshalber den Vertrag; sie las aufmerksam : gelt, ich war keine Mesalliance?!

Eine geschiedene Frau! Ich war fertig; ich schluckte; ich bat verstört : »Darf ich aber *Fräulein* Peters sagen?« Sie erlaubte es mir nach erstauntem Zögern; auch der Tisch kam, gottlob; man hörte das Auto auf der Chaussee schurren und puten (Holzgaswagen : damit haben wir den Krieg gewinnen wollen!), und ich ging hinunter : warum hab ich sie nicht früher kennen gelernt!! (Und n Schubfach hatte er auch nicht; aber sonst stabil.)

Ich kam von hinten : da hörte ich sie sprechen : »Warum will er wohl durchaus *Fräulein* sagen?«, fragte sie listig (dabei wußte sies ganz genau!). Grete erklärte trübe : »Er ist halt ein Dichter, und wird die Einbildung brauchen, daß er noch der Erste bei Dir sein könnte. – Du hast immer Glück.«; sie seufzte resigniert (neidisch). Stille. Ich ging durch die Stille vorbei.

Auf Abschnitt L solltes 100 Gramm Backpflaumen pro Kopf geben; Grete wurde ganz aufgeregt und entwarf, und selbst Lore zeigte lüsternes Interesse. »Geben Sie Ihre Karte!«; ich gab den krausen Rest; sie suchte : gut! Wir hatten aber Mühe, Grete von einer verzweifelten Radfahrt zurückzuhalten : sie wüßte in Westensen einen Laden ...

Wieder vor der Tür, lustig alle Drei : das Wetter war aber auch zu verlockend. Von drüben kam Schrader, würdig erregt : setzte sich : der Ölberg war das erste Mal in der Geschichte des neuen Bundes als Skigelände benutzt worden! Erst dann machte er meine Bekanntschaft; wartete auf unsere Mißbilligung, die ihm aber nur Grete aufrichtig bekümmert spendete. Lore war mehr neugierig, was ich sagen würde : das merkte ich wohl, kopierte aber schweigend den alten Text (: eine Handschrift hat die Marianne von Hessen-Homburg gehabt : das war der Gipfel der Unleserlichkeit; bloß Wellenlinien und weite Schwünge); was geht mich Schrader an : de tribus impostoribus; einzig Gautama war von Denen ein großer Mann, gebildet. Nun, allmählich entrunzelte sich auch die Seele von Hochmerkwürden; ja : ein schöner Tag; hm (so wahr ich Leben atme : und zu was Besserem gemacht, als sich zu ennuyieren, mon vieux! Wann wird er mich wohl entern?). Er verbindlichte sein Gesicht; fragte mit der Sicherheit des zu Allem Berechtigten : »Oh? : Alte Autographen!«. Ich nickte mechanisch und stumm; sah ihn unwillkürlich im Geist mit drallen Beffchen und sonnigem Talar auf Bretteln am Ölberg lang machen : dolle Welt (Un Holland gifft dat ook noch!); »Fouqué«, sagte ich kurz um des lieben Friedens willen (obwohls ihn nischt anging!). »Ah!« leuchtete er gönnerhaft auf : »Undine : Ozean, Du Ungeheuer ...« und nickte beruhigt; ich sah ihn von der Seite an, sagte aber höflich : »Lortzings Text und Musik hat mit Fouqué persönlich allerdings nichts mehr zu tun.« »Ist es denn öfter komponiert worden?!« wunderte er sich majestätisch : »davon weiß ich ja gar nichts ...!« Nun langte es mir; er schien sich für allwissend nicht nur gehalten zu haben : nein : zu halten! »Doch!« erwiderte ich sparsam und arbeitete weiter, und schon kam mir Lores Rock beifällig ein Stück näher, zitternd (Diesem Lehrerjungen könnt ich Eine knallen!)

»Große wissenschaftliche Ausgabe?« (Oh, ich weiß schon, was die Brüder so nennen : wenn sie uns zu dem Kind noch die placenta servieren! Frau Wirtin hatt auch einen Knecht). »Eruieren« und »exzerpieren« und »Palimpsest« fing er an; Grete replizierte, und so gebrauchten wir all solch erstklassige Worte, längere Zeit. (Ein Bekannter, früher, konnte »Parerga und Paralipomena« aussprechen, daß es wie die größte Sauerei klang; war nicht dumm gewesen, der Amandus!)

Ja doch! Jetzt fiel mirs ein : »Darf ich auch einmal in Ihren alten Kirchenbüchern etwas nachsehen?« bat ich höflich : »auch zu diesem Orte hatte Fouqué Beziehungen.« Alle spitzten Augen und Ohren, und ich erklärte knapp aber präzise : über Fricke, den ersten Hauslehrer (behielt aber Einiges für mich). »Ja natürlich« sagte er mit Nachdruck; aber auch : »Falls Sie Nichts der Kirche Nachteiliges daraus eruieren wollen –«. Ich mußte fast grienen (hat er mich doch schon im Verdacht?); »Nein, nein« erläuterte ich kalt : »lediglich ein paar genealogische Daten, Geburt und Grab.« »Ein ewiges Meer – !« sagte Grete andächtig auf, und auch Schradern hatte die grobe Anspielung ungemein gefallen : so gewinnt man in Tyskland die Gebildeten.

Flüchtlinge! : ich sah mich fest im Kreise um, lachte grell : »Da kann ich Ihnen ein feines Beispiel geben, Ladies and Gents« (Bauer war auch wieder noch angekrochen gekommen); ich nahm die altgelben rieselnden Blätter heraus, bellte die Stimme : »1687« sagte ich und hob wütend die Oberlippe : »Austreibung der Huguenotten –« und las :

Kurtze Nachricht von meiner Flucht aus Frankreich : um in diese fremden Länder zu kommen, meine Gewissensfreiheit zu suchen, und unsere geheyligte Religion ausüben zu können :

Es geschah zu Rochelle, der Haupt-Stadt des Landes Denis, bey der ein Meer-Hafen war, Anno 1687.

Ich war von meinen Brüdern und Schwestern die Älteste, und in Abwesenheit meiner Ältern die Erste im Hause; da noch fünf jüngere von meinen Geschwistern, wovon das älteste zehn und das kleinste nur zwey Jahr alt waren. Die Erlaubnis hatte ich von meinen lieben Eltern erhalten : keine Gelegenheit, wann sich eine ereignete, vorbey gehen zu lassen, wo nicht mit Allen, doch mit einem Theil unserer Familie aus dem Königreich zu fliehen.

Den 24. Aprill desselben Jahres 1687 kam ein guter und getreuer Freund, welcher wegen der üblen Folgen und harter Strafen, die desfalls gesetzt waren, nicht genennet zu werden verlangte, mich zu benachrichtigen, daß ein kleines Schiff oder Fahrzeug nach Engelland abgehen würde, und er, auf sein Bitten, den Captain des Schiffes bewogen hätte, vier oder fünf Persohnen mit zu nehmen; und daß in diesem Schiff nicht mehr Platz übrig sey, als vor fünf Persohnen : er müßte zu dem Ende ein Faß Wein ins Meer werfen, und uns in den Platz zwischen Saltz verstecken; denn er liefe Gefahr, wann es entdeckt würde, Alles zu verliehren, und verlangte daher zur Schadloshaltung eine große Summe Geldes. Alles dieses hinderte mein Vorhaben und unseren Accord nicht. Ich bat unseren ungenannten Freund, daß er den Schiffs-Capitain mit sich, früh morgens drey Viertel auf Vier, zu mir bringen möchte, damit niemand von unsern

Nachbahrn etwas mutmaßete, und ich mich unseres Freunds zugleich als eines Dolmetschers und Zeugen unseres Accordes bedienen wollte.
Der Accord ward gemacht; ich versprach dem Capitain vor jeden Kopf derer fünf Persohnen 200 Thaler, die er mitnehmen würde; das war also eine Summa von 1000 Thalern frantzösischen Geldes. Die Helfte sollte er, ehe wir abgingen, empfangen, und den Rest alsdann erhalten, sobald er uns in Engelland in Chichester (einer Stadt daselbst) ausgesetzt hätte, wohin er uns zu bringen versprach.
Da ich nun in Beyseyn unseres Zeugen den Accord gemacht, so nahmen wir Abrede, daß die Einschiffung den 27. Aprill, des Abends um 8 Uhr seyn sollte. – An diesem Tage zogen ich, zwey von meinen Brüdern und zwey von meinen Schwestern, uns aufs sauberste an (und was uns möglich war, mit zu nehmen; die Umstände erlaubten es nicht, uns anders zu kleiden); ich nahm die Hofmeisterin der Kinder mit, uns zu begleiten, weil diese von dem Geheimnisse wußte.
Wir stellten uns, als wenn wir uns nach dem Schloß-Platze, einem Ohrte wo täglich des Abends vornehme Leute sich einfanden, spatzieren gehen wollten. Gegen 10 Uhr, da die Gesellschaft anfing auseinander zu gehen, schlich ich mich von denen Bekannten weg; und anstatt nach Haus zu gehen, nahmen wir einen ganz anderen Weg, nehmlich nach dem Ohrte hin, den man mir angezeiget hatte, ohnweit des Teiches. Hinter demselben fanden wir eine offene Tür; wir gingen hinein; wir stiegen Treppen ohne Licht und ohne einen Laut von uns zu geben in die Höhe; wir blieben daselbst bis 1 Uhr hinter Mitternacht, da unser Freund mit dem Capitain erschien. Ich sagte zu dem Capitain, daß mich nichts mehr schmertze, als meine kleinste Schwester zurück zu lassen; sie wäre noch dazu mein Pahte; sie läge mir sehr am Herzen, ich hielte mich daher noch mehr verbunden, sie von der Abgötterey abzuziehen, als alle Anderen. Dieses konnte ich nicht ohne große Hertzens-Betrübnis

und Ströhme von Tränen vorbringen : ich versprach dem Capitain Alles was er haben wollte, und vielen Segen vom Himmel, wenn er dieses gute Werk verrichtete. Meine Rede und Thränen rührten ihn dermaßen, daß er sich anheischig machte, sie auch mitzunehmen, wenn ich ihm dagegen versprechen könnte, daß sie kein Geschrey machte, wenn die Visitasters daß Schiff zu durchsuchen kämen, welches an zwey oder drey Ohrten mit denen Degen geschehen würde. Ich versprach es ihm in der Hoffnung, daß Gott meine Hülfe seyn und mir diese Gnade angedeihen lassen würde.

Sogleich eilte mein Freund und unsere Hofmeisterin, sie zu holen, aus dem anderen Theile der Stadt, wo wir wohnten. Sie nahmen das Kind aus dem Bette, wickelten es nebst den Kleidern in eine Decke, und trugen es in der Schürtze hierher; Gott wollte es also, daß Niemand das Geringste davon gewahr wurde. Das kleine Kind, welches mich ausnehmend lieb hatte, freute sich sehr, mich wieder zu sehen, versprach mir auch, recht fromm und stille zu seyn, und nichts zu thun, als was ich ihr sagte. Ich zog sie an und wickelte sie in das Übrige ein.

In eben der Nacht, um zwey Uhr, kamen vier Bohts-Knechte von dem Ufer, trugen uns Alle auf ihren Schultern (ich meine kleinste Schwester im Arme) auf das Schiff, und an den Ohrt, den man vor uns zurecht gemacht hatte : der Eingang dessen war so klein, daß Jemand darin sein mußte, uns nach sich zu ziehen; da wir denn so eingetheilt waren, daß wir zwischen dem Saltze saßen, und keine andre Stellung nehmen konnten; so machte man die Öffnung hinter uns zu, so wie es gewesen war, so daß man nicht das Geringste sehen konnte. Es war so niedrig, daß unsere Köpfe oben anstießen; dennoch bemüheten wir uns Alle, den Kopf gerade unter den Balken zu haben, damit bey dem Durchsuchen nach der schönen Gewohnheit uns die Degens nicht treffen könnten.

Sobald man uns also eingeschifft, ging das Fahrzeug unter Segel; des Königs Leute kamen und durchsuchten es : wir hatten das Glück, weder den 28. als auch die zwey andern Mahl entdeckt noch gefunden zu werden. Der Wind war uns günstig, und brachte uns gegen 11 oder 12 Uhr aus dem Gesicht aller unserer Feinde der Wahrheit ...

»Atemlos lauschend« – ? : das kommt nur in Romanen vor; die hier hatten Alle derbe Bronchien; sogar Grete nieste mitten rein. Ich brach ab : es wurde zu viel auf einmal; um die Spannung wieder herzustellen, sagte ich kurz : »Nächstens mehr; s geht noch weiter : 17 Jahre war sie damals. – Die hat dann auch hier ganz in der Nähe lange Jahre gelebt; ist auch da gestorben.« Schon war die Neugierde da : »Und sie steht auch zu Fouqué in Beziehung?« fragte man; »Ja«, erwiderte ich, noch der Geschichte nachsinnend : »es war seine – Urgroßmutter.« Suzanne de Robillard aus dem Hause Champagné. »Ein tapferes Mädchen«, und Grete würdigte das (war dieselbe Sorte). Also klaubte sich Jeder das heraus, was ihm besonders zusagte; Schrader die Glaubenstreue (la Faridondäne, la Faridondon; Dondäne dondäne, dondäne, dondon); um ihn endlich zum Schweigen zu bringen, erwähnte ich kurz den anderen Verwandten, der dann sogar zum Islam übergetreten war : Marquis de Bonneval – mein Allah! Sie finden ihn in jeder Weltgeschichte – und seinen Harem avec des belles Grecques : »Ist das interessant!!« sagte Lore angeregt : »oh : Sie müssen uns Alles erzählen ...« (Alles : verlaß Dich drauf!)

Rest des Nachmittags : faul und bösartig. (Wie Gott vor der Schöpfung).

Kurzgeschichte : Nachtdunkel; Mondfinsternis. Einer hockt geschäftlich am Wegrand. 2 kurzsichtige Mathematiker bleiben davor stehen und debattieren, obs ein Baumstumpf, Stein oder Mensch sei. Man will zur Probe mit dem Stock drauf schlagen. Gefühle des Dasitzenden.

Vorher Zähneputzen : so, Gebräch wär wieder ausgekratzt. Nun noch mal raus, und dann zur Soiree.

Im Klo : Eine plärre Kinderstimme kam heran, herein : sang dabei :

Schön Annchen von der Mü-hüle / saß eines Abends kü-hüle / auf einem weißen Stein : / auf einem weißen Stein. – Wasser; verhallend : ... in Samt und Seide schwe-heben ... : der Verfasser wußte auch, was zieht!

»Lore ist tanzen!« Ich saß stumm und kopierte; 19 Briefe und Brieffetzen des Generals Fouqué an seinen Bruder, à mon très cher frère, Henry Charles Frederic Baron de St. Surin in Celle : war das manchmal schwer, mit den zerfallenen Rändern und dem altmodischen Französisch! Grete half, wie sie konnte; abers war nicht viel; außerdem hatte sie ja auch andere Arbeit (Stopfen und Flicken).

»Ich möchte furchtbar gern auch etwas für die Wissenschaft tun«, sagte sie still : »aber wie soll man das machen. Ich meine : – man hat ja keine Anleitung, und nachher ist Alles Unfug gewesen.« Sie sah mich an, und wir ventilierten kurz dies wichtige Thema : Stellen Sie sich vor : da liegen in den Großbibliotheken tausende von Manuskripten; Dichterhandschriften, Urkunden, was Sie wollen : Wichtigste Dinge; und nur in diesem einen einzigen, also höchst gefährdeten Exemplar vorhanden. Denken Sie nur an die Bombenangriffe! (Sie nickte gespannt) : Wie wichtig wäre es, wenn von jedem wenigstens noch eine Abschrift – oder gar mehrere : mit der Schreibmaschine! – existierten, an einige Stellen verteilt : und das kann Jeder machen. Jeder höhere Schüler. Jeder Erwachsene; auch mit »nur« Volksschulbildung. (Ja!) Dann : Material sammeln für biographische Arbeiten : Daten aus den alten Kirchenbüchern holen. Oder : Wer macht uns ein vollständiges Namensregister zu den 200 Bänden des »Gothaer« : es gibt unendlich viel Arbeit für jeden Willigen, auch den einfachsten Mann; und wie dankbar wären die Wissenschaftler für solche Unterstützung! Sie saß mit spähenden Augen : »Ja«, meinte sie : »das müßte man dann aber auch überall sagen und lehren, schon die Lehrer in den Schulen. – Das möchte ich auch machen –« und sie wies ehrerbietig und schüchtern.

»Cellophan kann ich Ihnen mitbringen«, sagte sie ganz eifrig und saß näher : »wir machen doch drüben welches im Werk. Und da sind ganz viel Abfälle. – So wie hier!« Sie schlüpfte in eine Ecke und trug eine perlmuttern spiegelnde Rolle heran : »Ja : nehmen Sie«, sie legte Alles neben mich : »und wenns nicht reicht, bring ich Neues.« Sie brachte auch eine große Schere, und ich zeigte ihr, wie man die morschen Blätter ganz genau und fein verpackt : nun konnte man sie wieder bequem handhaben. Sie atmete tief und rührend begeistert; »... Wir packen Alle ein«, bestimmte sie : »dann halten sie wieder ein paar hundert Jahre.« Ich sagte verbissen : »Sehen Sie : das ist auch schon eine gute Tat; Sie wären eine Mitarbeiterin. – Das ist viel besser, als das elende Frou-frou in der Literatur zu machen, wozu ich leider verurteilt sein werde.« Wir schnitten und falteten.

»Tüt. – Tüt. – Tüt : tüt : tüt« : 22 Uhr : Wir übermitteln Ihnen das hamburger Zeitzeichen. »Übermitteln« und »hamburger«; noch gedunsener gings nicht. Wir schnitten und falteten.

»Geht Fräulein«, sagte ich : »– Peters –; eigentlich oft tanzen?« Schnitt und faltete. »Ja«, sagte sie trübe : »fast immer sonnabends und sonntags.«

(Als ich später ging) : »Warten Sie nur noch«, lud sie ein : »ich muß ja ohnehin wach bleiben, bis Lore kommt.« Aber ich ging; sie will ja auch mal allein sein; sich waschen oder so.

Ist Mitternacht und Guldmond drin : Platzeinsamkeit mit starrem leichtem Wind. Klo dunkel. Zurück im blauen Raume soff ich vom steinkalten gepreßten Strahlwasser, bis ich den Bauch prall am Koppel fühlte. Drinnen schrieb ich auf rauhes Mondpapier :

Dichter : erhältst Du den Beifall des Volkes, so frage Dich : was habe ich schlecht gemacht?! Erhält ihn auch Dein zweites Buch, so wirf die Feder fort : Du kannst nie ein Großer werden. Denn das Volk kennt Kunst nur in Verbindung mit -dünger und -honig (Keine Mißverständnisse : sonst mögens Wackermänner sein, aber schlechte Musikanten!) – Kunst dem Volke?! : das jault vor Rührung, wenn es Zarewitschens Wolgalied hört, und bleibt eiskalt gelangweilt beim Orpheus des Ritter Gluck. Kunst dem Volke?! : den slogan lasse man Nazis und Kommunisten : umgekehrt ists : das Volk (Jeder!) hat sich gefälligst zur Kunst hin zu bemühen! –

Anzüglichkeiten treppten und steppten mir noch lustig weiter im Gehirn; aber ich zog mirn Mantel an, zum Schlafen.

Hoho! : Stimmen, Schritte, flottes Gelächter. Ich trat breit ins Fenster und sah zu. Die Tänzer kamen nach Hause : 3 Mädel, 2 Kerle; schmusten, dalberten, klatschten sich zum Abschied auf die Schultern (und Lore immer dazwischen mit Gang und Wortschatz eines gefallenen Engels). Samba, Samba : noch von fern näselte Einer süß aus den Hüften und im Boptakt : Allerdings / sprach die Sphinx / dreh das Dings / mehr nach links / : und da gings / : oh, Deutschland, mein Vaterland!

Kam, sah, stand : Der Mond mochte nicht gut auf uns zu sprechen sein, denn er gab bares wildes Licht in die trennende Glaswand : wir standen einander gegenüber wie zwei Gewitter : Lore und ich. Meines mochte weiß sein; ihr dunkles Gesicht entgrenzte windiges milchiges Haar. Zu reden war nichts; deshalb lachte sie nur einmal kurz, und kam dann ins Haus. Schloß langsam ab. Raffiniert langsam. (Dann ging schon drüben die Tür; Grete gab Licht). –

»Mein Lehrer und Gönner, Bischof Theophil Wurm.« Ich erschrak so, daß ers merkte und erläuternd mit der Hand wandwärts wies, zum gerahmten Foto : weiß Gott : Theophil, Wurm, *und* Bischof; Manchen triffts hart! Er hielt mich Niedergeschlagenen für ergriffen, und murkste weiter in seinen Erinnerungen. (Schrader nämlich; er war heut Vormittag frei, da der Krumauer Primarius Konfirmanden und Kandidaten exerzierte, und ihn nicht leiden konnte : beatus qui solus. – Er hatte promeniert und gesehen, daß wir auch nicht in die Kirche gingen : Grete hatte Arbeit, Lore tat so, und ich gab mich als Ungläubigen zu erkennen : und irgendwie kamen wir aufs Schach.)

Also spielen wir : Er war der typische alte Remis-Fuchs, hatte leidliche Theoriekenntnis (ich kann ja nischt mehr!); wir trennten uns ½ : ½. Dennoch war er überrascht und proponierte zukünftige matches (hat mich wohl heimlich primsigniert, daß er mit mir verkehren kann. – Also dieser Wurm : ich erinnerte mich an Bilder, die ich in meiner Kindheit gierig aus billigen Illustrierten gesammelt hatte : Johann Jakob Dorner : Wasserfall im Hochlande; Joseph Anton Koch : Heroische Landschaft; Franz Sedlacek; Dier. Aber kein Wurm.)

Morphys Armen entrissen : jetzt kamen Bücher dran. Na ja. Ich erinnerte mich, daß ich bei einem Theologen war und schwieg.

»Sie müssen ihn mal waschen« : ein alter heller Schweinslederband : Luther (oder die Guyon, was weeß ich), aber scheußlich speckig; und in sein gefaltetes Gesicht erläuterte ich wohlwollend : »Mit Salmiak. – Der Einband ist noch ganz fest : der wird wie Elfenbein! – Machen Sies mal –«, und gab ihm den alten Schinken wieder. Er hatte vielleicht gedacht, daß ich mirs ausborgen würde; aber so weit war ich mit meinen Nerven noch nicht; wenns noch Scheibles Kloster gewesen wäre. Um ihn loszuwerden, sah ich lange und leer vor mich hin, während er noch pikiert in dem Ding blätterte (bf : nee, dann lieber noch uffm blanken Zementboden; immerhin wollte er mir die Kirchenbücher »demnächst« rauslegen : dafür dankte ich ihm herzlich und aufrichtig, und entwischte, sobald ich konnte. Außerdem heißt »demnächst« bei Denen bestenfalls in 4 Wochen!)

»Unentschieden« erklärte ich zu Lore : »er stochert fürchterlich langsam in den Figuren«. »Na, immerhin« nickte sie befriedigt : »damit schneidet er nämlich immer auf.«

Gerührt : sie haben mir sogar ein Schüsselchen Kartoffeln zu Mittag gegeben, und ich habe den letzten halben Harzer dazu gegessen (der für den ganzen Monat reichen sollte : da entfällt halt das Abendbrot; après moi ...)

1714 Menschenhandel : Fürst Leopold (der alte liebe Dessauer) schließt mit dem Landgrafen Dingsda von Hessen-Kassel einen Vertrag, daß er für jeden demselben übersandten Biber einen langen Rekruten eintauscht : so leem wir alle Tage! (Na, im Massenbach kriegen sie ihr Fett!)

»Eljen« sagte Schorsch und kam vornehm längsseits; »Banzai, banzai« erwiderte ich verwundert, doch rasch gefaßt : was will der Muff?

Politisch : wir trommelten unsere Brüste : ahumm, ahumm, und ließen Ideal um Ideal raus. »Sie sind ja Alle zu Hakenkreuze gekrochen!« – »Weil sie mußten!« behauptete er. »Nee, nee« erklärte ich ihm verächtlich : »die fühlten gar zu heldisch beim Badenweiler oder Egerländer : 95 Prozent der Deutschen sind – auch heut noch – echte Nazis!« Schloß die Augen; sah – Callot : Les misères et les malheurs de la guerre – die Bäume voller Generäle : da hingen sie samt unsern politischen Invertebraten, Franz neben Hjalmar; und pfiff gellend ein Gemisch von Völker hört die Signale und allons enfants (aber mehr allons!)

Dann : »Die Russen tun immer dicke, daß ihre unvergleichliche rote Armee den Krieg gewonnen habe; allerdings erwähnen sie nie dabei, daß Deutschland bloß mit einem Arm gegen sie kämpfte, und Amerika lieferte.« Meinetwegen. »Ein Single : Deutschland – UdSSR wäre für die Letztere genau so ausgegangen wie für Frankreich.« Meinetwegen. »Den Krieg hat nur Amerika gewonnen!« Meinetwegen.

Recht hat er! Die Regierungen sind nie viel besser und nie viel schlechter, als das Volk, das ihnen gehorcht. – Wie lange wirds dauern, und sie werden Millionen Reisläufer bei uns suchen; und finden.

Wanzen-Hoffmann : angenehm : Schmidt. »Früher (33–45 sic!) ist Alles besser gewesen!« »Alles?!« fragte ich ironisch (dachte an Kz, Aufmärsche, Bombenstädte, etc, etc,) »Alles!!« antwortete er scharf (hat wahrscheinlich unter Hitler ne feine Stelle in der Muni-Industrie gehabt. Nu, laß ihn; er war mir zu blöd. – Später erfuhr ich, daß er tatsächlich in der Eibia, Krumau, Bomben gemixt hatte; projizierte ihn wiederum an Callots Bäume).

Die Tiere! : Das Gespenst der Freiheit erhob sich vor ihnen, und sie rieben sich ratlose Hände! (d.h. ich mußte auch immer noch einen Anlauf nehmen; aber ich erinnerte mich doch stets wieder blitzschnell der seligen Jünglingszeit, wo man vor keinem Menschen hatte stramm stehen brauchen, es kein »Ehrenkleid« gab : hei! Wie war ich durch die Nachtfunkelei gelaufen, auf dem Fahrrad über die Hohwaldchaussee gebraust, hatte hastig vom starken dunklen Biere getrunken, augenweit und haarumwallt. Noch kamen die Bilder in meine Träume, that on their restless front bore stars, auf meine ruhelose Stirn. Oh, ich war bereit zu jeder Rebellion gegen vieles Geehrte! Ich!)

»Ja : ich bin scha nur ein Rei–taun die Sehnsuch treibmich weitanach Konschie–ta.« trällerte er düster. – »Polvo di bacco« (Backpulver) sagte er und lachte boshaft ob des Kalauers (dann kann man ihn auch al fresco schlagen, quelqu'un avec quelquechose!)

Exzellent (der Pokal!) : nun, davon später!

Blakenhofs Tagesgespräch : Ein Radfahrer stieß am Sportplatz mit einem Mädchen im Trainingsanzug zusammen ... »Er erlitt eine schwere Erektion und mußte ins Krankenhaus eingeliefert werden« ergänzte ich mechanisch : Gelächter. – Sport; viel vom Sport (»Autoren boxen gegen Verleger« fiel mir ein : ich atmete tief und begeistert, und stellte mirs vor) Schorsch und Sport : er war von jener Sorte, die Hans Albers und Max Schmeling für Hamburgs größte Söhne halten, und lud mich ein, dem Fußball zuzusehen. (Ich hab kein Interesse für Sport : schwimmen kann ich fischmäßig; radfahren; mit jeder Hand einen Zentner heben – d.h. heute auch nicht mehr : früher). Also schön : gingen wir zum Sportplatz. Er im hellgrauen schneidigen Anzug, schlug den Weg durchs Dorf vor; ich ging den kürzesten, gleich hinten runter (siehe Plan).

Mädchen; viele Mädchen : mit Verführerschein Klasse II–IV. Aber die Meisten in so ärmlichen Fähnchen, daß Gott erbarm; die Mäntel aus Tommydecken, hellgrau und steif, nichtsnutzige

Futterale. (– Na, nichts für mich. – Die Welt als Vaudeville, mit mir in der männlichen Hauptrolle : so konnte ich mirs schon als Knabe nie vorstellen; eher wie ein finsterer schrankbestandener Korridor, durch den man mit gesenktem Kopfe hinschoß : nichts für mich!)

TSV Blakenhof – Germania Westensen : sie sprangen tödlich umeinander herum; aber der Kleine war flinker : es gelang ihm, mit einer hyänisch kriechenden Bewegung an dem Anderen vorbei zu kommen, und mein Begleiter schrie auf : »Tulle! : Tulle!!« ... Da war ein Dritter da, trat wie zufällig den Kleinen mit dem rehfarbenen harten Schuh gegen den Bauch, daß der jaulte, sein Unterleib ging los wie eine Kanone, und das klang widerlich zum zarten klaren Schiedsrichterpfiff.

»Na?!« : (Gott, sah der blöd aus mit der Glatze über dem OA-Gesicht!) Ich blickte ihn mitleidig an : »Wäre es nicht besser« sagte ich vorsichtig (wie zu'm Kranken) »wenn man diese 22 – nee : 23, *und* die Zuschauer – während der anderthalb Stunden irgendwo in Hannover oder Hamburg Trümmer räumen ließe? Wenn die mit ihren Markknochen da eben so ran gingen ...« Er verstand nur kindlich langsam : wurde wutrot : ein Ideal war angegriffen; so Vieles hätte jetzt gesagt werden müssen : er schwang den Hut; er drang mit gefälltem Hut auf meine Richtung ein – da rettete uns das Aufbranden der Menge : – :

Er pedipulierte mit solcher Geschicklichkeit, daß er förmlich auf dem Balle zu schweben schien, eine haarige schwitzende Fortuna, eine wollsockne : so wehte er strafraumwärts, bis der feindliche düstere Verteidiger ihn mit einer Hüftbewegung umwarf : loin du bal. – Mitten in der allgemeinen Ekstase dauerte es mir zu lange; ich ging mit einem verächtlichen Blick : Affen ringsum. (Wie überall.)

Winziger Spaziergang im Dorf : Fachwerkhäuser; Kleinbauern, Großbauern : alle mit Pferdeköpfen (nicht weise Houynims, sondern oben am Giebel). Aber es war so kalt, daß man bis in die letzten Zipfel fror (auch schon Mürrisch-Gewölk und der Wind hallte Brands-Haide herüber); man hat halt nichts in den Knochen. – Die Flüchtlinge mit ihren verfluchten Schuppen und Gärtchen und sinnlosen krummen Zäunchen machen die aparteste Landschaft zur Sau! (Ich bin selber Einer, aber Alles hat seine Grenzen!)

Lange gedankenlos gestanden : ist ja beim Militär exerziermäßig geübt worden : die Mädchen würden auch froh sein, daß sie mich mal n paar Stunden los sind. (Morgen früh kann ich überhaupt Holz hacken!). Dämmerung schlich mit schweren Körben über die Felder; dreimal spähte das hagere Sbirrenantlitz des Mondes aus den Wolkengassen : dann senkte ich den Kopf (war zu faul zum Zurücktreten).

Besoffene (gibts also auch noch; na, die brauen selber); sie traten sehr stark. Der Eine lüsterte : »Du, die müßten mal ne Atombombe in'n feuerspeienden Berg werfen : das würde spritzen : Mann!« und sie lachten kehlig und unbestimmt genital. Zwei Menschen, blieben sie auf der Straße vor mir stehen, studierten mich Schwarzen und den schwarzen Hintergrund. Mir zu lange. Ich sagte höflich : »Alau tahalaui fugau«, aber Keiner rührte sich (hilft also auch nichts). Sie horchten kurz; dann sagte der Eine flink : »Duder : – kommta raus ...« und sie wackelten eiliger weiter.

»Ach so : Sie sind das –« sagte der Alte beruhigt. Er war aus dem Walde gekommen, über den kleinen Graben gestampft, und stand nun breit neben mir, einen Knüttel in der Hand, daß es eine Pracht war. »Ischa zu unsicher jetz« erklärte er wohlgefällig und ließ das Ding besichtigen und loben. »Na : und wie sind Sie da so unnergekomm?!«; ich erzählte ihm sparsam von der Misere; vom Zupperndenten, und daß ich demnächst an die Kirchenbücher ranginge. »Wie komm Sie denn da auf?« fragte er scharf, und ich erläuterte ihm milde (in Anbetracht seiner Verdienste : Schaufel und Handfeger) : Fouqué – sein erster Hauslehrer Wilhelm Heinrich Albrecht Fricke – dessen Mut-

ter – deren Vater. »Ähä!« machte er zu Dritteln nörgelig, überrascht und gedankenvoll : »Na dann. –« Er raspelte sich mit der linken Hand den Hinterkopf : »Na, dann s-teen Ihn ja sicher noch allerhand Überraschungen bevor. – Ich komm noch n Stück mit. Bis zum Kirchweg.« – »Wohnen Sie eigentlich dort drin?« fragte ich müde waldwärts; es brummte neben mir (war schon ganz dunkel) : »Richtung Ödern« gab er ungefähr an, lenkte aber sofort wieder auf mich um : »Und in Celle waren auch viele von den Brüdern?« meinte er neugierig : »iss gaa nich weit von hier, nich?! Ich hab da auch wohl n Bekannten. – Schöne S-tadt. – Hm«

Hände im Dunkeln : wir schüttelten sie uns, wie es Kräftigen ziemt. »Na dann.« »Aber son S-tock müssen Sie auch haben« mahnte er : »Sie könnten da wohl mit umgehn.« »Ja : woher« fragte ich gleichgültig : »Soll man denn andauernd klauen?! – Schön wärs schon.« »Na, – ich werd ma zusehn« sagte er, etwas ärgerlich anscheinend (aber warum?) – und : »Na, dann viel S-paß noch für den Herrn Auen!« »Schön Dank : Gut Nacht!« – »Wiedersehn!«

Und blieb betroffen stehen : Ich hätte nie gedacht, daß zwei schutzlose Mädchen derart schnarchen könnten. Ich neigte den Poller; – horchte; – schüttelte ihn : großer Fuchs!!

Oder war ein Kerl drin?! – ! – Ich klaubte die Faust aus der Tasche, weiß und knotig beim Mondspan : ich freß Dich ohne Senf!! –

Doch wohl nicht. Ich klopfte schüchtern; Grete war sofort da : »Ja? – Ach so« schloß von drinnen auf; floh jungfräulich hinein : »Sie schließen wieder zu, ja?!« Lore fragte schläfrig : »Wie spät iss denn? – Neun? : Gott : ein solider junger Mann!« (Ein freches Geschöpf!)

Zum Frühstück geschlafen : Vom Sport fiel mir noch ein : Byzanz, die Blauen und Grünen im Hippodrom : genau wie bei uns an der Avus. Und wenn Schanghai fällt oder Berlin wackelt : das Wichtigste für die New-Yorker ist, daß Leo Durocher angeklagt wurde (wohl der Trainer der »Giants« oder so) – Lebendige Geschichte : ich könnte ihnen den »Kosmas« schon mundgerecht machen!

Ostwind : eiskalt aber klar. Ich ging hinüber und wollte den Schuppenschlüssel. – : »Ja, das ist recht« sagte Lore : »Wir haben nämlich morgen usw. Wäsche – Waschküchenbenutzung ist genau geregelt – und brauchen Holz. – Zum Feuern ohnehin auch.« Grete kam (ausm Dorf, einholen) : »Denk mal, : der Lebke unten soll 537 Mark im Toto gewonnen haben ..« Das neue Golkonda. Flüstern. Lore rief mich zurück; sie fragte streng : »Was haben *Sie* eigentlich für Wäsche?!«. »Die können wir gleich mit waschen!« Ich senkte den Kopf : ich war doch keine gute Partie. »Ziehn Sie mal den Mantel aus!« bestimmte sie wissend; Besichtigung; : »Kommt ganz am Schluß mit rein.« »Hemden und Unterhosen geben Sie jetzt gleich rein; Strümpfe und Pullover« (richtig; sie war verheiratet gewesen und kannte Alles schamlos genau). »Je ein Stück« sagte ich dumpf; sie waren einen Augenblick still; dann meinte Lore resolut : »Ja : also was Sie anhaben. Und sonst Nichts ...?« Nichts. »Ja, was ziehen Sie dann in der Zeit an ..?« Nichts. Sie mußten lachen; aber es war ja auch doll. »Na ja. Hm« räusperte sie sich : »dann ists desto schneller fertig.« – »Ich helf natürlich mit« sagte ich fest : »ein großer Teil ist ja eigentlich Männerarbeit : Auswinden vor allem wohl.« Sie pfiff anerkennend und hob das klare kalte Gesicht : »Erstaunlich! –« sagte sie : »Bon! Wird angenommen. – Du : da werden wir vielleicht endlich mal an einem Tage fertig!« Aber Grete hatte Bedenken; sie wisperte bekümmert hinter dem Wandschirm, und wurde erst durch Lores hochfahrendes »Ph« gestoppt : »Herr Schmidt wird schon andere Sachen im Leben gesehen haben, als ein Paar Mädchenschlüpfer.« Das kann man wohl sagen : Unteroffizier bei der schweren Artillerie, mon enfant.

Entkleidet : ich betrachtete voll Grauen und Scham meine Wäsche : bloß gut, daß es nur fünf Stücke waren. Ich verkroch mich blitzschnell in die rohe Uniform; das kratzte wie die Pest; und abfärben würde das billige Schwarz auch noch : der Neger schlägt, man glaubt es kaum. Ich legte mit geschlossenen Augen die dreckigen und zerrissenen Hülsen auf die Diele, und bat angeekelt : »Möglichst nicht ansehen!« »Ach du lieber Gott« sagte Grete mitleidig : gute Grete. Aber ich mußte noch einmal zurück, Lebensmittelkarte vorzeigen : »Prima : hier ist auch noch ein Waschmittel dran« : das war eine Freude! »Aber taugen tuts Alles nichts« sagte Lore düster : »na, ich geh heut Nachmittag noch mal runter.« – »Eine Säge?« – »Bei Frau Bauer! Ich sprech aber nicht mit ihr.« »Ich geh schon«.

»Guten Morgen, Herr!« Sie strahlte mich mißtrauisch an (war das Anpumpen wohl schon gewöhnt); auch ich umfassend verbindlich (soll ich mal die Jacke aufmachen?) : »Die Säge hat der Herr Schrader drüben.« Wir knixten und lächelten noch ein bißchen : ja, auch das Wetter war sehr frisch : fahr zur Hölle.

Am Holzstoß lehnte sie, eine Bügelsäge; ich nahm sie gleich mit : nicht Roß nicht Reisigee / schützen die steile Höh / : wo Fürsten stehn! (Was sich Willem damals immer so dabei gedacht haben muß! Wies in solchen Köpfen aussieht, wird unsereins nie begreifen!)

Säche, liebe Säche : und stumpf wie ein greiser Dorfpfarrer (Die müßte Lang mal in die Kur nehmen). Dafür war die Axt ein Bihänder wie aus dem Rolandslied (»Lagestu in thes meres grunt« .. wär mir auch lieber gewesen!)

»Ist die Post schon durch?!« Lore hatte nichts gesehen : »Ich klopf an die Wand« – Richtig; es trennten uns ja nur zwanzig Zentimeter. Eine Zeit, in der die Menschen so auf Post lauern, kann nicht gut sein! Nach einer Zeit kam sie herum, Kontrollkommission, und war sichtlich betroffen : ein Drittel der Wand war mit aufgeschichteten Scheiten verkleidet : doppelt sogar. Selbst auf dem Holzklotz sah sie aus wie meine Göttin.

»Denn er hat ja keine Heimat mehr ...« : Zwei näselnde Stromer auf dem Platz draußen (wir und uns sahen sie gottlob gar nicht.

Für arbeitsscheue Hofsänger müßte man stets Lorbeerkränze, kinstliche Blumänn und ähnliche nichtswürdige Präsente bereithalten; stellen Sie sich das Gesicht vor, wenn man damit applaudierend herausstürzte : dem Künstler eine gleich göttlich unnütze Gabe.) »Singen ist immer noch einfacher als Arbeiten« bestätigte sie heiter : ging das auch gegen mich?! »Viel einfacher!« sagte ich beleidigt. Sie ließ erst die Monarchen vorbei, und glitt dann hinaus; eine Kaaba war der Hackklotz geworden; na, einen Stamm nehm ich noch. – –

Wie zu einem Nachtwandler sprach sie : so vorsichtig : »Sie müssen unterschreiben« sagte sie tonlos : »Kommen Sie«. Ich ließ die Säge stecken : nein, ich zog sie in lustvoller Selbstquälerei heraus, legte die Axt pedantisch auf einen Balken, Heautontimorumenos, haspelte an der Tür, und kam.

»Na also« sagte lütt Grete, treuherzig und seifenhändig. Und Stille. Wir standen um einen Tisch herum, und das Paket lag drauf : violette Marken, weinrote; eine größere weiße : ein Dollar.

»Ich hab auch schon an meinen Vetter in Südamerika geschrieben« sagte Lore, sehnsuchtneidisch. – »Na : hoffentlich ist was Feines drin«, und sie wollten sich drücken; aber ich faßte an Jeder eine Hand, ich ließ sie nicht fort. Stumm. Und sie blieben; d.h. Grete holte Werkzeug, zumal eine Stopfnadel, und polkte die Knoten auf : »Prima Schnur«. Wir hatten uns auf mein Bett gesetzt und sahen untätig und geschäftig zu; Lore bewegte die Schultern (saß wohl auf einem Zeltbahnknopf); dann untersuchte sie wirklich die Bestandteile meines Bettes : Bretter, zwei Zeltbahnen, eine graue Decke, ein Deckenrest (rötlich : hatt ich wohl schon gesagt?) Sagte nichts. Grete machte vier Bindfadenringel und sah mich an; ich nahm ihr das Messer ab, durchschnitt den breiten Klebestreifen, und wir falteten das doppelte feste braune Papier ab : Alles daran war unschätzbar. Aber nochmal war der große Karton umbunden : also : Grete. Lore hatte schon die Adresse vor der Nase, und fragte von der Kaaba her : »Ist das Ihre Schwester?! Lucy Kiesler?!« »Tjawoll«

sagte ich großspurig; »thats her« (jetzt wird nur noch amerikanisch gesprochen). Wieder drei Ringel. Und ich atmete tief, zögerte noch einmal und begann : obenauf eine Lage Zeitungen : New-York-Post. »Vorsicht!« schrie Grete auf : »Es ist Zucker drin!« Richtig : es knisterte weiß : ganz vorsichtig; (sie holten schon ein Schüsselchen)

»Ah!« : Bunte Büchschen, weißblechne tin-Köpfe, geheimnisvolle Zeitungsziegel : es roch nach – –

»Bohnenkaffee« sagte Lore ungläubig : 1 Pfund Bohnenkaffee. 2 Schachteln Camel : »Was denken Sie, was das heißt für Sie!« »Dafür kriegen Sie alles Mögliche!« – Dexo : »Was ist das?« las ich aus den Fragestirnen, und überflog den emailleglatten Text. »Backfett« sagte ich : »kenns aber auch nicht weiter.« In einem milden Seidenpapier : blütengelb und elfenweiß : 2 Stücke complexion soap : sie senkten wehmütig die Gesichter und schnupperten so enthaltsam, daß es mir im Herzen weh tat; ich füllte Jeder eine Hand (Grete weiß, Lore gelb; rote war keine dabei, daher nahm ich die zunächstliegende Farbe) : prompt legten sie die Knollen wieder auf den Tisch. Ich wollte auch noch weiter auspacken; ich sagte unmutig : »Also hören Sie : ich sitz alle Abende drüben bei Ihnen, in Licht und Wärme, und darf Sie stundenlang ennuyieren : « Sah von Einer zur Andern : sie schwiegen verstockt; ich machte die Kiste auf und sagte : »Hier : ich hab auch Eins.« Richtig, es war das Brüsseler Stück Lux; sie sahen stumpf hin, aber es wirkte doch etwas; sie atmeten und schwiegen. Also : ich legte ihnen noch einmal die Stücke hinein (Sie hatte wunderbare Hände, und bei Grete gings wesentlich schneller). Ich zog sie blitzschnell weiter von Gegenstand zu Gegenstand : 2 Pfund Rohrzucker, Jack Frost, granulated. Tee : 16 federleichte Papierbeutel am Faden : »Der wird Euch schmecken« dachte ich (Dachte; mußte ja vorsichtig sein mit den Bälgern). Mor-pork : Schweinefleisch. »Das ist mehr als ne Monatszuteilung. Doppelt so viel« sagte Grete; hielt aber das Fäustchen brav geschlossen.

Zerbröckelt : eine dünne silberne Tafel Schokolade : ich riß das Papier so geschickt und schnell auf, daß sie nicht widersprechen konnten; griff ein paar Dreiecke, schob sie durch abwehrende Hände und beteuernde Lippen hinein. (Mir auch!) Sie bliesen : durch die Stumpfnase, durch die Rassenase : sprechen konnten sie ja nicht, und auch ich lutschte, wehrte mit der Hand weiteren Unsinn ab. (Machte die Grete nicht schon wieder die Hand auf? Ich drehte die Augen blitzschnell einmal herum, daß sie erschrak und wieder zumachte. So was!)

»Eine Rolle Garn« : Grete griff danach : »Noch Eine« sagte sie andächtig. »Aber Lila«, warf ich ein, auf die unmögliche Farbe blickend. Sie schüttelte stark den Kopf : »Das ist egal!«; Tränen traten ihr in die Augen : »Seit vier Monaten haben wir keine Zuteilung mehr gekriegt. Und das waren 50 Meter weiß, damals!« Ich schlug vor (scheinbar nachdenklich die Hand am Kinn) : »Wenn Sie mir meine Sachen mit nähen, können Sie eine behalten.« Ich wurde grob : »Ja denken Sie denn, ich will mir was draus weben?! Ich hab doch nich mal ne Nadel!« (Richtig : auch mein Nähschächtelchen hatte einem Tommy gefallen; konnte wahrscheinlich auch als Kompaß gebraucht werden, armes England.) »Ich näh Ihnen Alles!« Sie schluckte weich und schwor zehnmal durch Kopfnicken. »Und wenn mir mal n Knopf fehlt, können Sie den auch noch zugeben!« : »Ach ja!«

Dann kamen Pfeffer. Zimt. Kakao. Wir rochen und trampten durch Urhaine. Dann –

Ja, ich mußte mich setzen : »Schaffen Sie erst mal die Seife und das Garn rüber, und dann kommen Sie« sagte ich klanglos. 5 Sekunden; dann waren sie wieder da. »Soll man da nun lachen oder weinen?« forderte ich ein Urteil heraus; Grete griff hinein und hob 2, dann Lore und hob die letzten Beiden : 4 seidene Schlipse (und vor Jedem von uns Dreien stieg das Bild meines Wäschehäufchens auf : is this a dagger which I see before me?) »Ja, die können sich halt gar keine Vorstellung drüben machen, wies bei uns aussieht!« schlug ich vor. »Wunderbar –« sagte Lore : »Zwei sind mit Seide gefüttert : kuck mal die Farben!« Aber Grete war jetzt entschlossen : »Die werden umgetauscht« rechnete sie ruhig (ich nickte sofort) : »Sie brauchen ja – ja, Sie brauchen ja Alles.«

Ein Wickelkind : ich rollte weißlichen weichen Stoff ab, ab; ab : innen ein Marmeladenglas, damson plum. Aber der Stoff war merkwürdig; die Fachmädchen drehten ihn murmelnd. »Rund gewebt« (Grete); »Das ist Trikot« (Grete); zwei straffe Arme dehnten ihn messend : »Fast zwei Meter« (Lore). Verlegenes Schweigen; also noch eine Lage Zeitungen. Ich lachte wild und verstört auf : »Ja, ist das wirklich an mich?!«; es waren nämlich ein karierter Rock und eine quittegelbe Bluse. Auch kariert. Leicht getragen. Noch mal Zeitungen. Schluß. Ff : Blaß-violette Streifen drin und schwarze (in der Bluse). – Ich sah hoch; auch sie besichtigten es stumm : nickten still : feine Sachen.

Überblick (wir sortierten und beschlossen). Kaffee, Zigaretten, Schlipse, Kakao – : umgetauscht. »Das hier verbrauchen wir!« sagte ich hart. Zeitungen werden studiert (viel Frauenmoden drin : da werdet ihr ganz schön drüber sitzen; ich weiß!). Blieben Rock und Bluse, und 2 yards Ringelstoff.

Ich stellte mich vorsichtshalber vor die Tür : ich hob die Hand wie der Arringatore, runzelte die Stirn und dozierte : »Sie kennen alle Leute hier in der Gegend.« Sie konntens nicht abstreiten. »Wogegen ich durchaus fremd und verdächtig bin!« »Nein! Verdächtig nicht!« sagte Grete bieder; : »Nein!«; schüttelte noch einmal; atmete. »Außerdem *kann* ich sowas schlecht« nervös : »also : wenn Sie den Umtausch übernehmen wollen – Sie tun mir *wirklich* einen großen Gefallen!« Ich sah bittend umher : »Wir machen das ganz sachlich : Sie bekommen für Ihre Arbeit das Zeug hier (d. h. Rock und Bluse) : *wie* Sie sich einigen, ist allerdings Ihre Sache.« Ich hings Lore über den Unterarm; aber Grete meuterte : »Das kostet doch ein paar hundert Mark heute. – Und so was Gutes kriegen Sie nicht mal!« – »Schöner

Wollstoff« sagte Lore, die langen festen Finger tief im Rocksaum : »und ganz weit umgeschlagen ....«

Aber jetzt drängte Grete wild zur Tür : denn ich wiegte den Ringelstoff lang über den Armen, raffiniert wie ein orientalischer Shawl-Verkäufer, lächelte schwelgerisch und vieltausendnächtig. – Ich sang aus : »Ich brauche – als Eigentum! – das Eßbesteck; Tasse, Untertasse, Teller; eine Schüssel. Dazu den Blechkanister, der im Stall liegt.« (als Waschschüssel nebenbei –). : »Nun? – Ein solides Geschäft?!« – »Es ist der Teufel persönlich« murmelte Lore ehrerbietig; was ich als Einwilligung auffaßte und ihr das Gewinde über die Schulter legte. Dann warf ich sie raus.

5 Minuten wartete ich : dann ging ich mit dem restlichen Zeug hinüber. Nur die Zeitungen behielt ich erstmal.

»Hemdchen!« hörte ich vor ihrer Tür Lore sagen : »einfach abgeschnitten; oben und unten ganz leicht gesäumt : Trägerband für die Achseln haben wir noch – – Mensch : das ist die Rettung für Uns! Das werden 3 Stück! Ohne weiteres!« »Nein; zwei.« sagte Grete fest. »Drei!« (Lore). Pause. Pause. »Zwei.« sagte Grete ruhig, aber so, daß die Große sofort nachgab. Ich trat ein (zur Ablenkung).

»Natürlich!« Ich durfte die Sachen in den Schrank stellen.

Ganz schnelle Beratung : »Als Wichtigstes brauch ich« zählte ich an den Fingern : »einen Spind – ganz einfachen Soldatenschrank. Einen Stuhl.« – »Ein Oberhemd, und –« Grete überwand vor Dankbarkeit die Scham : »eine Unterhose. – Und Strümpfe.« sagte sie. »Eine Glühbirne.« Da fiel mir etwas ein; ich wurde kunstvoll bedrückt; stockend begann ich : »Ich habe noch eine Bitte! – : Sie wissen ja, ich hab keinen Ofen, kein Holz, keine Töpfe. –« Kurz : »Wieviel Kartoffeln kriegt man für ein Pfund Kaffee?! – Sie müssen aber mitessen : dafür machen Sie mir dann jeden Tag mein Mittagessen zurecht.« Ich sah flehend in die dünnen Gesichter (es war ja auch wirklich abscheulich für mich, wo ich nicht kochen konnte; und ja auch Anderes zu tun hatte.) »3 bis 4 Zentner« sagte Lore vorlaut. »Wir brauchen ja auch jeden Monat n Zentner« meinte ich stirngerunzelt : »März, April, Mai, Juni – paßt grade – nicht?!« Und wir sahen unsicher zum Hausmütterchen Grete hin : ? Die fing unvermittelt an zu weinen, little Dorrit : »Wir sind spottschlechtes Volk« sagte sie : »Beide. Und Sie sind auch schuld, weil Sie uns sowas anbieten! –«. »Aber ich machs«, schloß sie dumpf, und machte ein düsteres Fäustchen : »Wir sind so verhungert! – – : Ich machs« – Jetzt spielte ich meinen letzten Trumpf aus : »Was ist eigentlich mit der Wäsche?« fragte ich wie erwachend : sie schrieen auf und stürzten zum Einweichmittel.

Die heizbare Steppdecke : ich sah noch immer auf das verführerisch bunte Bild, wo eine amerikanische Schöne soeben lächelnd ihr Mittelstück vorwärmte. Kopfschütteln. Nochmal. Unwillkürlich mußte ich auf mein Lager gucken : ein dreifach Heil dem Sanitätsgefreiten Neumann.

»Und ich hab ihm damals nicht mal n Handfeger geborgt« erinnerte sich Lore reuevoll in der Waschküche. (Exzellent : siehst Du!!)

Um 1 mußte Grete in Krumau sein; sie nahm auf dem alten Herrenfahrrad Platz und klapperte los. Wir entwarfen noch rasch den Feldzugsplan : Nachmittags schlafen gehen; ich steh um 23 Uhr auf, auch Lore. Sie beschickt den Kessel; während ich heize, geht sie rüber, und macht Essen für uns Drei (Hier raunte ich ihr ins Ohr, und sie lächelte : spöttisches Geistergestrahle : ich geb den Rest meines Lebens für 8 Tage : das sagte ich aber noch nicht!). Um halb Eins essen; um Eins fangen wir, mitten in der Nacht, an zu waschen : dann hängt um – na 8 oder 9 alles auf der Leine. (Und Frau Bauer ärgert sich grün!) Muy bien.

»Rührkartoffeln!« rief ich ihr noch nach! – Wetter kühl; sehr kühl : aber klar. (Rührkartoffeln : großer Gott, seit wieviel Jahren das erste Mal wieder?! Magnus nascitur ordo.). Holz muß ich auch noch in die Waschküche schaffen; wie gut, daß jetzt Papier und Pappe zum Anfeuern da sind. –. –. – :

Wie mit Fäusten raste der Wecker, besinnungslos, übern Romsdalsfjord, über delphinische Wasserklippen; ich zog mit leerem Kopf die Schuhe an, schaudernd in dem kratzigen Zeug.

Poch, Poch? – »Ja : sofort!« (das war Lore; hatte also auch den leichten nervösen Schlaf) : »Ich warte draußen!«

Draußen : Mond buckelte still hinter stillen gelben Wolkenfronten. Wer weiß, ob Herrschaften in der vierten Dimension nicht alle 10 000 Jahre ne Zeitraffer-Aufnahme von unserem Weltall machen : da ist die Erde nur ein Plattenfehler!

Mit hartem Schritt auf den Platz; weiter vor zwischen Kirche und Haus Schrader (Wurm : also so was!). Weit im Norden bewegte sich ein Licht : wars ein nächtlicher Güterzug? : Gott, welche Bilder drängen bei jedem solchen Wort auf einen Soldatenmenschen ein! »Nächtliche Güterzüge!« : ich senkte den Kopf, fluchte, und knarrte zurück : da prellte breites Licht aus einem Mädchenfenster.

Sie kam mit Glühbirne : »Tag, Herr Interlokuteur« knixte sie (wunderbar!); der Schlüssel ging von Hand zu Hand wie ein stählerner Kuß : »Sie sind groß : Sie können so rauf langen«; kann ich, Lore, kann ich. »Wenn sie drin bliebe, würde sie sofort geklaut werden.« Ich nickte, zutiefst überzeugt (würde auch keinen Augenblick anstehen; hab selbst keine) Sie hatte ein Tuch um den Kopf gewunden; breite weiße Stirne, schmales listiges Kinn.

Ich wandte mich roh : ich sagte scharf : »Wie alt ist der eigentlich?!« – ? – : »Der Vetter aus Dingsda!« Sie lachte geschmeichelt : »Och : – reich und unverheiratet (kokett!). – So : 55!« Da wird zufrieden gebrummt. Weiter Wäsche einseifen und in den Kessel hinüberschwenken.

»So!« Ich hatte schon 5 Minuten sinnvoll im Feuerloch hantiert. »Also Sie machen jetzt Feuer; wenns kocht, klopfen Sie ans Fenster – ach Quatsch : an die Tür natürlich. – Das wird vielleicht anderthalb Stunden dauern. Ich mach Essen –« Wir lächelten, Gourmands, und atmeten tief : gesegnet sei Mrs. Kiesler! »Anschließend trinken wir Jeder Tee« sagte ich : »mit

Rohrzucker!« Les mille et une nuits. (Galland war ein großer Mann; nicht der Flieger, sondern der alte Literat 1646–1715). –

Allein : Der Ofen zieht gut; oder : es brennt superb : ist dasselbe. Viel Zeit zwischen jedem Anlegen, immer so 5 Minuten, zum Spinnen. (Aber kalt ist es ohne Mantel und Wäsche : grausam!)

Zartes Gestirn zittert im Ruhegewölk : Viermal schrie es ums Haus : Wish-ton-wish. Wish-ton-wish : Käuzchen. Großer Mann, der Cooper. Das ist der Fluch der Soldaten : nie allein sein können; hier war ich allein : endlich! Kalt, ja : aber endlich allein. Nur drüben hantierten und schliefen die beiden; das ging noch an.

Mit einem eisernen Haken : vorm Ofenloch kauernd : da glüht Alles fremd und edelsteinern, aber so klar, daß man hinein möchte. Salamander sind keine so dumme Hypothese. Not so bad, not quite so bad. Und natürlich fielen mir Hoffmann ein, und Fouqué : mein Fouqué : den möchte ich sehen, der davon nur halb so viel weiß, wie ich! Wenn jetzt die Fee Radiante vor mich hin träte, und mir drei Wünsche frei gäbe ... ich spreizte die Hand und kniff den Stoppelmund ... drei Wünsche ... (ich werd Euch was pfeifen; denn am Wünschen erkennt man die Menschen, und ich bin nicht Sir Epikur Mammon!)

Blakenhof : ein Licht. Die junge Frau Müller soll ein Kind bekommen. – »Kinder binden« (Sollen sich lieber n Tandem anschaffen : da sind sie noch mehr aufeinander angewiesen!)

»Es ko-hocht!« Jetzt war sie frisch und sachlich zurechtgemacht. »Gut« sagte sie : »in 15 Minuten komm ich wieder; das Essen ist auch soweit : soll ich die Büchse aufmachen? ...«

Ich machte 6 Scheiben daraus : dicke! Und Grete briet sie selbst. Sauce aus irgendwas mit einem Eßlöffel Dexo dazu : sie hatten vor Entzücken aufgeschrieen, als sie das schneeweiße Fett sahen : Oh! (Apel will 4 Zentner für den Kaffee geben, sagte Grete) – Ach, ist das wunderbar : man kann nur den Kopf bewegen. Essen, Essen : Oh : Essen!! –

Und schon kochte das Teewasser; sie hingen die Beutel in die Gläser mit den silbernen Henkeln (ich kriegte meine große Steinguttasse : schildert Mohammed nicht so die Wonnen des Paradieses?); und auch der Rohrzucker wurde nicht geschont : »Das war was« sagte selbst Grete.

Waschen, Auswinden; Waschen, Auswinden : wir arbeiteten wie die Diesel. Und sie waren begeistert, wie schnell's ging (Wäsche auswinden ist *keine* Frauenarbeit, s kann Einer sagen, was er will!). Und nun weiter : 140 Stücke sinds, glaub ich.

Heiliger Antropoff : tat mir der Rücken weh! (»Mitternacht ist vorüber : das Kreuz beginnt sich zu neigen.« hatten Humboldts Gauchos immer gesagt : demnach wärs also bestimmt 12. – Tembladores fielen mir ein, mit allen Geschichten und Widerlegungen, und die ganze voyage équinoxiale prozessionierte heran, so daß ich entrüstet an was anderes dachte : ein gußeisernes Gedächtnis ist eine Strafe!!)

Die starke schwarze Morgenluft, in der ein Endchen Mond flackerte.

Zinnern zog der Tag über den Sportplatz heran : zähe; auch Bauers rührten sich. »Der Schorsch ist ein großer Affe« sagte Lore verächtlich. So ausdrucksvoll, daß es auch Einen von der Mon-Khmer Gruppe überzeugt hätte.

Jetzt wurde es rosa : aber auch gleich so gemein rosa, wie in einem Mädchenpensionat um 1900; als sei nichts passiert; schamlos. Und ich trug die nächste Wanne mit auf den Wäscheplan hinterm Haus, wo Grete verfroren im weißen Geflatter kämpfte. »Die Klammern reichen nich!« krähte sie durch Festons diskreter Dinge : selbst mein Gelumpe war sauber geworden.

7 Uhr 30 : Fertig! »So zeitig hats noch nie geklappt!« gestanden sie. Und besahen mich stolz. »Jetzt schlafen wir wieder bis Mittag, wenn Grete gehen muß.« Auch ich war wie Stein und Holz; wir trennten uns gähnend (aber das Essen war gut gewesen! : man hatte tatsächlich noch keinen Hunger; God bless her.)

Ich trat hinein : mädchenhafte Vasen standen straff auf Konsolen, blauer Schmelz und Linien der Jugend; Pokale in Schränken; metallene Schreinlein; Petrus mit dem Schlüssel, Terminus in Greisenlocken (laut Stägemann). Im nächsten Raum Bilder :

Trinkende Frauen; Landschaft im Odenwald; Muscovius stand da, im Predigerhabit, mit der Amsel auf der lächelnden Hand : dunkelbrauner Rahmen : das war gut. Eine alte Truhe : 1702 ... Eisleben ... Henry Cha... (schwer zu lesen!). Ich ging langsam weiter durch das Museum : auf umglasten Tischen viele Abdrücke babylonischer Siegelzylinder; die hatte ich als junger Mensch stundenlang und gierig besehen : Greiffe in Perücken standen wie ihresgleichen inmitten der Menschen, Stilbäume bogen sich blättersimpel über Einhörner : Vollbärte waren auch damals Mode. Hinter mir an der Wand lehnten zwei Mumienschreine : einer noch geschlossen; das andere dicke braune Gesicht beobachtete mich überlegen, göttingisch, ägyptisch. Moderne Malerei : »Rote Form«, und : »Zwei Menschen«, Plastik, als altes Fahrrad. Ohne mich. Rüstungen gafften aus hohlen Visieren; Fouqué pflegte so was mit Rührung zu betrachten : »... darin einst ein kühner Leib gewaltet hatte ...«; ich ging kühler an den Konservenbüchsen vorbei, und trat in die letzte stille Halle : groß, groß.

Aus der Seitentür trat ein Alter, händegepflegt, mit fremdenführergroßem Maulwerk, weißes geschäftiges Haar; alt, groß und klapprig : watch out for flying parts. Ich nahm ihm das Messer mit einer Gebärde, die etwa den Wert einer mittleren Ohrfeige hatte, und schnitt stirnrunzelnd die dicke Papierschnur durch, die die Flügel des Triptychons geschlossen hielt. Sie schwangen leicht und weit aus. Ich ergriff meine Oberarme mit beiden Händen und stand. Und. Sah. (Und andauernd stänkerte der blecherne Alte hinten vorm Eckgetäfel).

Links : Erster Akt : ein Zimmer. Am riesenbreiten Schreibtisch der Wernigeroder Herr, recht rotentrüstet und hoffärtig : nannten sich die Buben nicht Hoheit? Der nasenfeixende Sekretär daneben, geschwungener antiker Frack, schlank und billiger Jesuitentyp (als wenns einen teuren auch gäbe!). Der Mann im Vordergrund hob soeben schweigend die Bücher auf, die man nach ihm geworfen hatte; mittelgroß; in langgetragener Demut blieb der Rücken; die Hände mit den vernachlässigten Nägeln faßten still um die alten Formate. »Das ist der Bibliothekar Schnabel« schrotete der Alte mir im Genick »und der Herr sind ungehalten – oh!«; ich hieb ihn mit dem Hinterkopf in seine Ecke und ballte die Backenmuskeln : da sah ich, wie Schnabels Gesicht unter dem Arm hervorkam; ich hatte ein verschlossenes, verschossenes, erwartet; aber nie, auch beim trocken-genialen Hogarth nicht, sah ich so wildes boshaftes Grinsen, solch erhabenen Hohn über sich und die Welt (auch den Fürsten; auch Gott, natürlich). Hier war nichts zu tun, als wegzugehen; ich neigte mich wie im Tressenrock (und das Altmaul plapperte!)

Rechts : eine ärmliche Dachstube; auf einer Art Chaiselongue stirbt er. Ein sachlicher Mann in schwarz und weiß als Arzt; Pfeffer und Salz. Eine reife Haushälterin ringt, besorgt um sich, die Hände. Aber das lappige graue Gesicht blickte im herzstockenden Gemisch von Todesangst und Lächeln, oh Schweiß und Übelkeit, übers Fußende zur Tür, wo geisterhaft durchsichtig, und nur für ihn die lange Reihe hereintrat : Albertus Julius und Cornelia (Bergmann); Litzberg, Jünglinge, Mädchenkinder; und dem schandharten Bett, wie aus Zeltbahn lags über Brettern, nahte sich heiter und ehrerbietig-kühn Wolfgang der Seefahrer : er hatte die Hand des Meisters gefunden und zog ihn leicht, hoch aus dem Erdengestank : denn es mochte ein Boot draußen warten : dann zum Schiff : und dann fort : ach, fort! (Und hinten kommentierte der alte Fant wie ein Germanist)

Dahin : Dahin! : Aus der Tafelmitte strahlte, gewaltig groß, die Insel : weiße Wände über dröhnendem Meer : o du mein Exil! Ich konntes nicht ertragen; ich drückte den Kopf auf die Fäuste, und heulte und fluchte quer durcheinander (Aber mehr fluchen : you may lie to it!) – Ich habs ja auch schon anderswo beschrieben.

Halbwach : ich klaubte die Glieder vom »Bett« hoch und schludderte mit sandsteinernen Füßen zum Tisch. Ich schrieb einen flehentlichen Brief an Johann Gottfried Schnabel, esquire : er solle wieder einmal ein Schiff von Felsenburg schicken, botenbemannt : die würden durch die Straßen gehen zu Tag und Nacht in weiten rauschenden Mänteln, und in alle Gesichter spähen, ob wieder welche reif wären, Gequälte, wild nach Ruhe, den Inseln der Seligen. Sofort müßte man aufbrechen, nach einer Hafenstadt : in Amsterdam hatte Kapitän Wolfgang immer angelegt; ich wußtes wohl und fluchte mit verbissenen Augen nach dem Entschluß.

Lore sah herein : da sprang ich mit ihr zur Wäsche (sie trocknete sehr schlecht; aber es ist ja noch 3 Stunden hell, und der Wind geht recht munter : never say die. – Das Bügeleisen borgt Grete immer bei Frau Schrader)

Müssen morgen noch mal raushängen. Die Hälfte ist – tja, ich würdes ja auch noch feucht nennen – aber man belehrte mich in gewichtigem Tone, daß dies »bügelfertig« sei.

Wie Hackelnberg, der wilde Jäger, kam Grete auf der alten Arcona an; das klapperte so erbärmlich (ich seh morgen mal alle Schrauben durch; die Handbremse funktioniert auch seit Jahren nicht mehr). Sie billigte unsere Behandlung der Wäsche : »Ich geh gleich noch mal rüber zu Frau Schrader : da kann ich dann morgen ganz früh mit plätten anfangen«. Ich winkte Lore gebieterisch und fürstlich und sie eilte zum Tee : aus so einem Beutelchen kann man 4–5 mal Tee machen : »Und dann tun wir sie zusammen; und ich kochs nochmal!« sagte Grete glücklich : »einen Schrank hab ich auch schon!«. Und sie erzählte, daß früher bei der Fabrik – im Kriege – viel Fremdarbeiter gewesen wären, in Barackenlagern, auch Alle soldatenmäßig eingerichtet. Und da wär jetzt noch Einiges da : alte Tische, Feldbetten, Schränke. Und der Geräteverwalter wäre ein Lump und rauchte; diese Verbindung erschien mir bedenklich : ich erklärte gekränkt, daß auch ich bis vor zwei Jahren ... sie lachten artig, und weiter gings : für 10 amerikanische hätte er sich bestechen lassen, einen Einmann-Spind für 60 Mark offiziell zu verkaufen : und da nun die Zigarette schwarz 6 Mark kostete ... »Also für eine Schachtel –« sagte ich verblüfft; und Grete nickte tapfer und pfiffig : »Er ist noch ganz fest; allerdings so grob gestrichen : blaugrau und zerkratzt. Aber ganz fest noch!« – : »Na also!«

»Was eulst du denn immer draußen rum?!« fragte Lore gereizt, als sie das zweite Mal ihr Teeglas verließ (vornehme Gläser das : sah hübsch aus, die Mädchen mit den Gläsern; aber ich lob mir mein Steinkrükchen), und in die flache Dämmerung irrte. »Apel kommt doch noch« erklärte sie verwundert : »heute Abend mit den Kartoffeln : er fährt hinten am Sportplatz lang, und –« sie sah mich unsicher an : »– dann müssen wirs in'n Schuppen schaffen«.

Lore hatte das Vorhängeschloß in der Hand und zählte (auch!) die Säcke : »Drei!«. Ich schnob wie ein Wind; war doch nicht so leicht, immer die hundert Meter den Hang hoch mit einem Zentnersack im Genick! Und die Kiste füllte sich : Grandios : »Ssåtgut« hatte Apel kurz gesagt : *waren* auch schön; rote und gelbe. Als ich mit dem letzten Leeren runter kam, plauderte Grete noch ein bißchen, bereitete schüchtern weitere Konsumationen vor (wenn noch Eins kommt, könnten wir ja schon ein paar Pfund Speck erhandeln! Welch ein Gedanke!!) – Ich nahm den kleinen Breitschultrigen kurz beiseite (war ihm schon als der eigentliche Eigentümer der Sachen vorgestellt worden); er zögerte, grinste, na endlich : auch Schnaps machte er. Wir schüttelten uns fest die Ehrenhände : Mann hatte den Mann erkannt; außerdem konnte ich als Hamburger sein Platt fast täuschend nachahmen; wir schieden als Komplizen.

Mit einem Licht an der gefüllten Kiste : Grete, notgelehrt die Tür mit der Hand schattend, sah rührend aus : was ist eine Madonna mit dem Kinde gegen dieses Bild der kleinen ›Flüchtlingsfrau mit Kartoffeln‹?! (Und die Lichteffekte waren frappant; wie in der »Abendschule«, oder bei Schalcken).

Morgen Abend werd ich wieder n Hemd anhaben.

DIE UMSIEDLER

Arno Schmidt beschreibt in seinem Werk von Anfang an das Schicksal von Flüchtlingen und Vertriebenen in der Bundesrepublik. Hauptprotagonisten von *Die Umsiedler* (1953) sind der namenlose Ich-Erzähler und Katrin Loeben, die sich in der Hoffnung auf bessere Lebensbedingungen von Niedersachsen nach Süddeutschland umsiedeln lassen. Neben der eigenen schwierigen wirtschaftlichen Situation beobachten sie mit Sorge die angekündigte Wiederaufrüstung, die Bildung von politischen Blöcken und paramilitärischen Strukturen.

i Der frühreife Mond schob, rachitisch krumm, übern Bahndamm; einmal wieder Fleisch satt. Büsche noch mit etwas frischem Regen verziert; und wieder anfang könn zu rauchen. Eine fette Wolkennutte räkelte graue Schultern hinter den Abendwäldern; Makkaroni und die harte Ecke Schweizer reingerieben. Zwei Windsbräute rannten auf mich zu, mit zarten staubigen Mähnen, durchsichtigen gelben Leibern; irrten verlegen näher, rafften bebend die Schleppe, drehten sich und seufzten entzückend (dann kam aber schon das Lieferauto von Trempenau, und sie mußten hinterher, gezogen, mit langem mänadisch durchgebogenem Kreuz : Eener mit'm Auto hat immer mehr Chancen!)

Die gesunkene Sonne hinterließ noch lange das Rot von Löschpapier, in das von oben her Tinten der Nacht einsickerten. Regen floß dann schräg um die knochigen Bäume; Wind gab krummen Flüchtlingen Püffe in Haar und Augen, mach daß Du weiterkommst, die Wetterhähne schackerten auf den Firsten. Graue Siedlung mit Schiefer gedeckt; zum teufelsten Male die Ronde um Benefeld, immer außen rum. Im kahlen Himmel hallte der Wind sehr; Radio entwalzte lang allen öden Dachluken : da saßen sie mit wütenden Gesichtsscheiben bei 25 Watt; meine lehmigen Füße trieben mich im Wegerinnsal, bis' Herz abgewetzt war wie der Mantel, Salat, Salat. Kein Lastenausgleich, Hausratshilfe, Aufwertung der Ostsparkonten (Fluch den Ministern!). Die Sterne erschienen wie Diebe in Regenmänteln, in schleichenden Wolkengassen. Aber dafür drei Mann in jeder Stube; aber dafür Wiederaufrüstung he : was müssen das für Ochsen sein, die sich den Fleischer zum König wählen! Der schwarze Wind gebärdete sich wie ein Rasender, rempelte und schrie; den nächsten Zweig hieb er mir durch die Stirn, pfiff einem Kumpel und spuckte Regen : der kam johlend von hinten, trieb mir den Hut hoch und würgte am Schal. Aber dafür klappt die Umsiedlung immer nicht : in jedem Beruf ist ein Mensch mit 65 ausrangiert; aber der Staatsmann, Senilissimus, wird scheinbar erst mit 75 so recht reif, eiskalt, total unmenschlich, greisig gräulich griesgram Gräber grimmig. Drei graue Fledermenschen kreuzten mich in langen taumelnden Umhängen, und schon erschien der schwarze Dachkeil des Niedersachsenbauern : Niemand, der nicht Landwirt war, hat ein Recht von den Schrecken des Krieges zu reden : die ewigen Kontrollen, mein Lieber! Daß Euch der Kriwitz! Eine magere Silbereule hängt reglos im Kiefernwebicht; am Teich : wegelagern Baumkerle in Nebellumpen, Arme wie Keulen, knotig drüber gehalten. Drinnen der Tischfluch über die Sirupschnitte; verschimmelte Wände, wer kann das Loch erheizen; hinein in Wetzels Belphegor (gottlob war Beier noch nicht da); und dies ist das sogenannte Existieren, was wir jetzt tun. (Die Windschlägerei tobte draußen immer noch fort.)

[...]

xii Willst Du leben, so dien; willst Du frei sein, so stirb! – »Deutschland wird in der Weltgeschichte einmal den Ruhm des Steines haben, über den Menschen mehrfach gestolpert sind«, entgegnete ich finster Dem, der mir die Stärke und Schönheit der kommenden neuen Wehrmacht pries, und wir drehten uns sofort die Hintern. War scheinbar sonst ein Tanzsaal gewesen mit der üblich neckischen Staffage : Niggerjersey kratzte sein Banjo vorm Bauch; überm ekstatisch trampelnden Gaucho steppte die Lassospirale; das lange Mädchen, alle Hände voll mit den eigenen Hüften, tänzelte über Miniaturhessen : der Fluß kam ihr genau raus. Das Grubenlicht an der Decke ließ zuerst kaum die Bettklüfte und Stollengänge erkennen.

Ich ging erst nochmal runter; auch der Mond hatte sich in den Hof verfahren und suchte mürrisch im Gerümpel. Kurz vor zwanzig Uhr kamen die Meisten wieder : Einwohner 1500; nur Landwirtschaft; Industrie keine. »Doch,« sagte ein Junger boshaft : »oben, bei der Kirche : ne Malzfabrik mit zehn Mann.« »In den Weinbergen giebts ganz schlechten Lohn : zwee Mark am Tage und ›Haustrunk‹ frei.« – ? – Achselzucken : »So Wasser woll, mit m Schuß Wein drinne.« »Zwei Mark!«, und es schien wieder dunkler im Saale zu werden. »Von Rußland aus gesehen ist das Einkreisungspolitik. Abwürgen. Ganz klar! : Europa soll doch nur der Festlanddegen Amerikas sein, deswegen drücken die so. Nennt doch die Dinge beim richtchen Namen!« »Hastn Du soviel für de Russen übrich?!«. »Ich – nee! : aber für die Andern mitsammt unsrer Regierung ooch nich!«. Einer wollte schon heute, jetzt eben, der Dicken unten ›das Kellerfenster eingestoßen‹ haben, man ließ ihn kaum zu Ende zeigen, ›den Schritt geweitet‹, der Beifall war fast zu groß : ihr denkt woll, weil wir bloß Flüchtlinge sind?! Weber saß bedrückt unten auf seinem Bett, als ich den Mantel überzog : »Schmiede hots schun Dreie« flüsterte er und suchte zu lächeln. »Lassen Se uns ersma essen gehen,« beruhigte ich ihn, und unten waren viele Damen. Das Gedam. Ich schritt in den Kreis der wartenden Schulkinder, welche führen sollten; die ängstliche Kleine las, kauderwelschte ein wenig, ging aber dann vor uns her : wieder der kleine Platz (ist doch wohl die city); eine breite Straße; vor einem dunklen gebogenen Gassenmund wies sie hinein : avi bnise gegole epetum (ein barbarischer Dialekt wieder!); na, auf dem Zettel stands ja auch, Beck, 224. Tappen auf bauernharten Steinschädeln; »Vorsicht ne Walze!«; der Mond hatte die alten Ackerwagen prall mit weißen Planen bespannt, Lichtballen lehnten überall, so daß wir in dem hellen Gewirr zuerst gar nicht die Hausnummer fanden. »Ist das auch Ihr Mann? Ihr richtiger Mann?« : ein mißtrauischer Frauenhaushalt, Viere, und ein kleiner Junge, Karl, Don Karlos. »Wir sind Verlobte«, sagte Katrin so stolz und bräutlich langsam, hatte die Katze Übung, daß sie ihr sofort glaubten; auch die Kartoffeln waren groß und heiß, und die fleckige Bauernsülze scharf und saftig. Wir erzählten dann lange von Treck und Elend, bis sie uns gerührt Woi brachten (sind aber wirklich gute Leute!). Dann kamen Nachrichten : Große Kundgebung in Westberlin »die an der Grenze zum Sowjetsektor stattfand« : also wie die kleinen Jungen, die sich gegenseitig übern Zaun die Zunge rausbläken. »Und jeder will die längere haben.« »Gut Nacht!« : das verfinsterte Malaiengesicht des Mondes betrachtete uns boxerhaft, überlegen, bong die letzte Runde, spöttisch, vom Untergang her.

[...]

XV »Dichter, die sich schrecklich um neue Stoffe quälen, könnten ja pindarische Oden auf unsere Olympiasieger machen, Jesse Owens und Birger Rüd, kuck hier!« : Dreiundzwanzig musklige Gestalten bolzten und sprangen über den struppen Rasen, köpften die schwieligen Wolken, Bälle stiegen mit Magnuseffekt ins Windgeschrei. Ich preßte das Kinn auf den rauhen Pfahl und knäulte verächtlich die Finger durch meine kalten Taschen : öde Gesichter, rübiges Gemüt, Gedankensteppe, Seelentundra. : »Die Verleihung der Literaturpreise in der Mainzer Akademie hat der Südwestfunk nicht übertragen : aber der Vater der Fußballspieler Walter wurde ne halbe Stunde interviewt.«

Das Publikum : Schützenkönige mit strammen Bäuchen, gemästete oder schwangere Weiber, Kinder, die Gräser quälten und brüllten. Hassen, hasten, rasen, rasten. Man müßte weißgott immer ne Weltkarte an der Wand hängen haben, damit man Europa nur als das zerklüftete NW-Kap Asiens sich einprägte; und n Fußballfoto für christlich-abendländische Kultur, wo se anschließend den Schiedsrichter totschlagen. Es gibt eben doch Züge, die den Charakter unrettbar enthüllen und auf ewig verdächtig machen : an Befehlen oder Gehorchen Gefallen finden; Politiker sein. Andererseits gibt es Dummheiten und Irrtümer, die kompromittieren, wenn man sie *nicht* einmal beging. »Und das wären?«. Na, zum Beispiel als junger Mensch, so bis 25, Nietzsche für n Halbgott halten; oder ›Die Menschheit‹ ebensolange lieben. Sie nickte verständnisvoll, und sah noch einmal mißfällig hinten zur Menge : »Na, alt werden wir in dem Nest ooch nich!« entschied sie. Wir traten hinter die mächtige Verladerampe : ihre Zähne brannten mir in der Kehle, Nägel nesselten im Genick, der Wind blaffte entrüstet um die Ecke und fuhr uns in die Mäntel. »Lastenausgleich, Katrin, ha ha? – Wo die umgehend aufrüsten wollen?! Hab nichts dagegen, wenn Einer dafür stimmt : aber dann sofort herunter mit ihm von seinem Laborstuhl, Handwerksstube, Ministersessel, Pfarrsiebenschläfer und hinein in die Wehrmacht : 2 Jahre Latrine scheuern; ›Hinlegen‹! ›Auf, Marschmarsch‹ und dazu schreien müssen : Ich bin verrückt, bis der Kleintyrann gnädig abwinkt; Gewehrappell mit der Stecknadel; und dem Herrn Feldwebel mit 4 Mann die Streichhölzer einzeln auf der Tischplatte raufbringen, die Jener aus m 4. Stock schmeißt, fuffzichmal, bis die Schachtel leer ist : 1937 hab ichs gesehen in Sprottau, meinen Kopf dafür!! : O du herrliches deutsches Volk! Und du Schule der Mannheit, Kommiss! Aber in der Regierung sitzen ja Alles Solche, die nischt mehr mitmachen brauchen; Keiner unter 60 : was brauchen wir noch Altersheime, wo wir doch die Parlamente haben! – Über solche Fragen dürfte Niemand mitstimmen, der nicht davon betroffen wird« (Anderes Thema; mir stieg die Galle zu sehr). »Hörst Du, wie sie blöken? Bis hierher? Und nachher gehn sie in die Kirche« (Modernes Gebetbuch : »In Flugzeugnöten zu singen«; »Gebet mit m besoffenen Chauffeur«; »Herr, laß die U-Bahn mich erreichen«. Ich kann nischt für meine Natur : bei so was fangen gewisse Organe in mir an zu zucken, und ich erzählte ihr gleich von »The Book Of Mormon«, welches im Jahre 420 schon wußte, daß John Smith aus Vermont es am 22. 9. 1823 auffinden würde.) : »Es ist nichts so absurd, daß Gläubige es nicht glaubten. Oder Beamte täten.« »Nur zu wahr, was die Beamten anbelangt,« sagte sie weise und bitter, und wir gingen noch ein paar graue Werst in Richtung

Sprendlingen. (Weitere Unterhaltungsthemen waren : »Liebst Du mich?!«; »Hast Du Freunde?«; »Ist die Weltgeschichte Zufall oder bloßer Unsinn?«; »Kannst Du Schachspielen?« – und ich erzählte ihr entrüstet, wie ich damals den schlesischen Provinzmeister umgelegt hatte, mit b2 – b4 : Jawoll!).

xvi da kamen wir an einen breiten Weg, der vorn zu einem Dorfe führte; Himmel fing an, sich düster zu umziehen und regnete; Zwei, die immer über unsre Köpfe hinflogen, wollten also das Geleit sein : der enge Friedhof mit unordentlich gelegter Steinmauer eingefaßt; Kirche mit kurzem spitzen Schindelturm; in der dicken Wand jeder Seite nur ein einziges Fensterchen; die Tür wie halb in die Erde versunken; hohe Grabhügel dicht aneinander gedrängt und mit Nesseln bewachsen (Menschenmiete). Der Horizont war schon verdunkelt, der Himmel schien in der trüben Dämmerung allenthalben dicht aufzuliegen.

Hinter uns die Urlaute balltretender Menschheit; links dürrleibige Maismumien, Röcheln, trocken, unerfreulich; und vorn sank das blutründige Sonnenunheil durch gußeiserne Wolkenwände. Hadern : »Bratenesser, in den Sonntagsanzug verkleidet. Stramme parfümierte Huldinnen.« Aber Katrin erläuterte mitleidig : »Die Armen würden doch sonst nach Stall riechen. Tatsache.« Und der schmale feste Unterarm bog mich hin zum kleinen Stellwerk : zweistöckig, ordentliche Ziegel, Sechs mal Acht, flaches Dach, starke Blechtüren, dunkelgrüne. Wir umzögerten's von allen Seiten, planlos und gedankenvoll. »Unten wär Küche und ein Abstellraum. Großer.« »Oben großes Wohnzimmer mit ner Bettnische«. Tiefer atmen, schwerer nicken. (Wenn man bloß was anderes als Stammespossenreißer wäre; Hordenclown, dem der Chefpithekanthropus manchmal gnädig n Eckchen Mammutlende vor die Brust schlenkert.) Dämmerung schlich mit schweren Körben über die Felder; ich faßte wieder in Katrin, auch frecher, und sie zuckte kaum. »Keine Gardinen vor die vielen Fenster, oben. Ein ganz großer Saal, Du!«. »Ja.« sprach sie zwischen den Zähnen, und zog halb die Augen zu : vor Haß gegen das Drecknest. »Nachher vielleicht noch mal ansehen.« Der Steg schwankte grau über den Bach, (platte Wolkenlarven trafen sich da über jenem Wiesberg), Wind schwang die Grasrassel, regsam, ohne Leben. »Siehst Du sonst einen Baum?« und sie wies angewidert zur Binger Chaussee. »Aber der nimmt doch vom ›guden Boden‹ weg«, empörte ich ironisch, »daselbst können doch Runkeln wachsen!« und schnitt Bedenken gleich ab : »Soll doch Jeder zwei Kinder weniger haben! Da wird sogleich Raum für Gehölze, und der Hunger hört auch auf! Kein Krieg, kein Elend mehr! Meine Stimme kriegt die Partei, die gegen Wiederbewaffnung und für Geburtenbeschränkung ist!«. »Also keine?«. »Also keine.« Der Weg endete sinnlos vor einem Feld plump verletzten Bodens : geschundene Erde, abgezogen die Pflanzenhaut, zerschnitten, argwöhnisch mit dornigem Draht umspannt. Voller Ekel also zurück : »Nich mal soviel Verstand haben diese Bullen, daß sie ihr ›Eigen‹ mit menschlichen Hecken abgrenzen!« Wir preßten die verwilderten Gesichter aneinander. Der Hades begann träge zu dampfen; Dunst bezog eisig die erblassenden Pfade; Katrin darf sich den Stumpf nicht erkälten. Ein breiter Silberhauer schwoll aus welkem Wolkenmaul : mampfte greisig wieder zu.

TRANSPORT IM SPÄTHERBST

In knappen Bildern schildert die Erzählung *Transport im Spätherbst* (1955), wie Flüchtlinge nach dem Krieg von Nord- nach Süddeutschland umgesiedelt werden. Die Eisenbahnfahrt löst bedrohliche Träume aus.

1.) Endlich der hölzerne Knuff in den Rücken; jeder Flüchtling sah hoch, ob sein Koffer fiel. Und schon war die Stadt weg : viel Getümmel der Luft; nasse Lichter reisten an den Horizonten; Schattenpferde, jagten die Bäume nach hinten; die Scheibe der Dämmerung beschlug noch grauer (sie schluchzte nämlich brausend, und schlug ihr Silberhaar über die Scheiben). Jede Station henkerte uns mit Bogenlampen, hackte Hände ab, sargte die gestreiften Rümpfe hastig in zu kurze Lichtbretter, so also sah Katrin ohne Kopf aus.
2.) »Wie die Andern alle schlafen können!« staunte sie vorsichtig, »ich war schon als kleines Mädel son unruhiger Geist. Mein Großvater war Schuster, und die alten Leute arbeiteten ja furchtbar lange : da lag ich immer nachts wach, und hörte dem Pochen unten zu.« Ihr Mund tappte süß und einförmig durch die Erinnerungen, neben mir, auf weichen Lippenschuhen, roten Samtpantoffeln.
3.) Wieder gab es einen furchtbaren Ruck; Funkiges fuhr seidenrot vorbei, und wir rollten wieder ein Stückchen. Das Licht hieb mit geschliffenen Äxten durchs Abteil; zackige Schwerterbündel rannten an uns hoch; noch floß Jedem die große Messingsäge durchs Gesicht. Katrin brachte die Flasche mit dem lehmigen Rotenkreuzkaffee heraus, und wir teilten uns eine der gutgemeinten Honigschnitten. (Der Zug stöhnte und toste nachtblind um uns; die Türen meuterten in den Rahmen; ungebärdiges Holz stieß mich überall).
4.) Schräg aneinanderlehnen; fest; und träumen : Der große Knochige hatte den roten Schal und ne Tommybluse um, und sagte

laut : »Von der Regierung helfen sie uns nicht : da wollen wir selber lostrecken!« Beluden wir also wieder die Wagen und flossen über alle Straßen; der Wind schlug unsere Deckenmäntel zu Falten; die Eimer jankten hinten um die entzündeten Schlußlichter. Hoch oben saß katrindünn eine Frau, das verdorrte Kind im amputierten Arm, und blies ein gefährliches Lied auf der Maultrommel; daß die fetten Einheimischen in ihren Bauernschaften erschraken, und wispernd nach Polizeien fernsprachen. Am Abend verteilte der Anführer lauter Streichhölzer; und vom vielarmigen Wegweiser schlichen wir in alle diese Richtungen.

5.) Gegen Morgen wurde unsre Fahrt reißender. Kiefernkrüppel tauchten aus weißen Mooren; Pfützen rannten auf Schlangenwegen vorbei; am Kreuzweg hielt ein Fremder mit beiden Handschuhen sein starres Rad; reifige Plankenzäune galoppierten noch einmal ein Stück mit; dann riefen die Wälder wieder Amok über uns.

6.) Katrin lachte übernächtigt, blies aber vergnügt in ihre kleine Mundharmonika ›Lieb Heimatland : Ade‹ mit Aigu.

7.) Breites Morgenrauh mit flacher Mondnadel an die fliehende Nacht geheftet. Dann Himmel rotgeätzt mit Strichwolken : ihr Gesicht wurde auch gleich rot und gelb. Ich grub das Buch aus der Tasche : ›.... Er brachte sie, auf einer Silberwolke, / auf eine Insel, die, dem Blick der Schiffer / verborgen, unter ew'gen Wolken ruht.‹ »– Schöön –« dehnte sie, und lehnte sich fester an unsere rumpelnde Dreckwolke. ›... Du bist Dieselbige, / nach der ich oft in Mitternächten weinte. / Bei Deinem Anblick schwiegen alle Wünsche; / aus Deinen Blicken strömten Ruh und Wollust.‹ (Wieland : Wollust. Tja.) »Ahä« machte sie betroffen. Das Sonnenfeuer fraß sich höher in den strohigen Morgen; der graue Hagemond verschwand in irgend ein Moor.

8.) »5 Uhr 52? – : Dann sind wir in einer Stunde da!«

ROLLENDE NACHT

Die Kurzgeschichte *Rollende Nacht* (1957) kritisiert subtil die damals verbreitete Sichtweise auf die »verlorenen deutschen Ostgebiete«, aus denen die Flüchtlinge und Vertriebenen stammen.

Selbst der kleinste Bahnhof henkerte uns mit Bogenlampen; zakkige Schwerterbündel rannten an uns hoch; jedem flossen Messingsägen durchs Gesicht; so also sah ein Bundeswehrsoldat ohne Kopf aus.

Denn drüben in der Ecke schlief einer. Zuerst hatte er lange eine Illustrierte besehen : auf dem doppelseitigen Bild ging es furchtbar her! Irgendein Vesuv stand mitten auf dem Papier und wirtschaftete erschrecklich nach allen Seiten hin. Er warf nicht nur Rapilli, sondern ganze Berge aus, und der Feuerstrom aus seinem Gipfel war wie der Ganges. Der Ort an seinem Fuß, der gerade pompejisiert wurde, hatte Kuppeln wie der Kreml von Darmstadt. Aus dem Fenster jedes Wohnhauses starrten ein paar zum Himmel gestreckter Arme hervor; aber die Unterschrift konnte ich nicht entziffern, da sie so sehr Kopf stand. Wahrscheinlich hatte ein linientreuer Pressezeichner sich keinen andern Rat mehr gewußt, die Sowjetunion zu erledigen; einmal war mirs, als könnte ich ›Kljutschefskoj‹ lesen. (›Dollar‹ ist ja noch zahm; das kommt von ›Taler‹. Aber ›Rubel‹? : der erste wurde von einer runden Silberstange mit dem Beil abgehauen; denn ›rubjit‹ heißt abhacken : Wer kann wider Gott und Nowgorod?).

Es sauste unaufhörlich. Wieder machte es uns gestreifte Rümpfe. Ehernes Gestänge tummelte sich insektig vorbei. Der Mann mit der Lederjacke gegenüber bewegte demonstrierend den Arm in der Schlinge, und erklärte ihn :

Er hatte schon 164 Kirchen mit goldenen Kreuzen versehen. Sechsmal war er dabei vom Dache gefallen; einmal hatte er sich

›unterwegs‹ mit Händen und Zähnen festhalten wollen, dabei aber 3 Schneidezähne eingebüßt, die im Blei der Dachrinne stecken blieben. Das Letztemal war ihm der rechte Unterarm zerbrochen; er hätte jedoch inzwischen mit der Linken bereits wieder 4 Kreuze vergoldet, und Bestellungen auf weitere 10 : das ist unvermeidlich heutzutage, daß man in solch endlosen Schnellzugnächten das Selbstbiogramm der meisten Mitreisenden zu hören bekommt. (Und belastend ist es auch; zumal, wenn man einen Überschuß an Fantasie besitzt, und sich dann anschließend tagelang mit all den Schicksalen auseinandersetzen muß!).

Wie spät? Die Frage der alten Dame (die aber eine leichtfertig=violette Kopfbedeckung trug, für die ich keinen Namen wußte) ergab eine schlaffe Diskussion über den Wert zweier Uhren, von denen die eine eine Viertelstunde vor, die andere ebensoviel nach ging : wenn sie immer beisammen wären, wär's kein Problem, das bißchen arithmetische Mittel.

Und die Dame war aus dem Osten; hatte an der Oder ein Häuschen besessen (wie die meisten Flüchtlinge; ganz selten hört man von Einem, daß er zur Miete gewohnt habe); und erzählte länger von Schlesien und seinem uralt=deutschen Boden, als ihr nach den ungeschriebenen Gesetzen einer Schnellzugnacht zukam. Also unterbrach ich sie, als sie zum zweitenmal den ›Breslauer Ring‹ beschreiben wollte, mit der Frage nach der Provenienz dieses Wortes. »Nu, Ring, Ring« sagte sie ungnädig, und zeichnete einen mit dem Finger vor ihre seidengrau überspannte Brust : »Der Platz eben; ums Rathaus rum.« »So viel ich weiß, kommt das aber vom polnischen ›Rynek‹« wandte ich verbindlich ein : »das heißt nämlich ›Markt‹«.

Sie setzte die Zähne aufeinander und atmete schwer aus; es klang wie »Du Kabire!«. »Selbst wenn – was ich bezweifle – es so sein sollte« sagte sie giftig : »wäre es bei der augenblicklichen politischen Lage völlig unangebracht, das zu wissen.« »Sehr richtig!« versetzte prompt ein so furchtbarer Baß, daß ich vorsichtshalber die Abteiltür ein Stückchen aufschob. Auch für den Rest der

Fahrt zu schweigen beschloß; einsam wie ein Kätzchen im leeren Waschkessel, mit dem Deckel drauf. Aber sie rettete mich selbst, als ihr Blick zufällig aus dem Fenster fiel : »Also wie ein Feenpalast!«. Die Fabrik war nämlich schon jetzt, um halb Sechs, über und über erleuchtet, sah aus ihrer ernsten Front hundertäugig in die Winternacht, und ich dachte – dachte : ich mußte ja vorsichtig sein! – wie es wohl in einem Kopf aussehen möge, dem beim Anblick eines Textilwerkes das Wort ›Feenpalast‹ einfiel : so eine darf nun auch wählen!

»Altenbeken!«. Sämtliche D=Züge hatten hier zehn Minuten Aufenthalt; denn es war einer jener raren Riesenbahnhöfe ohne Ort, wo sich diverse Hauptlinien kreuzen. Wie seinerzeit Kohlfurt bei Görlitz : an solchen merkwürdigen Plätzen hatte ich als Kind immer erwartet, irgend ein technoides Wunder zu sehen, einen fliegenden Menschen, oder einen versteinerten, oder so etwas. Ich entschloß mich, auf den Bahnsteig zu gehen; Füße etwas vertreten, und die Feindschaft im Abteil abklingen lassen.

Der flache Steindamm draußen war bereift, grau und grobfasrig. (Ob man in dem matt erleuchteten Bauwerkchen hinten wohl schon einen Kognak kriegte? Wohl kaum. Und nachher war's bloß der Raum des Fahrdienstleiters.)

»Ach, entschuldigen Sie –« das war der schlanke Herr, der die ganze Zeit, zart und verlebt, neben mir gesessen hatte : »Sie sind Slawist? – Ä=Studienratdoktor Zeller mein Name : Englisch, Französisch.« Um nachher wenigstens einen Verbündeten drinnen zu haben, erhöhte ich mich feige selbst, graduierte und nobilitierte : »Doktor von Ende.« Er nickte müde und zufrieden; und wir besahen zusammen eine zeitlang den mageren Mond, der sich im weißgestrickten Gewölk eins fror. »Könnten Sie mal bei Walter Scott, im Original, nachsehen«, fiel mir als weitere Bestechung für ihn ein : »Da kommt im ›Herzen von Midlothian‹ das Phänomen vor, daß ›der volle Mond breit im Nordwesten‹ aufsteigt.« Er hatte mir lässig das verbrauchte Halbprofil hingehalten, und fragte jetzt vornehm erschöpft : »Warum? Gibt's das nicht?« (Man ist also doch letzten Endes allein!). »Nein,« sagte ich bitter; und wir erklommen vorsichtshalber wieder das Trittbrett, obwohl noch ein paar Minuten Zeit gewesen wäre.

Gegen Morgen wurde unsere Fahrt reißender. Kiefernkrüppel tauchten aus weißen Mooren; Pfützen rannten auf Schlangenwegen vorbei; viele leere Birken schwebten hinten durch die Haide. Am Kreuzweg hielt ein Fremder mit beiden Handschuhen sein starres Rad. Reifige Plankenzäune galoppierten noch einmal ein Stück mit. Dann riefen die Wälder wieder Amok über uns.

ZÄHLERGESANG

Mitte der 1950er Jahre ist die Bundesrepublik vom Wiederaufbau geprägt. Die Kurzgeschichte *Zählergesang* aus dem Jahr 1957 berichtet davon, dass Vertriebene noch immer unter ihren Erlebnissen während des Kriegs und der Besatzung leiden.

Im allgemeinen bin ich am liebsten allein; ein Wesenszug, den meine wenigen Bekannten ohne Zögern bestätigen werden; das ist ja immer das Schönste, dieses »Ni Dieu, ni maître«. Folglich kommt es auch selten vor – beinahe wäre ich der Epidemie erlegen und hätte »relativ selten« getippt; man muß ja *zu* vorsichtig sein! – daß ich mich in größere Menschenansammlungen begebe, und die sind dann stets von ganz besonderer Art.

Früher waren es die Wartesäle kleiner Bahnhöfe (wobei der Akzent auf »klein« liegt; große sind da viel zu charakterlos : da weiß man nie, ob man nicht im Hotel sitzt, oder im Speisesaal der ›Queen Mary‹; es fehlt die beständige unverwechselbare Untermalung durch diesen ganz spezifischen Begriff ›Eisenbahn‹!); auch abendliche Bahnsteige, auf denen neben ihren gelben Koffern die Menschen wie Schaufensterpuppen herumstehen; gelbe Uhrenmonde guillotinieren ruckweise die Zeit; Abschiede zwischen niedrigen Eisenbäumen mit schwarzer nietenköpfiger Rinde.

Das allerdings ist mir versagt, seitdem ich zu Rheumatismus tendiere. Da stelle ich mich denn nun zum Ersatz in Warenhäuser, neben die Rolltreppe, (solange, bis die Verkäuferinnen einander argwöhnische Augenwinkel zuheben); da läuft ebenfalls die Gesichter= und Stimmenbrause; da sieht man, wie der Mann sich drückt, wenn die Frau an die billigen Pullover gerät : Verheiratete müssen ihre Freiheit wohl pausenlos durch Zehnmarkscheine erkaufen (und Vorwürfe bekommen sie anschließend doch noch).

Es war also Abend geworden – Abend muß es sein; da geht alles schwarzgelber und lockerer; (die lästigen Morgenenergien sind verbraucht); wer jetzt durch die Straßen bummelt, mit schon geglättetem Gefieder, nickt auch den altmodischen Gaslaternen anerkennend zu (wenn man das Ohr neigt, und die Stirn nur ein bißchen kraust, kann man auch das einförmige Zischen der 4 Flämmchen hören; (und sich sagen : das zischt da immerfort; auch während Du schläfst : *sehr* merkwürdig!); und wer gar einmal hoch lugt, in die schwarze Eisenkappe hinein, sieht vielleicht zu seinem Erstaunen, daß diese Gaslaternen alle Nummern haben, ›911‹, und die nächste, nachdenklicherweise, dann ›1515a‹ : schon fängt man verantwortlich, ganz Mitarbeiter an unserer Demokratie, an, zu grübeln : welches System solcher Numerierung wohl zugrunde liegen möge?).

Als ich, von einem Gange solcher Art heimkehrend, in ›meine‹ Haustür einbiegen wollte, bemerkte ich befremdet, daß an diesem Winterabend gegen 17 Uhr gleichzeitig 4 Möbelwagen vor dem Nachbarhaus hielten. Richtig! : der Neubau war eben fertig geworden, noch wirtschafteten Handwerker in allen Gängen, Eimerchen mit lustigen Farben machten Tuschkastenaugen, Rohrleger hingen an Leitungen. Es hupte mächtig hinter=neben mir, und ein neuer Lastzug, mit schräger braunschweiger Firma, wühlte sein Bärenhaupt zwischen die kreuz und quer wartenden Vorgänger.

»Es war eine Lust ...«; »So prächtig hauruckten die Packer ...«; (solche unverbindlichen Satzbruchstücke erschienen unverzüglich in meinem Oberstübchen); daß mich die Lust überkam, zwischen all den aufgeregten Hosenbeinen und Mädchenschöpfen mitzumachen. Holte ich mir also meinen alten blauen Monteuranzug aus dem Schrank; dazu die fesch=beige Baskenmütze – halt! : den Zollstock noch in die Hand; und ein Endchen Rohr – und mischte mich wohlgemut ins Getümmel.

Da riß es mich in eine laute und aufgeregte Welt : ein Schrankgigant kippte gleich auf mich zu; hünenhafte Tapezierer legten Balatumlanzen gegen mich ein; Elektriker mit Ampeltropfen in den Händen turnten leiternhoch (dennoch sah ich so zünftig=amtlich aus – aus der Brusttasche ragte mir gekonnt, gut lesbar, die letzte Zählerrechnung der AEG! – daß niemand mich nicht nur nicht aufzuhalten wagte : im Gegenteil : ich war allerorten der Gast, der geehrte Gast; der Herr über 20 Tarife; dessen Wohlwollen man sich versichern mußte! Also besah ich mir in aller Muße abwechselnd die Beine der Möbel und der Frauen – (beide erschienen öfters aus Versehen für Minuten in den falschen Wohnungen); und lauschte dem, was man höflicherweise das ›Gespräch‹ nennt; d.h. dem Gemisch aus dirigierenden Schreien; ehemännerlichen Flüchen (dem Dialekt nach alles Flüchtlinge), Kinder hielten ihren Spielpanzer vor die bestrickte Brust gepreßt; Frauenlippen zählten lautlos nach. Eine gefiel mir sehr!; ein dünnes kindliches Gesicht, spöttisch und schwermütig, sehr weiß, unter der schiefen feuerroten Mütze.

Also nähern! Ich drang zielbewußt in die dazugehörige Wohnung ein : eine besorgte Mutter zauderte zwischen Kisten (deren Inhalte augenscheinlich unbekannt waren); ein kleiner derber Vater in Breeches; (das Bruderkind verschwand unter dem darübergestülpten Papierkorb, quantité négligeable).

Ich nahm gleich den Zähler im Korridor in die Hand (und wurde ehrerbietig betrachtet, wie ich da, die Zungenspitze fachmännisch heraus, maß und murmelte!). »Ach, Sie komm' aus Pommern?«; und der Hausherr bejahte bereitwillig; das ist das einzig Gute unserer Zeit, daß man sich leicht unterhält : »Sie sind auch vertrieben?! Wie war bei euch der Russe?«.

Oh weh; und alles winkte ab. (Ich half dafür auch die Möbel mit gerade rücken; hatte mich als schicksalsgenössischen Schlesier zu erkennen gegeben.) Also von den ganzen, »leidlich« milderen Jahren mal abgesehen (und ich wünschte jedem unserer Politiker solche »milderen« Jahre : *die* würden Augen machen!); beim Einmarsch war es schlimm. (Und jetzt wurde es schwierig für mich : ich mußte dreierlei gleichzeitig tun : dem Zählergesang lauschen (ich weiß nicht, ob Sie's schon mal versucht haben : wenn man sich nachts, alle anderen müssen schlafen, das eigene Gehirn ist ausgelaufen beim Studium von Schröter, oder Lamartines ›Geschichte der Girondisten‹, vor den Elektrozähler stellt : da singt es drin, ferne Stimmen, wie wenn man manchmal die Kurzwelle einstellt und Radio Surabaja wispert einem ins Geöhr); also dem mußte ich lauschen. Dann dem Gerolle der Bagage draußen : Rückzug der menschlichen Armee vor dem Feind Leben. Und schließlich (und wichtigstens) der Erzählung von Dittmanns.

Als der Russe kam, flohen sie in die Wälder. Das Haus zu halten war unmöglich für die Frauen, wegen der vielen Vergewaltigungen (»Wenn die Besoffenen dann ankamen, und die Mädchen verlangten, bin *ich* immer mit raufgegangen,« mitteilte tönern die untersetzte Mutter). Und ich hob den Zollstock wieder wütender an die Leitungen : die Lumpen; ob Ost ob West.

Dann Verstecken in den Wäldern. (Am Tage mußten sie auf ihrem früheren Eigentum arbeiten!) Zu vierzig schliefen sie in der Holzfällerhütte, als der Tyfus ausbrach. (Gemischt mit Ruhr – *und* 1 Eimer für Alle : *das* ergab Szenen, die jenes ruchloseste aller Worte illustrieren : »Und siehe : es war alles gut!!«).

»Von 40 kriegten 39 den Tyfus – und ausgerechnet mein Junge, der zwischen uns lag, nicht : das ist doch seltsam!«. »Und die Haare sind uns ausgefallen : vollkommen : wir wußten gar nicht, was wir machen sollten!«

Eben kam die Kleine (was heißt hier ›Kleine‹ : so 18 mochte sie sein! Einmal hatte ich gehört, wie sie zu einer Bekannten äußerte : »Du, wir haben ein' Elektriker oben : der iss nett!«) mit einem Karton die Treppe heraufgepustet. Wir lachten einander an; à la ich wollte es wäre Nacht. Sie rief, raffiniert=gleichgültig, einer Freundin etwas zurück. Und ich ging einen Stock tiefer, auf diese neue Schwarzgelockte zu.

»Entschuldigen Sie ...« (und was man weiter so sagt). Dann bei denen messen und schätzen. : »Sagen Sie, wie heißt eigentlich die junge Dame oben? ..... Dittmann, gewiß; aber wie weiter?«

Sie machte ein bedenklich=pausbackiges Gesicht (und es stand ihr sehr gut zu den silbrigen Augenkernen); wiegte auch hochbedenklich den Kopf : »Wissen Sie denn nicht? ....«. Ich wußte natürlich nicht; und sie erklärte es mir : »Können Sie sich's nicht denken, warum Lise immer diese Mütze trägt? : Die hat kein einziges Haar mehr auf'm Kopf! Kahl wie ne Kniescheibe. Die kriegt nie mehr n Mann!«.

Zwar gelang es mir, beherrscht, nur »Aha« zu machen; aber innerlich wölkte es doch ständig weiter; wenn man so ein Mädchen bei sich hätte – in fortgeschrittener Stimmung – und dann auf einmal der atheistenkahle Eierschädel?! Da schob ich doch bedenklich die Unterlippe vor!

(Gewiß, ja; bei Dauthendey, »8 Gesichter am Biwa=See«, kam ein ähnliches Thema mal vor. Aber das war ja Japan, weit weg, und also eigentlich mehr zum Lachen. Wogegen hier ....).

Ich riß mich los, aus dem schwarzlockigen Getümmel; versprach noch rasch neue, gütigere Tarife; und flüchtete mich in meine Junggesellenwohnung.

Erst noch ein bißchen in den Geschichten aus der französischen Revolution blättern; Carlyle, Thiers, Aulard und Kropotkin : damals waren ja auch tolle Sachen vorgekommen!

(Beim Schlafengehen auf das weiße Kopfkissen starren : nee. Einen Frauenkopf wie ein Straußenei? .... : Nee!!).

Der Lichtschalter war in Zählernähe, richtig : er sang wieder; ganz nichteuklidisch weltraumhaft, und »Hüahüaho«. Noch einmal den Kopf schütteln : Nee. Es stört doch maßlos : so *ganz* ohne Haare? ....

Nach dem Atomkrieg

Wenn es der Menschheit nur bald gelänge, sich zu vernichten; ich fürchte zwar : es wird noch lange dauern, aber sie schaffen es bestimmt.

Enthymesis oder W. I. E. H.

»Ja; die Frage nach dem Ursprung des Bösen in der Welt, iss mir schon recht früh komisch erschien'n – ich meine immer mehr, der ›Ursprung des Guten‹ sei das weit rätselhaftere.«; (ernsthaft): »Aber es wird ein Krieg kommen, danach Menschen gebraucht werdn=werdn: die ohne Häuser leben können, und aus Teichen trink'n; die nackt gehen, und keine Bücher mehr kennen (mögen); die der Schuhe nicht bedürf'n im wildn und ungebahntn Lande, im dürren und finstern Lande, im Lande da Niemand wandelt noch kein Mensch wohnet – : das *könnten* Solche sein. (Freilich: ›überlebm‹ kann man nicht mit bloßem Realismus; sondern nur mit ›phantastischem Realismus‹.) Alle diese Gruppm – Beatniks; Hippies mit ihr'n UnterSektn; Communardn; extreme TerrorGrüppchen; etcetera – sind Anzeichen einer Desintegration der Welt an den Rändern – vielleicht sogar ›von den Rändern her‹; ähnlich wie einst, um 13–1500, die Begharden, Lollharden, Brüder vom freien (oder sonstijn) Geist; die Wiedertäufer zu Münster (und anderswo).«

Abend mit Goldrand

SCHWARZE SPIEGEL

Nach dem vernichtenden Atomkrieg durchstreift der letzte überlebende Mensch die Wälder Niedersachsens und gelangt schließlich bis ins zerstörte Hamburg. Er versichert sich selbst beständig, dass es doch gut so sei, wie es gekommen ist, und dass er niemanden vermisse. Mit dem Fahrrad durchquert er die toten Dörfer, sieht überall die Gerippe der Bewohner, sammelt noch brauchbare Vorräte und inspiziert die letzten Überreste der zerstörten Zivilisation.

(1.5.1960)

Lichter? (ich hob mich auf den Pedalen) – : – Nirgends. (Also wie immer seit den fünf Jahren).

Aber : der lakonische Mond längs der zerbröckelten Straße (von den Rändern her haben Gras und Quecken die Teerdecke aufgebrochen, so daß nur in der Mitte noch zwei Meter Fahrbahn bleiben : das genügt ja für mich!)

[...]

Ein Bahnübergang (die Schranken seidank hoch) und immer mehr Gefälle. Eine Tommy-Brücke (halb verfault; noch vom zweiten Weltkrieg her) über den geschlängelten stillen Wasserlauf (schöner Teich zur Rechten, mit letztem Abendgelb getäfelt); dann bog die Straße links ein, und ich glitt mit müder Eleganz, à la Herr der Welt, in die Kurve : si quis, tota die currens, pervenit ad vesperam : satis est.

Ich nahm die Brechstange hinten heraus, und die Pistole : ›SUHM‹ stand an der Tür, und daneben eine Toto-Reklame. Ich hieb die schwere Meißelspitze ins Holz, oben; dann unten; das Schloß sprang mit Gebell, flash and report.

Wie immer : die leeren Schalen der Häuser. Atombomben und Bakterien hatten ganze Arbeit geleistet. Meine Finger preßten mechanisch, unaufhörlich, an der Dynamotaschenlampe. In einer Kammer ein Toter : sein Gestank hatte Zwölfmännerstärke : also wenigstens im Tode Siegfried (nebenbei selten, daß es noch roch; war ja alles schon zu lange her). Im ersten Stock lagen fast ein Dutzend Gerippe, Männer und Frauen (an den Beckenknochen kann mans unterscheiden). Also sechs Männer (bzw. Knaben); fünf Frauen und Mädchen.

Draußen : Früher wars wohl adrett genug gewesen; jetzt schlotterte der Garten ums hohle Haus. Schöne starke Kiefern aber. Graue Mauer, von der graue Kräuter nickten, auch Lupinen und Wegerich. Aus grauen Mauern machte man Häuser; aus Häusern Städte, aus Städten Kontinente : wer fand sich da noch durch! Bloß gut, daß Alles zu Ende war; und ich spuckte aus : Ende! Koppelte den Anhänger los und zerrte ihn mir nach über die Schwellen (gleich rechts rein; wozu Umstände).

Es raschelte im Nebenzimmer : ein Fuchs! Der rothaarige Hausvogt glitt keß um alle Möbel, hinaus, in die einäugige Nacht. Ich rollte die Decken auf; holte Wasser vom Bach; die Kerze blakte überm Küchentisch, als ich auf der Karte suchte. (Auch der Ofen zog noch, und der zerhackte Stuhl sott das trübe Wasser bis es stöhnte; wo war der Tee wieder – ach so). Warnau hieß das Bächel stellte ich zwischen Biskuits und Cornedbeef fest (Käse möchte ich wieder mal essen : Kräuterkäse; Schweizer, Edamer : ach meinetwegen stinkigen Limburger!)

Nebenan im Fuchsheim : Fotos an den Wänden; Familienbilder mit hausmachernem Lächeln. (Und speckig bin ich : wenn ich n Bindfaden dreimal auf dem Oberschenkel hin- und herrolle, hab ich garantiert ne Kerze in der Hand. – Also morgen große Pause und Waschen!)

Ein Klavier : ich klaubte eine Handvoll Mißtöne zusammen und acherontisches Geschwirre, no use. Orpheus benötigte ich dringend : der hätte mir Holz und Kohle herleiern können. Oder ne Badewanne. Ich fluchte kurz und ging nochmal nach oben.

Manche hatten tatsächlich noch Ausweise auf den beinernen Brüsten : für wen wohl? Und von verschollenen Autoritäten ausgefertigt, selbst wenn sie echt waren. Einem Mädchen sah ich lange ins Paßfoto, unters wellige Haar, auf die Bluse : und jetzt lagen ein paar gebogene Knochen neben mir, auch die Haare noch, ja, dunkelblonde; am Ende werde ich allein mit dem Leviathan sein (oder gar er selbst). Es bellte leise ums Haus; die Füchslein mochten wohl draußen schleichen, und ich tastete doch nach dem Handbeil (kurz vor Mainz, in Gaubickelheim, war ich einmal sechs Wölfen begegnet!)

Decken aufgerollt und in die ewigen Jagdgründe der Phantasie : den fliegenden Holländer und Odysseus müßte man in einer Geschichte identifizieren. Wind begann und die großen Kiefern redeten tief und brausig. Es bleibt immer nachdenklich genug, daß die Menschheit tatsächlich alle drei Geometrien für ihr Weltbild verwendet hat : zu Homers Zeiten die euklidische (Ökumene als Ebene); dann Kosmas, dessen Terrarium eigentlich ein Stück Pseudosphäre repräsentiert, mit dem ›Berg des Nordens‹ als Pol, und die auch jahrhundertelang gegolten hat; und endlich die Geoidoberfläche; interessant. Der Mond erschien traurig und glänzend im Fenstervier. Seit fünf Jahren hatte ich keinen Menschen mehr gesehen, und war nicht böse darüber; das heißt. Lesen konnte man bei der mattgelben Helle auch nicht; ich holte ein Buch aus dem Köfferchen : nein, nur den Titel ›Satanstoe‹; ich schüttelte bedauernd die Hände (war zu faul, das Licht nochmals anzuzünden). Am besten schlafen. – Die Uhr? Tickte auf dem Fensterbrett. Nicht mehr denken. Auch der Fuchs mochte schlafen wollen, denn es wisperte hinter den Wänden wie Tierlein und Wildstroh. War gesichert.

Nacht (und ovaler Stein in ebenhölzerner Fassung) : und ich konnte und konnte nicht einschlafen! Fluchte einfältig. Zuerst wollte ich nicht, aber dann trank ich doch (etwas); Energie ist Glückssache; und zeigte mich sogleich, stets ein Windbeutel hohen Ranges, fähig und unverdrossen zu jeder Absurdität. Ruhig behing ich mich mit zwei Waffen und

mischte mich in die Nacht: haderte mit Zweigen, ahmte Menschenstimmen nach, wurde Moosen gut; den Wind mochte ich aus einem Gebüsch aufgestört haben, denn er sprudelte unwillig Blättriges, jagte ein paarmal im Umkreise, und verscholl erst dann rauschend forstein. Selbst die kleinsten Kiefern stachen schon katzenwild um sich, wenn man sie zu plump anfaßte (muß mich auch rasieren, morgen früh). Einmal stank es derart, daß ich sofort das Gewehr herunter nahm : das konnte keine anständige Pflanze mehr sein, so roch es nur in der Zoologie! Aber ich ging doch nicht näher drauf zu, sondern eulte weiter im Hochwald; schon wurden die Stämme seltener, Sträucher gitterten am Rand. Ich trat gebückt über den Graben, und sah aufs leere Moor, wilde Weite, süß und eintönig, in der schwarzen Strahlung, bis ich die Schultern in der Jacke rieb. Das ist das Schönste im Leben : Nachttief und Mond, Waldsäume, ein stillglänzendes Gewässer fern in bescheidener Wieseneinsamkeit – so hockte ich lange und müßig mit rechtsgeneigtem Kopf; manchmal fiel ein Sternfunken stundenweit hinter Stellichte; manchmal beschlich mich eine schlacksige Windin und zerwarf mir die Haare, wie ne halbwüchsige fleglige Geliebte; sogar als ich einmal in die Büsche mußte, kam sie noch nach.

Das himmlische Barbierbecken hing schon an einem Kiefernarm, als ich darunter hinbummelte. War hohe Zeit, ›nach Hause‹ zu latschen, denn im Osten gaste es bereits grau und striemig; und die Sträucher standen hohläugig krumm und überwacht, auch unpassend, umeinander (und mich) herum. Der Morgen widerte mir entgegen; denn

eine Morgensonne so vollschlank und schwiegermütterlich rüstig im nett gruppierten Käte-Kruse-Gewölk erschien, daß ich wütend einen Stein übern Bahndamm danach schmiß : weißgott, wie frisch gestärkt sah das Gelumpe aus! – Dann in die Decken (wobei Fuchsens wieder erwachten, und sich über den neuen unruhigen Mieter beschwerten). – Herakles : antiker Mistkutscher (und nach der Leistung konnte ich endlich einschlafen).

Der Himmel rauschte unablässig über mich; meine Haare bebten, als ich mich am Fenster rasierte. Sogar frische Wäsche hatte ich in einem Schrank gefunden; das Rad war durchgesehen; und mit ein paar kecken Scherenschnitten hatte ich mir auch das Hinterhaar gelichtet : sind wir nicht Knaben hübsch und fein?! Also war ich reif für einen Dorfbummel, mit Feuerrohr und Axt. (Dann nahm ich doch noch vorsichtshalber das Doppelglas mit).

Siedlungshäuser, recht geschmackvoll gebaut und angeordnet; auch viele Kiefern hatte man stehen lassen, so daß ich beifällig den Mund spitzen mußte (und links unten warbelte immer das Flüßchen entgegen, bis es sich durch einen kleinen Wiesengrund entfernte, unter einer Eisenbahnbrücke hindurch, sehr nett!). Oben wurde's kahler, die Mauern nackter; ein winziger Schaukasten zeigte zwei Radioapparate vor; dann bog die Straße schon wieder nach rechts, und ich blieb verdrossen auf dem freien Plätzchen stehen : es ist ja immer derselbe Quark!

Ein Barächchen : ›Gemischtwarenhandlung‹. Da ging ich hinein (vielleicht war doch noch etwas eßbar); aber in dem armseligen Räumchen ruhte auch nur noch Staub auf giftgelben Bonbons, Kaffee war längst verduftet, die Konservenbüchsen aufgetrieben und zerplatzt (drei mit Rindfleisch steckte ich ein; nachher mal probieren). Mit dem Fuß wühlte ich unterm Ladentisch : aha : Flaschen! Essig, Essig, Öl (das kann ich ja mitnehmen!), Essig, Essig (was haben die bloß mit dem ewigen Essig gemacht?!); endlich eine Buddel Münsterländer, 32 Prozent, und ich wiegte abschätzig den Kopf : na, rin in' Sack! (Mehl und Brot ist die Schwierigkeit! Aber das ist fast nicht zu machen!) So warf ich ein böses Gesicht um mich, ging ein Weglein nach unten und stand schon wieder bei meinem Rad (wie gut, daß die

Bereifung Vollgummi war, sonst hätte ich längst zu Fuß gehen müssen). Na, ne kleine Rundfahrt tut den Beinen gut.

Ein Sportplatz : Das Gras ging mir bis zum Gürtel, und auch die 400-Meter-Bahn rundherum war fast ganz zugewachsen. Vorn am Eingang gilbte noch ein Papier im Kasten, Schreibmaschinenzettel vom Schriftführer Struve : Spielgemeinschaft Benefeld-Cordingen, die Aufstellung für nächsten Sonntag (den sie nicht mehr erlebt hatten!) : Rosan, der linke Verteidiger, Mletzko und Lehnhardt die Außenstürmer, Nieber in der Mitte; ach, du lieber Leviathan, weiß und rot mochte ihr lustiger Dreß gewesen sein, oder gelb und schwarz; na, da raschle nur weiter. Drüben die Straße hinunter standen auch noch ein Dutzend Häuschen.

[...]

So sott die wilde Maisonne, daß ich mich unten aufs Pflaster setzte, mitten auf den Asphalt, und die Füße streckte (Rad stand im Schatten, ja? – Warum eigentlich?) Aber ich war dann doch zu unruhig und raffte mich wieder hoch : ein Fahrrad zu führen ist wunderbar! Und diese leeren Orte noch schöner; auf der Kreuzung fuhr ich acht Kreise; als ich Rücktritt nahm, stand ich wie eine Mauer.

Illustrierte : die Pest unserer Zeit! Blödsinnige Bilder mit noch läppischerem Text : es gibt nichts Verächtlicheres als Journalisten, die ihren Beruf lieben (Rechtsanwälte natürlich noch!). Die ›Gondel‹ : fast nackte Mädchen besahen still und unschuldig ihr Geschenkel, und da mußte ich doch schlucken, und einige Häuser zurückreiten.

Duliöh! so blieb ich vor dem Schild stehen und nickte hocherfreut : Mensch, 8 miles von hier war ein englisches Verpflegungslager gewesen, und ich sah auf dem Conti-Atlas nach. Wenn da noch Einiges vorhanden wäre, bedeutete das längeren Aufenthalt in dieser Gegend für mich, und ich sah mich mit erneutem Interesse um. Am besten schnell was essen und dann gleich los, ohne

Anhänger. Aber dann sah ich das Postamt und ging da noch erst mal kurz revidieren.

Zack : das Handbeil oben in den Türspalt, dehnen und biegen, und schon zersprangen mittschiffs die Riegel : ein kleiner Vorraum. Gegenüber die Telefonzelle; ich schritt kalt hinein und raffte den Hörer zum Ohr : »Mnja?!«; Utys meldete sich; ›tote‹ Leitung, also auflegen, sorgsam, auflegen.

Interieurs : Drei Schalter, braun umholzt; drei Pulte, eine Bank für die Kundschaft, maid in waiting. Mit einem Satz war ich auf dem Zahlbrett und hinüber, im Allerheiligsten. In Büchern blättern. Einschreiblisten, Geld war gezahlt, Stempel ragten von ihren dörrenden Kissen, Tinte trockte rot und schillergrün, nutzlos hingen die milchernen Lampenkugeln, albern, antiquiert wie ein Blinddarm. War auch die örtliche Telefonzentrale gewesen; mollige Mädchenhüften hatten über jenem staubstumpfen Polster geritten (also war das Muster scheußlich!! Blau mit gelben breiten Unblumen. Und der Geistersopran : Sprechen Sie noch?!)

Vielfaltiger Mappe entnahm ich wichtig eine Postkarte (um noch dem erloschenen Gesetz meine Verachtung zu bezeigen), die grüne 10-Pfennig-Marke war schon aufgedruckt : eigentlich könnte ich eine schreiben, und ich spreizte überlegende Finger, schon im Sitzen. (Falls wirklich außer mir noch ein Mensch am Leben war. Und zufällig hierher kam. Und die Karte sah ...); und schon schrieb ich

An Herrn Klopstock (›Gottlieb‹ oder so), Superintendent, Schulpforta bei Naumburg – und die Postleitzahl machte mir doch Skrupel : Naumburg : das war doch schon drüben in der ehemaligen deutschen deimokratischen Republik; na, machen wirn Fragezeichen in den Kreis, Ordnung muß sein.

»Anbei den Messias zurück«. Und Unterschrift. (Genügt vollkommen für den Fall.)

Als ich sie in den Schlitz schob, fiel mir der Briefkasten darunter ein; sofort ging ich herum und öffnete die hölzerne Box mit einem Fußtritt als Schlüssel (war nur Sperrholz, 5 mm). Da lagen zirka 50 Briefe und Karten : weiß, fahl, graublau und grün, alle mit Namen, Zahlen, Daten, Liebste glaub an mich, und Lotterieanzeigen (einen Brieföffner brauchte ich nicht).

»*Vielen Dank* für Ihren lieben Brief. Und Ihr Mann muß immer noch auf Wache gehen. Nun, einmal muß es ja wieder besser werden ...« (das ›muß‹ unterstrichen; hier zwängte ich den Kopf ins Genick und feixte durch alle Öffnungen) ... »... Lux hat sieben Junge gehabt ..« (›Lux‹ : eine große sandbraune Schäferhündin; wußte ich intuitiv, und nickte anerkennend; las aber nicht weiter, da sie die Kleinen doch bloß – – na ja).

»*Gestern ging ich* am Hause Deiner Eltern in der Brüderstraße vorbei, und habe, im Schatten der Kirche, lange ins Lampenlicht gestarrt, bis die Fenster neidisch und scheinheilig anliefen, wie Nachbarsaugen; die kranke bleiche Abendluft kam, kalt und süß, wie eine schlanke grauhaarige Geliebte, ›zart und schwerfällig‹ fiel mir ein, und ›Nebel‹, ach unser Leben.« Ich runzelte strenge und bitter Brauen und Mund und sann ins gesplitterte Holz, stöhnte durch die Nüstern, nickte, lachte höhnisch, weiter : »... Morgen lasse ich ›das hier‹ im Stich, und fahre zu Dir! Lange kann es ohnehin nicht mehr dauern, und wir wollen wenigstens noch eine Stunde zusammen ..«

Ich faltete schamhaft den Bogen wieder, und grüßte mit Haupt und Hand den Kollegen Schattenreisenden : fahr nur zu Deiner Johanna! Hoffentlich hast Du sie noch erreicht, ehe die Wasserstoffbombe neben Eure Umarmungen schwebte, einmal lebt ich wie Götter und mehr bedarfs nicht (ist aber auch cosa rara, und das wiederum eine Oper von Martini).

[...]

Immer den rotblauen Schildern nach (und die Landschaft scharf im Auge behalten) : schön, die weiten wirren Wälder, und leeren Wiesen; ein lichtgrüner Buchentunnel zur Rechten (muß bis zur Rückkehr warten : aber schön ists!)

Verfluchter Mist! : schon wieder lag ein Telegraphenmast über der Straße und die Drähte wirrten sich durch den gelben Löwenzahn. (Wenn ich die Strecke wirklich öfter fahren sollte, muß ich das nächste Mal Säge und Axt mitnehmen : so ein Krampf! – Bloß gut noch, daß es kein stählerner Überlandmast war, sonst hätte ich das Gerümpel gar wegsprengen müssen!)

Sechs : verwilderte Pferde, wie? Oder! Ich schraubte blitzschnell am Mitteltrieb : Tatsache : Pferde! Sie gingen still am Waldrand und grasten, griffen mit breiten Lippen zu : ich war bloß 300 Meter weg. – Das ist selten! Einmal hab ich, bei Fulda, eine kleine Rinderherde gesehen, und, nach größter Mühe, ein Stück schießen können. – Also Wild hats auch hier!

Ein Nest : Walsrode (Zwei Straßen, Schilder, alberne Rechtsanwälte, albernere Richter, bloß gut, daß Alles ein Ende hat!)

Ein Beamter hätte überleben müssen; so Einer, der den Notizzettel durchstreicht, ehe er ihn zerreißt und wegwirft : ach, ihr Lumpen! Ich warf gleich einen verdorrten Blumentopf durch die Fensterscheiben des Amtsgerichts, und wartete, die rifle auf der Patronentasche, auf das erste entrüstete Sekretärsgesicht – – schade! Ein' Fuß auf dem heißen Bordstein; den andern auf der linken Pedale : Vielfältiges zog mir durch den wolkenschweren Sommersinn, nicht zu singen, in keinen Lais, nicht zu sagen, in keinem Satzgebände. Einmal neigte ich den Kopf, das Haupt, vor August Stramm : dem großen Dichter! (Auch Albert Ehrenstein, sagt was Ihr wollt!)

Kurz dahinter : Durchfallerscheinungen.

Die Straße war wunderbar und ich flitzte wie von der Bogensehne. Ein einsamer Bahnhof ohne Ort : DÜSHORN, und ich nickte anerkennend : ohne Ort! Das ist immer ausgezeichnet. Und gleich dahinter

die Wellblechhallen : (war rechts eingebogen; viele Gänge; kiesige Wege; die Vorlegeschlösser sprengte ein Schuß)

Die Wellblechhallen : Biskuitkanister : und ich schnitt gleich einen auf : Alles noch gut; und das schmeckte! – Wieviel mochten das sein : Fünftausend? Oder Zehn?! – Mein Schritt klopfte in den hohen Metallgewölben, gedämpft zwischen Regalen; aus Lattenkisten blinkten Büchsenköpfe; süße feste Marmelade grub ich mit dem Taschenmesser aus vergoldeten Zylindern : auch noch untadelig!

Bekleidung? Na, das ist nicht so wichtig (aber hübsch sah das linde Gelbgrün aus); höchstens ne Decke.

Ein Büro mit Schreibmaschinen : hm.

Ein kleiner Bau : Schnaps und Munition! Was war das tertium comparationis? : Feuer? Aber die Patronen waren meist grün und feucht, obschon wohlgefettet. 80 Schuß schienen o.k.; die nahm ich mit.

In einem Faß der Hahn : und funktionierte gar! Mißtrauisch : soll ich kosten? (Besser nicht; die Gifte sind in Alles eingedrungen; eigentlich darf man nur Glasflaschen mit Stanniolköpfen trauen). Also goß ich den Becher seufzend auf den gerillten Zement. – Rauchen tu ich nicht mehr (seit 43); also nützen mir die zahllosen Packungen auch nichts, Craven A mit Korkmundstück : far väl!

Wind? (Ich sah vorsichtshalber einmal hinaus) : blauer Wind rauschte endlos ums Haus in großen Fahnen; auch die einzelnen Wolken bewegten sich faltig und bauschig und unruhig. – Aber das Lager war tadellos : davon kann man jahrelang leben! – Ich schnallte einen Kekskanister auf den Gepäckträger und fuhr nachdenklich zurück, im Rucksack allerlei hors d'œuvre.

Unter der linden an der haide (eigentlich : im Buchentunnel zwischen Walsrode und Ebbingen) : Der Leberkäse war gut; Sphärengeschmack; von dem hol ich mirn ganzen Anhänger voll : habt ock verfluchten Dank! (›Ihr Hunde : mein Geld‹; das sind alles schlesische Redensarten)

Und die zahllosen Granitklötzchen summten unter mir, linksherum, rechtsherum; nach sieben Minuten war ich keuchend wieder auf dem Asphaltband zwischen Ebbingen und Cordingen : beamtenhaft wiesen leinölfarbene Schilder in alle Richtungen der Rennbahn : oh, ihr Vernünftigen! Weit und grünlich die Spätnachmittagswiege, durchbäumt, Waldstücke überall, und der Wind war frisch und wies mich flötend zur Heimat wiesenein; und ich glitt, wiegend und über harten Stampfschenkeln, die wellige Teerbinde entlang : es lebe die Einsamkeit!

Unfertig (auf halbem Weg rechts hatten sie angefangen zu bauen). Ich ging zum Brunnenschacht und lehnte mich über die feuchte hallende Röhrung (stand das Rad noch da? – Ja).

In der modernen Ruine : das hatte wahrscheinlich die Küche werden sollen. Das : vielleicht ein Stall? Die Wohnräume gaben Aussicht auf die Wälder ums Ostermoor. Ging gegen Abend, und die Sonne bei Wolkenufern; doch blieb es warmundhelle, und leuchtete nur langsam ab; Gräser und Straßenraine, zerfallendes Licht : und weit drüben ein Häherpaar pendelnd über den Forsten.

Tiefe Traurigkeit : Ich strich mit der Hand über das mühsam Gemauerte; mein Mund bog sich nach unten, die Füße hafteten im Dielenlosen : das war nun das Ergebnis! Jahrtausendelang hatten sie sich gemüht : aber ohne Vernunft! Hätten sie wenigstens durch legalisierte Abtreibung und Präservative die Erdbevölkerung auf hundert Millionen stationär gehalten; dann wäre genügend Raum gewesen, abendlicher, wie jetzt über jenen lieblichen Gründen und dämmernden Fluren, Licht und Pflanzen schlossen den Hainbund. Aber alle ›Staatsmänner‹, die Waschweiber, hatten dagegen geeifert, mit welchem Buchstaben ihr Name auch anfing – ach, es war doch gut, daß Alle weg waren : ich spuckte leberkäsig aus, so viel ich konnte, daß unten der Sauerampfer zitterte : nein!! Es war doch richtig so – Dann bummelte ein Rad die Straße hügelab (links die Apfelallee in eine Kolonie Hünzingen; rechts die Filiale von Trempenau) ›nach Hause‹. (Ich fürcht mich nicht im Dunkeln nach Haus zu gehn). Und wer die flying fortress will, bekommt den blockbuster obendrein.

Malepartus (aber die Wirte schienen indigniert ausgezogen; na : ewig bleib ich nicht!) Ist denn kein Papier im Hause; ich erbrach die Schreibtischfächer, daß es knallte; eine lederne geprägte Mappe, ein Mensch ärger Dich nicht (wie zum Hohn), und ich wurde zusehends ungehalten; endlich ein Buch : Rilke, Geschichten vom lieben Gott, du kommst mir gerade recht; und ich riß der Goldschmiedsprosa sogleich die benötigte Anzahl Blätter heraus : schon der Titel empörte mich; feinsinniges Geschwafel; auch so ein Pneumatomache : geh zu den Guacharos!

Diesmal flanierte ich nach der entgegengesetzten Richtung, auf den Fabrikschornstein zu. Ein Fußsteig führte nach links bis zum Bahndamm, gleich neben der Brücke, und da sah ich schon, daß eins der Geleise hinter ins Fabrikgelände lief, also ihm nach, über die torfbraunen Schwellen.

Holz, viel Holz! In mächtigen Bretterstapeln unter Schuppen; in Sperrholzplatten, aneinandergelehnten. Auch Balken, aber weniger. Im Hof noch Riesenstämme, elefantengrau, Buchen zumeist, von 80 bis 100 Zentimeter Durchmesser : schade um die schönen Bäume. War aber alles superb trocken das Zeug, würde im Winter brennen wie Gift. – Na ja; ich erhob mich seufzend (ob der vorgestellten Schinderei beim Sägen und Hacken solcher Mengen) und schlenderte nachdenklich aus der Umzäunung, vor der wiederum steif die Zebrabeine des bewußten Schildes warteten : das war also die Holzindustrie.

Birken aus denen der Saft lief. Irgendwo (auch irgendwann) hatte ich gelesen, daß man tatsächlich Wein draus machen kann. ›Birkenwein‹, mädchenröckiges, wehendes Wort (auch feinsinnig werden, eh? Und ich bummelte empört weiter über die Schwellen).

Was war das? : ach so. Im Glas sah man sogar die primitive Leiter des Hochstandes genau, und ich träumte mich einen Augenblick hinauf, wo der Wind Haut und Haare glatt strich, weit umher nur die glänzenden einsamen Wipfel; Natty hatte schon recht : Wälder sind das Schönste! Und ich war erst Anfang

Vierzig; wenn Alles gut ging (?) konnte ich noch lange über die menschenleere Erde schweifen : ich brauchte Niemanden! –

Der Bahnhof: Lütt und proper. Güterwagenrot : da standen sie, einzeln und in Ketten, und ich mußte wieder daran denken, wie im vorletzten (zweiten) Weltkrieg wir Kriegsgefangene zu Fünfzigen in die Dinger gesperrt waren; die Holländer schmissen mit Dreck und Ziegelbrocken, daß die Wände knackten, furchtbar und langweilig. Auf einem Nebengleis eine kleine Draisine, und ich versuchte zum Spaß meine Kräfte daran : rollte verhältnismäßig leicht (aber es ging wohl auch ein wenig bergab).

Das Karawanserai gegenüber : Bierplakate in lebhaften Emaillefarben. Zur Zierde ein neckisch gläserner Bücherschrank in dem gefällig der Schlüssel stak; ich klappte eins der Bändchen auf : »... Man erschlage ihn / Mit einer Keule doppelten Gewichts ...« und ich entfloh sofort. (Noch auf dem Flur zischte mir die Lachluft aus breiten Lippen : wahrscheinlich hatte es damals im hunnischen Lager die ›leichte Feldkeule 53‹ gegeben; sowie auch die ›doppelte FK 17‹ für Schwergewichte : wohin kann einen Rhetor sein Wortvorrat verführen!)

Unten : eine Mühle neben zwei schönen Teichen; der Brückensteg durchgefault, aber ich balancierte über die Balkenköpfe. Kleiner Platz mit einer ungewöhnlich hohen Thuja, mindestens 15 Meter maß sie; ein größerer Hof; zur Linken die lange Schuppen- und Garagenreihe : was sollte ich in den Menschenhöhlen? Wieder die ewigen Skelette betrachten? Wieder denken : das mag ein Dicker gewesen sein, der zufrieden am Abendwürstchen kaute; dies ein Leptosomer mit Baskenmütze und Menjoubärtchen; dort ein Trottel mit kahlem Eierkopf; hier eine christlich orientierte Jungfrau mit oder ohne Brille. Ein kleiner Straffer, mit Postbotengang und philosophischer Stummelpfeife (der aber doch heimlich ins Toto setzte). – – Auch drohte ein kurzer Platzregen, und ich schnürte ab, nach Norden, zum Hauptquartier (Zeltbahn übers Rad und Anhänger decken). Rechts hatte noch eine Kreissäge gestanden.

Dämmerung: für eine phantastische Erzählung fiel mir ein: kleine geflügelte Giftschlangen, die, zumal im Dunkeln, umherschwirren; schreckliche Folgen (und erfand gleich den ältlichen Titel:

Achamoth
oder
Gespräche der Verdammten,
das ist

gründliche und wahrhafftige Beschreybung der Reise, so Giovanni Battista Piranesi, napolitanischer Schiffer, in autumno des Jahres 1731

nach
Weylaghiri, der Höllenstadt,
gethan,

enthaltend eine ausführliche Darstellung von Land und Leuten, deren Sitten (vielmehr Unsitten), seltsam hellischen Gebräuchen, Institutionen, auch absonderliche und mitleidswürdige Qualen, sowie die merkwürdigen Dialogen, welche besagter G. B. P. zu unterschiedlichen Malen unter großen Gefahren für Leib und Seele daselbst geführt oder belauschet; Alles

nach Dessen
eigenem oft beeideten Bericht,

so er am Abend des 11. Maii anno domini 1738 und der darauf folgenden mondhellen Nacht auf der Piazza di Pesci zu Napoli in Gegenwart der seit langem dort ansässigen Herren doct. utr. jur. Markmann und Volquardts, des reisenden Past. emerit. Stegemann aus Dresden, sowie des Autors und einer großen Menge Volkes aller Stände in italiänischer Zunge abgeleget; neuerlich zu sonderbarer Belehrung und

geistlicher Befestigung
des teilnehmenden publici sorgfältig ins Teutsche
übergetragen.)

Hat viel geregnet.

Der Mondkeil wurde in eine Wolke getrieben, daß sie langsam spaltete; dünnes margarinenes Licht fiel auf das Unteroffiziersbild neben der Tür : der Dank des Vaterlandes : das hieß in jenen guten Zeiten nach dem ersten Weltkriege : einen Leierkasten, und das Halsschild ›keine Rente‹. (Aber die Deutschen schrieen ja noch zweimal nach Männchen machen, und »Es ist so schön Soldat zu sein« : they asked for it, and they got it!)

Ich erwachte : so stierte der Mond durchs Seitenfenster in mein taubes Gesicht. Unermüdlich kamen sie : Tag und Nacht. Einmal würde ich keuchend irgendwo liegen (hoffentlich gings schnell; und ein Schuß als Freikarte für die Fahrt ins Blaue mußte immer im Colt bleiben). – Ich lehnte mich an die Wand, die Kniee angehockt, und sah denkend mit Eulenaugen in den langsamen Lichtwechsel.

Der Erzähler besichtigt auf seiner Suche nach Brauchbarem auch den Mühlenhof, in dessen realem Vorbild Schmidts als Flüchtlinge lebten:

Über die dünstende Wiese : diesmal kam ich von hinten in den Mühlenhof; das Fenster an der kleinen Treppe fiel mir beim ersten Antippen entgegen (richtig : Fenster muß ich auch noch komplett irgendwo herauslösen, und bei mir im Haidehaus wieder einsetzen!), und ich schwang mich hinein : armselige Einrichtung : ein Bett mit Bretterboden, ohne Kissen und Federbetten, bloß 5 Decken. Ein zerwetzter Schreibtisch, darauf zwanzig zusammengelaufene Bücher in Wellpappkartons als Regälchen; ein zersprungener winziger Herd (na, der hat das große nasse Loch auch nicht erheizen können!), ich tippte ihm anerkennend aufs geborstene Eisen, und sah mich mürrisch um. Papier in den Schüben; Manuskripte; »Massenbach kämpft um Europa«; »Das Haus in der Holetschkagasse«; ergo ein literarischer Hungerleider, Schmidt hatte er sich geschimpft. Allerdings lange Knochen : mußte mindestens seine 6 Fuß gehabt haben. Das ist also das Leben. Ich salutierte den beinernen Poeten mit der Flasche (den Schädel müßte man mitnehmen und bei sich aufstellen); dann schwang ich mich wieder durch die dicke Fensterhöhle, und schritt bergauf längs den verwilderten Kleingärten.

Endlich gelangt der Erzähler an die Elbe. Er überquert sie mit einem Segelboot Richtung Hamburg, um Bücher, Bilder und weiteren Hausrat einzusammeln. Die Großstadt liegt in Trümmern, und alles, was er finden kann, gehört ihm.

Großschot in der Rechten, Steuer in der Linken, und es war Zeit, daß ich rüber kam, denn ich dachte den bekannten langen Schlaf zu tun. Wie ist die Formel : das Segel soll den Winkel zwischen Windrichtung und Fahrtrichtung halbieren : so glitt ich über den blauen langen Strom, neckte mich mit den graziösen Wellchen, hielt aus Spaß eine Zeitlang auf Flottbek zu und sah auch oft zurück, um mir die Neuenfelder Bake als Zielpunkt für die Rückfahrt genau einzuprägen.

Sorgfältig festmachen das Boot (und dem Tau etwas Spielraum geben, wenn nachher das Wasser fällt). Dann stieg ich in die nächste rassige Villa : nee : war zu muffig drinnen; also entrollte ich meine Decken auf der Veranda.

Jungfernstieg : ich setzte mich in den Straßenbahnwagen, der genau vorm Kaufhaus stand, und beabsichtigte, melancholisch hinaus zu blicken; aber es gelang mir nicht, und ich stieg wieder aus : linke Hand am linken Griff; sprang in einer bösen Laune gegen die Fahrtrichtung ab, und ging hinter der gelben Blecharche herum bis zur Balustrade. –

Auf dem Zettel murmelnd abstreichen : Taschenlampenbirnen 2,5/0,1 für meine Dynamolampe hatte ich schon mit Glück gefunden (ist gar nicht so einfach : 0,2 usw. findet man überall genug!); vier schön vergoldete Wandleuchter für je zwei Kerzen (also noch die Messingschrauben dazu); ebenso Nr 6, 7, 8 streichen; blieben vor allem noch Bücher und ein, zwei Bilder.

Vielleicht ne Mappe mit Graphik, was?

Ein Alsterdampfer kam unter der Lombardsbrücke hervor, Schiff ahoi, schwenkte ein, geriet gefährlich ins Wanken (denn der frische Wind rannte mit Geschrei durch die Trümmergassen), und wuppte eine Zeitlang unschlüssig auf und nieder (schien der Letzte zu sein, der noch trieb; bei den andern waren längst die Haltetaue durchgefault, die Seiten eingestoßen, gesunken : von dem links drüben sah man noch einen Meter Dach aus dem Wasser schrägen). Auch der hier hatte schon furchtbare Beulen im weißgrauen Bug, und stieß eben wieder dröhnend an den Steinrand, daß mir der Anblick wehtat.

Vor Geschäften : brauchte ich noch einen spitzen Hut? Oder Lackschuhe (auch spitz)? Mein Haar stob im Wind (was ich gar nicht schätze!), und ich trat einen Augenblick unters Portal der Petrikirche, mich zu adjustieren (ein kurzer Blick hinein : nee, werter Nazarener : Du bist kein Problem! Gott hab Dich selig; da das nach eurer Ansicht ja einmal Gottes Aufgabe ist).

Und wieder stürzte ich Türen, schlug Kellerfenster ein, zwängte mich durch Mauern, die Axt erbrach Schränke, staubdurchfunkelte Auslagen (Knochenhaufen, Rippenkörbe stören mich nicht mehr : sollte der Himmel nicht bloß eine Fiktion des Teufels sein, uns arme Verdammte noch mehr zu quälen?)

Zu gekästeltem Papier, wie es in Rechenheften ist, hatte ich von klein auf rechte Anmutung; so nahm ich auch hier ein derbes Büchlein mit (obwohls Quatsch war : das fand ich in Soltau auch!)

Neue Metamorphosen (frei nach Ovid, fiel mir in einem Ruinenfeld ein) : Ein Windgott, Flöse, verwandelt eine vor Russen fliehende Berlinerin in einen stöhnenden Schornstein. Oder den von Polypen verfolgten Waffenschmuggler in einen Trampdampfer der Reederei Rickmers. In den Unterführungen des Dammtorbahnhofes saßen sie noch aufrecht, hart oder betend, auf Koffern und Hutschachteln, in dumpfen und karierten Kleidern; ein Mumienkind drückte's Gesicht in den dürren Schoß der grauseidenen Mutter : und ich schlenderte hallend, den

Karabiner auf der Patronentasche, den Finger am Hahn, durch die Reihen der lederbezogenen Totenhäupter : und siehe, hatte der gesagt (und sich den behaarten Bauch gestreichelt), siehe : es war Alles gut! Vor der Sperre – wo ein Leichenberg haufte, drehte ich um, und ging den Korso wieder zurück : dazu also hatte der Mensch die Vernunft erhalten.

Ich war so haß-voll, daß ich die Flinte ansetzte, in den Himmel hielt : und klaffte sein Leviathansmaul über zehntausend Spiralnebel : ich spränge den Hund an!

Ein Rechtsanwaltsbüro daneben? Auch das noch! – Daß dies feile Pack : für Geld sogleich komödiantisch wortreich; gegen Bezahlung voller Gebärden des Rechts; aus Berufsinteresse Schürer und Anstifter aller Händel : auch Mörder, Ilse Koch, Generale, Diebe, geizige alte Weiber, finden ja stets noch ihre ›Rechts‹anwälte! Das muß man sich einmal vorhalten, um die Entbehrlichkeit dieses Standes zu erkennen : im Altertum war der Sykophant das verächtlichste Wesen : also daß dies Pack weg ist, versöhnt mich wieder mit der großen Katastrophe. Die kamen noch unter den Preisboxern, die sich vor Gaffern für Geld die Fressen einschlugen : es ist doch gut, daß mit all dem aufgeräumt wurde! (Und wenn ich erst weg bin, wird der letzte Schandfleck verschwunden sein : das Experiment Mensch, das stinkige, hat aufgehört!) Solche Betrachtungen stimmten mich wieder fröhlich. Auch daß einem Theater die ganze Vorderwand fehlte, und man von der Straße aus direkt ins Parkett spazieren konnte, verwand ich darüber.

Vor dem Eisernen : schon rollte ich Tenoraugen, breitete geschmeidig (wie ich mir einbildete!) die Arme : »Da standest Du vor meinen Bli-hi-cken / : ich sah Dich an – : es war um mich getan / Du meine Wonne mein Entzücken ..« (ganz leise und prononciert) : »Dein ist mein Herz!« »Und ewig Dir gehör ich aaaaaaaannnnnnnn!!!« (und ich nickte zufrieden : aber wo blieb der Beifall??) Da gab ich es gekränkt auf, und entfernte mich pikierten Ganges (Hätt ich nur was vom Pi-Pa-Paddelboot geplärrt; oder »Unter einem Regenschirm am Abend« – und schon pfiff ich das letztere).

In der Universitätsbibliothek (Nur Studierende haben Zutritt : bitte : stud. pimp. et mes.!). Schon war ich im Lesesaal und begann mit possessiven Gebärden die Präsenzbibliothek zu handhaben : da hätte ich einen LKW gebraucht! (Gottlob standen in Celle auch die wichtigsten Lexika).

Im Katalog. Ich suchte ganz sachlich nach Liste meine Desiderata zusammen : Barockromane; ein großes Kostümwerk; Ellingers ETA Hoffmann (300 Bände standen schon zu Hause; etwa 200 brauchte ich noch).

Sieh da : der alte Franz Horn, Shakespeares Baladin : hat der Mist geschrieben! Und ich nickte ihm bittersüßlich zu. – Ranke; ›Historiker‹ Ranke! (Wie genau er es mit der Wahrheit nahm, kann man unschwer daran erkennen, was er 1850 über Marwitzens Erinnerungen an Friedrich Wilhelm den Dritten sagte : es wäre zu früh : zu früh! sic! jetzt dem Volke den Glauben an den ›seligen‹ König zu nehmen / Also zu früh für Wahrheit! – Und Tischrücken tat er auch noch!) So schleppte ich Arm auf Arm in den schwarzen Blechkasten unten. Aber gute Karten hatten sie auch nicht; das war Alles alter Rambo : hätte doch nur einmal ein Verleger den Mut gehabt, einen Großatlas mit nur physischen Karten herauszubringen! Die politischen Grenzen änderten sich ja doch alle 10 Jahre! Das wäre ein verdienstvolles Werk gewesen; jetzt mußte ich halt zusehen, was ich einzeln fand. Wenigstens war vom Cooper so viel da, daß ich meine Auswahl daheim komplettieren konnte; aber natürlich auch wieder keine Biographie. –

In der Eisenhandlung : einen kleinen Schleifstein bitte, so einen zum Anschrauben an die Tischplatte; wenn möglich mit auswechselbaren Scheiben : da niemand kam und mich bediente, wählte ich selbst, und legte noch ein paar Stahlklingen dazu (ich will mir nämlich 2 Lanzen, und Pfeil und Bogen fertigen; das Schießen macht manchmal zu viel Krach). Ich drückte prahlerisch einen Hundertmarkschein auf die Theke : immer nobel, Robert! (»Blende ihn mit Deinem Schein«!).

Der nackte Bronzereiter (in der Kunsthalle) mit seinem blödsinnigen Hütchen (wenn er sonst nichts anhat, wird er gerade son kunstvollen Sturzhelm aufsetzen!); ich ging kopfschüttelnd an dem Betreffenden vorbei, und stand wieder in der Vorhalle. Glaskästen : hier konnte man für 20 Pfennig fotographische Wiedergaben kaufen (aber ich hatte schon drei Originale, sogar mit Rahmen; obwohl die goldgeschnitzten sicher nicht ins Holzhaus passen würden). – Wieder sah ich unentschlossen auf das Plakat : Ausstellung der Griffelkunst-Vereinigung; noch einmal; ogottogottogott; aber dann ging ich doch seufzend und mißtrauisch die Treppe hinunter.

Tische mit Prospekten : (grünlinoleumbelegter Fußboden); sparsam beladen mit Prospekten. Ich projizierte mir hinter den einen ein kleines dralles ernsthaftes Mädchen; kaufmännische Angestellte, mit kurzen biederen Brüsten und blauem Cheviot-Rock; meinem lasterhaften Lächeln setzte sie sekretärene Sachlichkeit entgegen, rhombisch fleckte die Sonne um uns, und als ich noch einen Schluck vom 50%igen genommen hatte (kalt und mißbilligend schrieb mich da der Blick ab), hörte ich auch Summen und Fußgaukelei eines besichtigenden Nachmittagspublikums. Ich rückte die Baskenmütze schiefer und ging auf die Rahmen an der Wand los.

»Das Gerücht«. A. Paul Weber. Ich war besoffen, aber ich murmelte sofort : »seit Leonardo die beste Allegorie.« (Ebenso »die große Lähmung« : dem Kraken fehlte bloß Hitlers Schirmmütze!) A. Paul Weber also. Und ich zwinkerte der imaginären Angestellten, aber schon ohne Hoffnung, zu : wenn sie bloß hier wäre; je pouvais prendre un chien hatte Tucholsky gesagt. Die Stahlrohrstühle interessierten mich weniger, und ich trat nur den Kecksten aus dem Wege.

»Kuh am Meer« : Nee! Ich schürzte das Gesicht, und starrte in das unsagbar scheußliche Grün : nee! – Rahmen hingen korrekt

und schön über die Wände herunter : ich kippte einen hoch, um die Befestigung zu sehen : aha! : Spangen auf der Rückseite; man kann also jedes Blatt leicht rausnehmen. Aber ein Puh Dir, lieber Freund : dich Rindvieh nicht.

Magnus Zeller : angenehm : Hick! Aber der war wieder gut : die Mondlandschaften; und die »Italienische Stadt«; die vor allem. Ich wiegte mich in den Knöcheln und fummelte lange, ehe ich das Blatt hatte und zu den zwei anderen legte (dann doch auch noch die beiden Vollmonde). Muß ich mir merken »Magnus« (obwohl mir »Zeller« durchaus odiös war; so hatte ein Lump von Oberleutnant, damals im zweiten Weltkriege, geheißen : den möchte ich jetzt hier haben! Den leptosomen Lumpen! Ich schöß ihn in den Bauch, »daß ihm die Kutteln schuhlang herausplatzten« – ist von Schiller, falls Sie den Stil nicht erkennen sollten!)

»Der Sprung«, »Das Ende«, »Frohe Fahrt« : wieder A. Paul Weber und ich schlug mit der Faust an die Wand : voilà un homme! (Also rin in Rucksack!) Weiter hinten Marcs »Affenherde« mit schönen Farben; ebenso ein originelles Treppenhausgemälde : gar nicht schlecht. Dann allerdings auf einem Sockel etwas aus gelbem geglätteten Holz, das ungefähr wie ein weiblicher Oberschenkel aussah (.. Bembergseide). »ZEN (verhüllt)« schriebs darunter, und ich stand davor, linke Hand am linken Back : »verhüllt« : das Eigentliche mußte man sich also bei den beiden Schwellungen selbst denken. (Schien nicht bloß guter, sondern sogar »bester« Hoffnung zu sein; und Risse waren auch noch drin!) : Kopfschütteln. Kopfschütteln. – Dann nahm ich die Treppenknaben und ging langsam nach vorn.

Die Sonne brach aus mittlerem Gewölk, blaugrauem, wie ein Bogenschuß, und ich erstarrte mitten im bildervollen Gemach :

Zuerst sah ich nichts : d'abord je ne vis rien; mes yeux déshabitués de la lumière se fermèrent brusquement : das hatte ich in unserer Zeit nicht mehr erwartet!! Ich kniete hin, den Magnus Zeller im Rücken (hol der Teufel den Schuft : den Offizier, heißt das!)

»Kinder mit Papierdrachen« : der Eine hob die Hand. Der Andere, Ärmerchen, lief barfuß nebenher, die Bindfadenrolle unter grünem Arm, und die blaue Himmelswand, weißgefasert, hob sich übers Gras! Ich schlug mit dem Kopf in die stille Goldluft; ich fauchte durch die Nase; ich hob die gefühllosen Hände : da! : Da flog er!

Der Dämon : huldreich und golden gebogen; Gottheit und listige Gefolgschaft, erschaffen und losgelöst, hinter einem selig Tobenden : so will ich ein selig Tobender sein. – Ich ging heran, und strich mit dem Finger über den gelben Rahmen; und lachte, als die Leine unter meinem Messer barst : ei, der muß mit!

Und gelobt sei die Griffelkunst-Vereinigung, Hamburg-Langenhorn 2, Timmerloh 25 : denn ich habe den größten unsrer neuen Graphiker gesehen : A. Paul Weber! (Im Kupferstichkabinett hingen noch mehr; davon nahm ich »Die Luftschaukel« und »das Neueste« : das vor allem).

Piranesis »Carceri« und Callot »Balli di Sfessania«. Dann noch einmal oben : nee. Ein Mädchenporträt : weichgekochte blaue Augen, kurzsichtige, wie Bier, blöd, dünn und hellgelb. Immerhin : der gewölbte Pullover, und ich sah lange hin : war doch wohl Starkbier. – Ein Mönch in Habt-Acht-Stellung vor Gott. – (Dann geriet ich noch in eine Helmsammlung!! Bloß raus nach Flottbek!). – (Am Abend Gewitter).

JA: ÜBERNÄCHTIGT!

Das Gedicht war der ersten Auflage von *Schwarze Spiegel* vorangestellt. Das Buch ist Arno Schmidts Schwager gewidmet, der im Zweiten Weltkrieg an der Ostfront fiel.

Ja : übernächtigt!
Im hohlen Hausmund
hing alles voll grauer Weiber;
renkten an Fensterkreuzen; eine kam mit
über alle Treppen, geschwänzten Ganges.
Weiterarbeiten. Das Dachfenster;
der fahle gefurchte Morgen; nachher die Sonne
strömte aus grauen Wolkenschluchten,
wäßrig durch Bleiernes.
Wissen Sie : dieses Buch ist für
Werner Murawski;
geboren den 29.11.1924
in Wiesa bei Greiffenberg am Gebirge;
gefallen am 17.11.43 vor Smolensk;
wie unschwer zu errechnen
noch nicht 19 Jahr alt. Und er
der einzige Bruder meiner Frau,
der Letzte,
mit dem zusammen ich jung war : Oh :
auf der Flußscheib entstand
Schwatz und Gelächter; Himmel mit Wolken beschrieben;
zart prahlte Schlagergesang aus dem treibenden Boot.
Heimweg : Señor Abendwind; hinten der spitze Mond,
und wir 3 umeinander : Du ach, Alice und ich –
Siebenundzwanzig wäre er heute. –
Und bereits wieder schwatzt jede Parte

von gemeiner Wehrpflicht : Was?!! – Kammerknechte :
Kobold und Eule :
was krallt ihr die Pocher nicht fort :
Werner schläft.

GOETHE UND EINER SEINER BEWUNDERER

In dieser Erzählung kehrt Johann Wolfgang von Goethe für einen Tag ins Leben zurück. Der Erzähler, ein Alter Ego des Autors, vermutet zu Recht, dass der Dichter aus dem Jenseits in die Zukunft blicken kann. Es sieht nicht gut aus für die Menschen.

Abriß der Geschichte; von 1832 bis zur Wiedereinführung der Allgemeinen Wehrpflicht 1956 : wie die Welt da allmählich ins Lot kam; nämlich : »Das künstlich=unnatürliche Übergewicht des kleinen Europa – eigentlich nur das zerklüftete Nordwestkap Asiens! – ist schon zu zwei Dritteln beseitigt; nach dem nächsten Krieg wird es dann endgültig für die Welt *das* sein, was für Europa ›Hellas‹ ist : archäologisch=gerührt embrassierte Geisteswiege. Wir schlagen dann zwischen Säulenstümpfen unsere Kapriolen : ›das ist meine Hütte / : eines Tempels Trümmer!‹. Gegen Bakschisch bebrillter Tartarenprofessoren. Oder langer Männer aus Oklahoma.« / Er hielt auch nichts von Deutschland, ›rüttelt nur an Euren Ketten‹; und wir kamen, excellent Excellenz, einander immer näher. Verfolgte mit brennendem Interesse Rußlands Aufstieg zur, Englands Abstieg von der, Weltmacht. Und Amerikas. N Atlas her : klarer Kopf das!

Anstatt Australien systematisch mit 300 Millionen Weißen zu bevölkern!! Wir klopften bezeichnend an unsere Stirnen; und ich entkorkte die vierte Flasche (ob die nachher so viel passieren lassen? Das heißt : *ich* war als trinkfest bekannt; und von ihm hatte sein Herzog ja auch resigniert geschrieben, »Goethe konnte fürchterlich saufen!« Also Vogue la galère : Prost!). (›Unheilbares Deutschland‹ : *sehr* richtig!).

Also : Rußland, USA, China, Indien : Prost!

Ich sah den Grand Old Man aus gekochten Bordeauxaugen an; salutierte manchmal; und wir gaben gemeinsam folgendes Kommuniqué heraus : Napoleon : ist Europas letzte Chance gewesen! ›Massenbach.‹ Gescheitert an Deutschsprachigem : die Preußen=Deutschen sind große ..... (ein deutlöcher Plural folgte; dreisilbig; wir nickten unbeirrt; ich fügte aus eigenen Mitteln noch ›Gefährliche Trottel‹ hinzu; und er hob ministeriell=bestätigend den knappen rechten Faustkeil : »Auch das. Ja.«). / Ende des Kommuniqués.

Ich beugte mich etwas vor : Familienvater (Lilli & Purzel!); ich flüsterfragte : »Wissen Sie vielleicht – im baldigen dritten Weltkrieg – – : n sicheres Eckchen??«

Er blies seine (nicht unbedeutende) Nase durch. Fraß zögernd in seiner Mundschleimhaut. Er redete raus : »So zwischen Rhein & Weichsel nich. Hier in der ›Bundesrepublik‹ .....?« (mitleidig=verächtlich; sein abfallender Mund sagte über diese Meridianstreifen genug aus).

»Naja – also – das dürfte ich eigentlich *nicht* mitteilen – –« (ich hatte lediglich nach dem Ausbruchsdatum des nächsten Weltkrieges gefragt) »– aber ich habe neulich gerade zufällig – – oben – –« (er zeigte mit einer ungeheuer intressant korkenziehernden Schulter in die vierte Dimension) »– mit *dem* gesprochen – – : also was *Sie* ungefähr ›Friedrich den Großen‹ nennen würden. Und der interessiert sich noch immer ungemein für die Händel hier unten – –« (er wiegte unschlüssig den Kopf – »gewiß, n solider junger Mann« hörte ich ihn erwägen; und : »praktisch meine einzige Verbindung nach unten ...« – (*Ich* : Mitte Vierzich! Also wenn ich *etwas* nicht leiden kann, dann ist es das vom ›jungen Mann‹ : man ist doch wahrlich abgewetzt genug!)).

»Also .....« er gab sich den Ruck; er neigte sich vor; er flüsterte das Datum : ! / : ?? / : !!!

»Oh leck!« sagte ich erschöpft : »So bald schon?! – Und gleich die erste Atombombe, die sie in Bononien selbst herstellen werden?« (Noch ein herzinniger Fluch : auf den Kerl, auf den Kerl! : *so* ein Schwein!!)

Und : »Nee; dahin kann ich nich!«; ich schüttelte resigniert den Kopf : »Denken Sie doch : allein die Spesen; für Zwei; plus eine Katze!« Ich titschte mit der flachen Hand alle erreichbaren dafür geeigneten Stellen. »Neinnein; selbst wenn der Konsul die Einreiseerlaubnis *gäbe* – – – : Oh Scheiße! – – – Ä=Pardon.« setzte ich erschöpft hinzu. Aber er bewegte nur abwehrend den Kopf : »Sie haben schon vollkommen recht.« Würdig : »Und ich hab's Ihnen nur noch erschwert.«

NICHT NUR

Das Widmungsgedicht für Wilhelm Michels, einen Freund Arno Schmidts, wurde in der ersten Auflage von *Das steinerne Herz* abgedruckt. Dieser Roman, so kann man es in Alice Schmidts Tagebuch nachlesen, trug eine Zeitlang den Arbeitstitel ›Dazwischen‹, »also zwischen 2 Kriegen« (15.11.1954). Die Nachkriegszeit, geprägt durch den Kalten Krieg und das atomare Wettrüsten, war für Arno Schmidt zugleich die Zeit vor einem Dritten Weltkrieg.

Nicht nur
die allerorten, bei jeder Gelegenheit,
begierig wiederholte Dezimierung der Intelligenz
durch Staat & Kirchen (nur *eine* Wolke, aber sie reicht von Pol zu Pol :
Heißa, wie tanzen die Rüstungsbosse!).
(Wir, zwischen roten Geysern der Pappeln,
eine Körperseite desgleichen entzündet. 30
Abendminuten später : stapfen,
gesenkten Schädels, durch Nebelmassen).

Wehe, die wankenden Reihen des Geistes! :
Brecht stirbt; Benn ist tot; macht ein Kreuz
hinter Riegel. (Und feiner wütender Regen. –
die Andern, Schafe in grauen Perücken,
sitzen natürlich amtlich behürdet. Oder
in blutigen : vorne ein Spielmannszug;
hinten, rachlustig, die Stümpfe Versehrter.
Oder auch Flüchtlinge).

Im Finstern : Wir
treten auf Alles!
Die stummen Kurven (dritten Grades)
der Regenwürmer. Duldendes Büschelgras :

was ficht's mich an, aus wessen Totenmund's sprießt?
Denn Reihen von Elefantenrüsseln
strecken die Bäume dicht über mich : stampft Ihn! : so recht! :
Adenauer regiert!

Die Stunde : impotent außen zahnlos
klatscht unser Regen, widerlich diskret,
›vom Monteton, Monteton : Ba=ron=demonteton‹
(sicher also ein General. Ich kann bei dem Uhrmacherladen nicht denken).

Und müßte's doch! Denn wer heute schweigt,
verdient das große (Dank für die Warnung : vorm Fenster auftrommeln
rasch und nervös 1000 Fingerspitzen). (Oder sind's Füße? –
– : Tip und toe, der Regentoe; tiptiptip und toetoetoe –
aber sofort auch dazwischen
plattfüßig und Ohnetrittmarsch; womit
wir wieder beim Thema wären) :

Militarismus, Bumm, Katholizismus,
o ewige Spaltung! Ewig, das heißt :
bis zum nächsten Kriege, den – wer wohl? – vom Zaun bricht :
Si monumentum
quaeris, oh, circumspice, Boche, Michel und Njemski! – Auf aller Erde
sind sie vielleicht die Dummen beim Kriege :
Einer jedoch bestimmt – und die Regenmaschine
tippt's denunzierend mit – : oh, circumspice
doch, Boche! Und Michel! Und Njemski! –

›Ruhe wäre
die erste Bürgerpflicht‹? : Dann gratulier' ich
Pflichtvergeßner
Euch zur ewigen Ruh! (Höchstens Tip & Toe
treten noch sacht hinter'nander her). (Gemurre
einer baldigen Leiche im Regen. Für Wilhelm Michels).

KAFF AUCH MARE CRISIUM

In einem ländlichen »Kaff« erzählt Karl Richter seiner Freundin Hertha Theunert eine Geschichte: Nachdem die Erde 1980 durch einen Atomkrieg zerstört wird, haben sich amerikanische und russische Siedler auf den Mond gerettet. Dort führen die beiden Kolonien die Konflikte des Kalten Krieges weiter. Zur Hebung der Stimmung im amerikanischen Mondlager wird im Radio ein Nationalepos vorgetragen, angeblich aus dem Zweiten Weltkrieg. Die Nibelungentravestie wird dabei von keinem der begeisterten Zuhörer enttarnt.

»Pscht! – Ruhe jetz. –«. Denn der Ansager kündete es an : *»Das neue, umfassend=nazionale Roman=Epos* unseres Dichters, Herrn Frederick T. Lawrence. – Die einführenden Worte schpricht Kultusminister Hoyce ...« / (Und Fred lallte; impressief & nichzsagend, wie nur er es vermochte – na, die Aufgabe *war* ja auch vielleicht nich gans einfach : einerseiz sollte er ›einführen‹, andrerseiz durfte er nischt verraten; sonst wurde's lankweilich, und der Dichter kam ihm uff'n Kopp. / Immerhin krickte man soviel raus : daß die Sache um 1948 schpielen würde, kurz nach dem Great Old War. Und zwar in erschreckend vielen ›Gesängen‹ : »Achd=unn=dreißich?«.)
(Eben kam noch – und alle Köpfe gingen herum – Missis Lawrence hereingeschritten; auf langen Beinen, und gans wie ›zufällich‹; leicht verwirrt, (›ob der vielen Menschen‹? – Aber es schtand ihr gut; sie ließ sich auf einen der abstrackten Sitzblöcke nieder, und faltete fromm die Schenkel. / Während vorn, in dem Kästgen, ihr Dichter=Gatte begann)
»Ä=chämm! – : .....

»Du bist 1 Schwetzer!« sagte Hertha, fanatisch & zärtlich;

und wagte im Schutz der riesijen schwarzen Scheune 1 kurzes Kopfanwühlen : ..... / »Das wirt als Honno=rar nich gans reichn.« lehnte ich kühl ap; »übrijens – : hörsdu das?« – : – : »Nee. – Gar nischt.« (Mußte ich also wieder mal hinter sie treten. Ihr die Frisur zurückschtreichen. Meine Hände hinter die kalt schnörkelnden Muschelohren legen. Und den Kopf scharf richten – : »Kruzificksimmernochnich?!« – Und entlich vernahm sie's dann auch :
gar nicht weit vorn, ein paar schwarze Dekameter nur, pläppte und schwätzelte und wischelte man; erfreulich=unermüdlich; mit vielen ›l‹ darin : eine Rinnsalschprache. / ..... / : »Lustich, nich? –« flüsterte sie, vorn. / (Und da ich sie einmal bei den Ohren hatte, leider nur von hintn, küßte ich sie auch gleich – : der Genuß war ungefähr so groß, wie wenn man einen Besen küßt. (Wenn man nich wüßte, daß es Einem=seine Hertha iss. – Ich schämte mich gebührend; und küßte, zur Selbst=Schtrafe, den duftenden Besen noch einmal : richtich, natürlich, *das* war der Unter=schiet : Besen *riechen* nich so gut. – Ts; wie vergeßlich von mir.)).
»*Jetz drehn wa aba* lanxamm um=Du; s wird kalt. – Und Du hast ›genossn‹ eben : da wirsde jetz ooch das Eh=Poß erfindn .....

»*Ä=hämm! : ›In stories* of our fathers high marvels
we are told :
of champions, well approvéd in perils manifold;
of feasts & merry meetings of weeping & of wail
& deeds of gallant daring I'll tell You in my tale. –

In HEIDELBÖRRG there flourished ...‹

(Aha; schpielte also in Deutschland; bei der alten Army

of the Rhine : richtich, Heidlbörrg, da war ja das Kopf=Viertel gewesn –)

a WAC, so fair to see :
in all the world together a fairer not could be.
This maiden's name was ›Cream=hilled‹ – through her in dismal strife
full many a prowest warrior thereafter lost his life.

(Also ein ›Frau=lein‹; als Nachrichtenhelferin im amerikanischen Head=Quarter. / Und was n Name : ›Cream=hilled‹ – Mann=o=Mann! – Alle Zungen leckten alle Lippen; alle Köpfe wandten sich : 20% zu der alten Saunderson, (die sich nach Kräften aufblähte); die Meisten jedoch zu Frau Lawrence, (die eben, gans lauschend=versunkn, die Riesenperle ergriff, die an dem dünnen Goldfaden zwischen ihren Brüsten hing; und sie, zweifellos unbewußt, weiter nach unten zog –, – : no doubt : cream=hills! .....)
Und die G.I.'s lebtn ein' Tack=da beim Schtabe : nischt wie Rhinestones & Burgunder! / Der markanteste war ein Sergeant, ein gewisser H.G. Trunnion. Schon nich mehr der Jünxte; aber, trotz seiner ›crown of iron hair‹, hielt er den Armeerekord im Kugelschtoßen; und schoß überdem grundsätzlich nur Zwölwen : ›He never misses his aim.‹
Aber jetz kam er, unverkennbar ER, DER HELD : Alabama=Dillert! (Die ›Mutter aus Utah‹? – Jetz hatt'ich nich aufgepaßt; das hatt'ich nich gans mit gekrickt. Schade.) / 7 Fuß hoch, ›he takes his whisky strong‹; und im ›barn=dance‹ tat es ihm Keiner gleich, geschweige denn zuvor! / (Er schnitt natürlich grausam auf : wie er einen deutschen Tiger=Panzer mit dem Seitengewehr ›abgefangen‹ hätte, ob der auch, drachengleich, Gift & Galle schpie. – Manches war freilich schwerer zu verschtehen : mit je-

dem Deutschen wollte er ›die Kehre‹ gemacht haben? (Auch Dschordsch wußte's nich : »Vielleicht n Griff beim silent killing?«). / Und einen ›Goldschatz‹ zeigte er aus jeder Hosentasche, nischt wie Uhren & Trauringe : jaja, unsere boys hatten damals ganz schön was rausgeholt.
(Und reingeschteckt : die Buben machten Besatzunxkinder, daß gotterbarm! – / Schöne Schilderungen! – / »Kinsey? : Wer war'n das, Du?« : »Der, der behauptet hat, der Mensch schtamme vom Affm ap : ruhich Dschordsch!«. / Allein die herrlichen Kernworte, die Dillert hatte : »Siehe den Globus : ich zittere, daß er so klein ist!« – wie Sergeants beim Schtabe sich eben so ausdrückn. / Er schlug H. G. Trunnion gleich beim ersten Kugelschtoß=Wettbewerb um 1 glatten Yard! (Allerdings schienen damals, bei den Old=timers, noch ulkije Regeln gegolten zu haben : wieso mußte man ›nach der Kugel schpringen‹? Oder verschtand ich's bloß falsch, und hatte sich ein Weitschprunk angeschlossen?)
Und auf'm Schießschtand, weenich schpäter, war das Rennen dann verdammt knapp geworden; denn wenn auch Alabama=Dillert schoß, wie der baare Teufel – zuerst, bei den leichteren Wettbewerbm, nur, verächtlich, von der Hüfte aus – so war doch H. G. Trunnion, dessen Ansehen schwer litt, (hatte nicht bereits Old Rum, der Küchen=Untroffzier, (der auch, wenn es das Versmaß verlangte, ›Rum=Old‹ heißen mußte : dergleichen Freiheiten darf man dem Dichter einräumen), es gewaakt, und ihm beim Mittagessen den ›Nachschlack‹ verweigert?!). Trunnion also war schwer in Raasche; und zielte immer grimmijer, ›he never misses his aim!‹. (Und da mußte Dillert ja nun doch die leichtfertijeren Anschlaxartn beiseite lassn.)
Denn jetzt nahte die Entscheidunk : General Grünther=selbst, der Oberkommandierende, (der Dichter verglich ihn aber auch oft mit einem ›Könich‹), kam, dem Wett-

kamf der beiden Heroen zuzusehen : 800 Yards schtehend freihändich! / (»Iss es nich n bissel *sehr* weit, Dschordsch?«. – Aber wenn auch ich bei solchen Zahlen nüchtern wurde : die Andern schüttelten seelich=gläubich die Hörerköpfe.)

(Und s war doch tatsächlich wiederum so schpannend!). / Denn schoß auch der Eine wie Robin Hood persönlich – der Andere wiesierte wie Willem Tell : erst Trunnion? – : ?! – : Und wieder die unvermeidliche Zwölf; ich hätt's diesmal nich gedacht. / Und Dillert legte sich rein. Und schtand wie gemeißelt, die automatic in der Hand. Setzte noch einmal ap; und machte sich anheischich, Trunnions Kugel zu ›zeichnen‹ – der Mann in der Anzeigerdeckung mußte sie in das von ihr selbst geschlagene Loch schtekken. / (»Also das geht Dir *nich* zu weit Dschordsch?« – Abernein. Es war ja *zu* schön!).

Und es war auch schön, das ganze prachtvolle Personal : ›A youngster, fresh from West=Point – he feared nor death nor love!‹ / Auch, daß Lawrence, zum besseren Behalten, Jedem dieselbe Formel immer wieder mitgab : da war 1 ›Tankwart‹, der öfters vorkam, ›most remarkably quick‹. (Gewiß; es *war* bei irdischn Tankwarten eine Seltenheit gewesen. Aber man konnte sich die vielen Gannohwn tatsächlich glänzend so merken.) / Obwohl er mit ungebührlicher Vorliebe die Figur eines dichtenden Dschie=Ei behandelt hatte : ›Folker‹, aus Alton=Illinois, der zu allem seinen Senf in Limericks dazugab. (Auch sollte er auffällich große *Ellenbogen* besitzen : warum das? – Auf was die Dichter so alles geraten!). / (Diewerrses krickte man in der Hörgeschwindichkeit natürlich nich mit. – Warum merkte Dillert zum Beischpiel, nach einer durchzechten Nacht, an : »Methinks, my rings grow cooler – the morn is drawing near.«? : die hatte er doch alle in der *Hosen*tasche, die Ringe! – Oder leitet

Gold etwa besonders rasch die Kälte? Naw, das würden wir ja demnächst leicht & selbst fest=schtellen können : nur weiter –).

Und Könich=General Grünther hatte doch auch – *mußte* er es nicht? – Gefalln gefundn an seinem riesijen blonden Sergeant. Und schickte ihn als Kurier nach Island; um dort Geheimschreiben abzuholen, und ein paar neue WAC's auszusuchen. / Und schon schtoop der Düsenbomber los :

›Sie doppelten den Schtrahl=Schub und fuhren pfeilgeschwind
über die wilden Wogen als wehte sie der Wint!‹

(»Brah=woo!«. – Hatte ich dem Kerl, dem Lawrence, *doch* Unrecht getan : ein Mann, der *so=was* schrieb, hatte wohl 1 Recht, währenddessen zerschtreut einherzukommen : »Well done!«).

Und dort, im Feuerhag der FLAK – eben fand noch ein großes Schießen mit Üb=Munition schtatt; und Dillert schob den zagen Mann am Schteuer beiseite; und zielte, unbekümmert sein ›roll me over in the clover‹ grölend, schrääk nach untn : sint ut sunt, aut non sint! / Dann hielt er Ausschau unter den Schönen der Inselflugplätze; – (*der* Feuerheerd leuchtete übrijens immer noch am allerhellstn : warumm hatten se Alle in de NATO rein gemußt?!) – und hatte insofern Glück, als gerade wieder ein Damen=Schportfest schtattfant; (wenn Lawrence uns doch bloß nich immer mit solchn Szeen' martern wollte – andrerseiz war's natürlich prachtvoll, wie die Puppn sich da vorführtn : Oh, shiver my timbers! –

((»Och iss das gemein!«)) .....

Und Dillerts Wahl fiel auf die Schpeerwurfmeisterin, ›Brown=hilled‹; und er prüfte sie erst sork=fälltich, im

munteren Geschpräch. (Dann auch, verantwortunxbewußt, intimer – hatte der Kerl 1 Schwein!). / Und lud sie, zu der übrijens 4=köpfijen, Besatzung dazu. / : Und ap mit ihr nach Old=Heidlbörrg : .....!
(Sie war übrijens ausgeschprochen sauer, als sie dort erfuhr, daß sie schtändich nur mit Dschänneräll Grünther ins Bett sollte. / Und Grünther folklich auch. / Und seine Zuneigung zu Dillert kühlte sich entschprechend ap; (der sich allerdinx auch, um 1 entscheidende Schpur zu offen, im Kameradenkreise, seiner Eingriffe bei der Braunen gerühmt hatte.) / Und die natürlich jetz auch ›verwöhnt‹ war : Grünther hatte beim erstn Mal diereckt Schwierichkeitn, ehe die enttäuschte Schportlerinn ließ.)
Und Dillert ›wurde frech‹, ›seinem Vorgesetzten gegenüber‹ :

»Now it's ›Dillert=this‹ and ›Dillert=that‹
 and ›Dillert, watch your soul!‹.
But it's ›thin brave line of heroes‹,
 when the Bolshies start to roll :
The Bolshies start to roll, my Dear;
 the Bolshies start to roll;
yeah : it's ›thin brave line of heroes‹,
 when the Bolshies start to roll!«

(und unsere Hände toastn : 1 Kerl dieser Lawrence!!)
Aber jetz kam erst die dollste Szeene : Wir legtn uns fast aufs Kreuz, und röcheltn & schnarrchtn (und die Älteren sabbathn) : jetz fingn noch *die Weiber* an, sich in die Haare zu geratn! / Beide trafen sich, wie von ungefähr, an derselben Bade=Schtelle im Rhein. Und Jede wollte die Andere mit ihrer Schönheit beschämen. Und sie zeigten sich, in wie=zufällijen Bückungen & Drehungen & Wenn=dungen, aber auch schlechterdinx *AL=LÄSS!* –

(Und Frau Lawrence ließ die längeren Beine sichtbar werden. Wir keuchten. Und hörtn & sahen – : .... *:*

: Denn wenn Brown=hilled auch glänzend trainiert war; und zur Apwexlunk unschätzbar sein mochte – : Cream=hilled hatte nicht umsonst bei einer Schönheiz=Konkurrenz the biggest titties in the county gehabt. 1 Artiekl, in dem die sehnije Schportlerinn besonders weenich vermochte.

Und die raus aus dem Wasser; und hin zu Grünther! / (Und geheult & getrammpelt & sie ließe sonnst *nie wieder!) / ..... / :*

: Da war Dillert natürlich reiff. / Und : »H. G. Trunnion sofort zum Gennerahl!«, hieß es. (›He never misses his aim –‹ : meingott : sollte .....?!

Canto 16 : ›DAS BARBECUE IM ODENWALT‹ – : Erst die, (natürlich fingierten!) Anrufe einijer deutscher Barbaren=Gemeinden, (die damals noch keine Waffen tragen durften : *sehr* richtich! : hätten wir an dem Grundsatz nur eewich festgehalten, wir=Affen!) : über ›Wildschaden‹ durch ›wild=boars‹. / Und Grünther, perfide lächelnd, gab Anordnung, eine shooting=party zusammen zu schtellen ; Offiziere=Untroffziere=undmannschaftn; ›die bestn Schützn : zur Belohnunk!‹. – (Also auch Dillert & Trunnion – : ›He never misses his aim!‹ – (die Meistn verwandten schon kein Auge=mehr vom Lautschprechermunt –)

Im ›AMERIKA=HAUS‹ in Darmschtadt sahen sie sich zum letzten Mal. / (Vor dem er, Dillert, noch ›LONG LOUIS‹ traf, der dort immer schtand – vermutlich n G. I.=Kummpl von früher) –

: Cream=hilled, (die natürlich 1 Kint von Dillert erwartete : das ist nun mal nicht anders!) – / :

›Mir ist so bang, mein Dillert – :
there are rockets in the sky!‹

/ (Ließ auch die – in solchen Soldaten=Fällen ja wohl nicht gans ungegründete – Befürchtung durchblicken, er möchte sich, im wahrsten Sinne des Wortes, ›in die Büsche schlagen‹ wollen? / (»Mennsch=Weip : sei schtoltz, daß 1 Dillert Dich seiner Liebe für würdich befundn hat!« : Dschordsch; in nazjohnalem Unwillen.)
Und es blitzte & knallte; und das Pullwer wurde nich geschohnt im Odnwallt : die Kugeln fiffm; und der Schrot rasselte im Gebüsch; (*und* in den Gesäßn der deutschn Treiber, wenn sie im Wege schtandn : *sehr* richtich : Die waren an *Allem* schuld!). / Erst schlug Dillert noch einmal Alle, in einem improwiesierten Waldlauf. – Der begreiflicherweise Durst machte : er reichte dennoch, in disziplinierter Haltunk, seinem Vorgesetztn die große Familien=Coca=Cola=Flasche : ! / (Und H. G. Trunnion trat unauffällich hinter die Busch=Reihe; unter dem fadenscheinijen Vorwand, sein dreimal verfluchtes Wasser abschlagen zu wollen : Zog dort jedoch schtatt=dessen seine MP ... –
Und Dillert ergriff die wieder=gebotene Flasche. Wischte ihr mit der mächtijen Rechten über den gläsernen Runt=Munt. Setzte auch, in edlem Durst, an ... : !!!
(Und wir fuhren doch, ausnahmslos, hoch : ! Die hatten 1 echten Schuß im Senderaum abfeuern lassen?! / Und die Flüche=hier. Und die Thränen=dort. / Und Grünther deckte natürlich den Meuchler; der sich, und eiskalt dazu, herausredete : er habe Dillert für 1 Wildsau gehaltn.) /
So groß war die Ent=Rüstunk, daß ich zum Telefon schtürzte, und, als Kongreßmitglied, die Rundfunkleute beschwor, etwas zu unternehmen : *So könne man* heute nich ab=brechn! – / (Und tatsächlich las Lawrence, allem Programm zum Trotz, auch weiter .....
›THE REVENGE OF CREAM=HILLED‹ : Die war von Grünther (der, verschtäntlicherweise, solche wandeln-

de Erinnerung an Dillert, solch immer dicker werdende, nich schtändich vor Augen leiden wollte) nach Börrlinn versetzt wordn. / Und ließ sich dort, nur noch Haß & Wuut, mit den Russn ein!

(Und das war ja auch wieder gans prächtich geschildert : wie er die, in ›Charles=Hurst‹ immer schlankweck ›HUNNEN‹ nannte. Und den dortijn Haupthähnen Namen aufheftete, wie ›Blödel‹ – (»Nich schlecht; hä=hä!«). Die ›Häuser‹ nur aus buntem Holz, jaja=klaa. Mehr Feerde noch, als Autos. / (»Da dürfte das wahrscheinlich, heute, auch *Feerde=Leeber* gewesn sein.« Dschordsch; erleuchtet. / Aber ich riß mich doch lieber am Riem'; und seufzte ein bißchen; wie diese ›Natzjonnahle Poesie‹ selbst den besten Menschen verrohen kann : *sogar=ich* war ja 1 Momment anfällich gewordn. Also auf=passn.)

Und Cream=hilled ließ den russischen Marschall – nachdem der sich anheischich gemacht hatte, General Grünther samt Schtab mal zu sich nach Börrlinn einzuladn – (und der drehte ihr natürlich den schtummfn kopflosn Slawnknüttel bestialisch genuck rein : widerlich, diese porrnografischn Szeen'). / Und unsere arglosen Boys kamen doch tatsächlich auch, trotz H. G. Trunnions Warnungen, (dem gleich nichts Gutes schwante : beim Überschreiten der Zonengrenze ginx auch auf der Schtelle los!)

: Üble Vorzeichen! : Im ›Calton Creek‹ 2 badende Volkspolizistinnen, denen Trunnion – gewiß eine harmlose gutgemeinte Geste der Verschtändijunk – ›die Gewänder nahm‹ – : *sie ließen nicht!* (Wiesen auch ihnen hingehaltenen Kaugummi mißtrauisch zurück. Zeigten dafür der LKW=Kolonne aber den Weg falsch – noch lange vernahmen die Beifahrer ihr Hohngelächter über die öden Weiten, die versummftn, verfallenen der DDR hinterher schallen.)

'ne Brücke über diesen Calton Creek gab's natürlich ooch nich – weit & breit nur 1 schiefer Schuppm; davor eine zweideutije Fähre, die unsere Trucks gerade so=so noch rüber trug. (Der ›Ferge‹ mußte natürlich erschlagen werden.) / Und weiter über die Rollbahn : da wurde das Wetter schon, sümmbowlisch, schlecht : beim Untergang schtand es schtatt der Sonne nur wie ein roter Faßschtumpf zwischen grauen Wolkenbrettern : rot & falsch schlitzäugte der Abend : sie kampierten lieber am Autobahnrand.
(Und meisterliche Bilder : immer düsterer der Beton=Schtrom. (An dessen Ufer sie schweigend hockten, tins in den mächtijen Händen.) Die einsilbijen Blitze ferner Raketen=Apschuß=Rampm – : 40 Sekundn schpäter versuchte es ein bißchen nichtswürdich zu grollen? : Sie lächelten nur verächtlich; und löffelten weiter; hinter ihnen, hinter der russisch=kargen Buschreihe, blakte das Gasoline=Feuer.)
Dennoch erreichten sie allmählich jenes halbverödete Börrlinn. / Erst noch ein Ball beim amerikanischen Schtadtkommandantn. (Also n technischer Kniff Lawrence's : a) Verzögerung; b) Kontrast heiterer festlicher Szenen, mit dem=was=kam – *kommen mußte!* : Was hatte das schon für'n Zweck, daß Der ihnen, mitleidich, noch paar Schtahlhelme mitgab?)
Drüben wurden sie natürlich in einem besonders hölzernen Hotel einkwartiert. Bei jeder Gelegenheit sisstematisch gereitzt – gleich am 1. Abmd war man so weit, daß H. G. Trunnion freiwillich mit Folker=Alton=Illinois Postn schtand. (›Barrikaden aus schwerem Wolkengerümpel‹ : gut. ›Die zerbroch'ne Laterne des Mondes dahinter‹ : gut. / Aber daß Lawrence nun gleich wieder die ›Lange Nacht‹ dazu ausnützen und Folker zur Hawaii=Gietarre endlos=halbgeschtohlene alte Schlager singn lassn mußte! –)

Und dann begann eben das ›Feuer=Gefecht‹, endlos=herzzerreißend=dollbeschriebm. Bei dem sich Trunnion besonders hervortat : *jetzt* konnte man dies verteufelte ›he never misses‹ wieder leichteren Herzens mit anhören. / Aber die Muh=niezjohn ging ihnen natürlich aus : auf dergleichen Slawischuftereien waren sie ja auch schließlich nich gefaßt gewesn! / Und Cream=hilled schlich um eine Ecke, in jeder Hand einen Molotoff=Cocktail, in jedem Maul ne Schachtel Mättschiß. Und legte – immer halb=fluchend : »Dillert!«; halb=schtöhnend : »Dillert!« – eigenhändich Feuer an die Hotel=Baracke : ! –
Und wurden Alle=Alle, ob Folker ob Tankwart, weck=geputzt, ›verheizt‹, Einer nach dem Andern; als Letzter H. G. Trunnion, der ihnen, nicht zu beugen, bis zuletzt sein »Fucking Bolshies!« entgegenschleuderte – : so wurde Dillert endlich gerächt! / (Und so hatte dann der letzte Krieg angefangn; allegorisch genuck also : daß wegen 1 ›Miss Germany‹ die ganze Welt in Flammen aufgehen mußte!) .....
..... / ..... / : *G o n g !* ..... / .....
Und uns Allen schwindelte aufs Herrlichste der Kopf – den noch anschließenden Vortrag ›Über Büschel von Nullsystemen im vierdimensionalen Raum‹ mochte Niemand mehr anhören. / (– : Man *schprach* ja direkt in dem Maaß & Schtiel! : beim Hinausgehen – nein, =schreiten! – redete selbst der alte Saunderson seine Trippelschrittlänge wohlgefällich an : »A goodly pace, I trow!«.) –
»Von hintn – : so'n Schwein!«; (Dschordsch; erschtickt) : »Das *kann* kein echter Juh=Eß=Boy gewesen sein, dieser=dieser – –«. : »Well Dschordsch – fair war's natürlich nich. Aber es *gab* schon bei uns solche Leute : ich hatte ma'n Onkel in Massachusetts ...« (Aber er wollte im Augenblick von meiner Verwandtschaft nichts hören :

»Und das Alles in Gedichtform, Du : das iss gar nich so einfach!« : »Aber in Börrlinn hat sich der Trunnion dann doch wieder gans vorbildlich benomm', George – ich weiß nich : *mir* hat er gefalln! Er hat jene frühere ›Tat‹ doch schließlich auch seinem General zuliebe getan : dergleichen Angeschtellte *sind nich* häufich, Du; die für'n Scheff n glattn Mord begehn?«. (Und das mußte auch George zugebm, daß *er,* in *seinem*=Kontor=damals, Keinen von der Sorte gehabt hätte .....

AN DIE UNO

Sollte im Hinblick auf einen künftigen Atomkrieg nicht Vorsorge für das Überleben der Kultur getroffen werden, am besten von den Vereinten Nationen? Arno Schmidt schreibt im Rahmen seiner Sammlung *Arno Schmidt's Wundertüte* einen fiktiven Brief an die Organisation.

An die
Uno
(Derzeitiger Tagungsort)

In Anbetracht der ungeheuren Zerstörungen, welche alle Kriege von jeher, zumal aber der letzte, in den Kunst- und Büchersammlungen der Menschheit verursacht haben, und der noch weit größeren Gefahren, denen diese im unvermeidlichen nächsten und allen folgenden bewaffneten Konflikten ausgesetzt sein werden, erlaube ich mir, (obwohl Deutscher) der hohen Versammlung folgende Anregung zu unterbreiten :

§1) An mehreren Stellen der Erde (jedoch mindestens 3) unverletzliche, von allen Staaten gemeinschaftlich anzulegende, zu unterhaltende und zu verwaltende Kulturfreistätten zu errichten. Es werden hierfür kleine, von allen politischen und wirtschaftlichen Konflikträumen möglichst fern gelegene, sonst nutzlose Inseln – z. B. Tristan da Cunha, Südgeorgien, St. Helena, Osterinsel – vorgeschlagen, auf welchen, nach Errichtung geeigneter Räumlichkeiten, möglichst große Büchervorräte sowie die wertvollsten unwiederholbaren künstlerischen Werke der Menschheit zu sammeln wären. – Keine Waffe irgendwelcher Art darf im Umkreise von ..... Meilen angewandt werden.

§2) Ergebnisse oder Modelle der Technik oder sonst der angewandten Wissenschaften sollten, um jeden Mißbrauch dieser Freistätten unmöglich zu machen, und keiner Macht eine scheinbare Handhabe zu bieten, nicht aufgenommen werden.

§3) Zukünftig erscheinende Bücher sind von jedem Verlage in je einem Exemplar an jede der »Kunstinseln« einzusenden, ebenso von Bildwerken die Originale oder gleichwertige Wiederholungen möglichst ihres Schöpfers selbst.

§4) Den größten der lebenden Künstler und Geisteswissenschaftler gewähre man hier nach ihrer Wahl, oder im Alter oder im Kriegsfalle die persönliche Sicherheit und ungestörte Arbeitsmöglichkeit (die Entscheidung über Würdigkeit der Einzelnen könnte etwa das Nobel-Komitee fällen, oder besser eine noch zu schaffende »Künstler-Uno«). – Auch könnten hier in Zukunft die Grabstätten aller bedeutenden Menschen zu Weltheiligtümern vereinigt werden.

§5) Jungen hoffnungsvollen Talenten, welche ihre Begabung dargetan haben, gebe man zur Förderung die Erlaubnis, für eine bestimmte Zeit sorgenfrei auf jenen Inseln zu leben, wo ihnen die Kulturgüter der Menschheit so mühelos zugänglich sein würden, wie es der Künstler und Denker braucht.

§6) Als gelegentliche Besucher sind für einige Tage auch andere geistig Schaffende zur Belohnung zuzulassen; nicht aber Physiker, Chemiker, Techniker, Politiker, Berufssoldaten, Filmstars, Boxweltmeister, reiche Gaffer usw., oder solche, die in Kriegszeiten lediglich dort Zuflucht suchen wollen. – Die Erlaubnis zu solchen Gelegenheitsvisiten erteilt gegen bar die Inselverwaltung selbst. –

In Anbetracht der großen zu leistenden Vorarbeiten, (Einsetzung einer Kommission, Wahl und Ankauf der Inseln, Errichtung der Gebäudekomplexe, Auswahl des Personals, Transport der Kulturwerte, Versorgung mit Wirtschaftsgütern etc) die, selbst bei mäßiger Veranschlagung, Jahre in Anspruch nehmen dürften, müßte mit dem Werke sofort begonnen werden; vielleicht ist noch Zeit dazu. –

Ich bin überzeugt, daß sich gegen ein solches Unternehmen kein Veto eines der hohen Versammelten erheben kann; die

Menschheit wird Ihnen einst ehrfürchtig die Erhaltung ihrer heiligsten Güter verdanken. –

Ich unterzeichne mit vorzüglicher Ergebenheit :

Arno Schmidt.

P. S. : Unter Bezugnahme auf §4) erlaube ich mir zugleich, einen Antrag auf Gewährung eines lebenslänglichen Freiplatzes zu stellen. Der Hinweis auf meinen »Leviathan« (Rowohlt, Hamburg, 1949) dürfte eine weitere Begründung ersparen; ich bin Ende dreißig, 185 cm groß, glaubenslos, frei von ansteckenden Krankheiten, und, zwar Deutscher, aber zu keiner Zeit Mitglied der NSDAP oder ihr angegliederter Organisationen (außer DAF) gewesen.

KANN DER MENSCH NOCH AUF GEBORGENHEIT HOFFEN?

Anlässlich einer Umfrage der *Frankfurter Allgemeinen Zeitung* zu Weihnachten 1956 zeigt Schmidt einen für ihn ungewöhnlichen Fatalismus im Hinblick auf die atomar geprägte Zukunft mit allen erdenklichen Folgen, inklusive Mutationen.

Ich antworte mit der Gegenfrage : Konnte *je* eine Kreatur auf Geborgenheit hoffen?

Die Antwort – dem Großen Brehm, bzw. den Büchern der Historiker zu entnehmen – ist : NIE!

Ich weigere mich, einmal mehr auf dem Thema ›Atombombe‹ herumzureiten : die Konsequenzen für uns, die erste der Strahlung ausgesetzte Generation, könnten durchaus segensreich sein! Denn wir wissen noch gar nicht, ob nicht – etwa durch Nova=ähnliche Explosionen der Sonne verursacht – die Entstehung der Spezies Mensch, der entscheidende Mutationssprung, ähnlichen Bestrahlungen zu verdanken war : *Ich* hätte nichts dagegen, wenn ich vier Arme hätte! Oder nur ein geflügelter Kopf wäre, durch Rhododendronbuketts gaukelnd : alle Hypo=Chondrieen entfallen; Sperma wird durch Zungenkuß übertragen; Exkremente gasig durch die Nase ausgeblasen (schwefelfarbene Kote blieben uns erspart); Stimmen klängen brustlos=feiner, auch höher – : *Ich* bejahe die Technik! (Obwohl sie in Verbindung mit der Politik sogleich urböse wird : aber das liegt nicht an den Technikern!).

Vergessen wir doch nie, daß wir uns auf einem fliegenden Kugelfloß befinden, gefährlich umbrandet von schwarz=weißen Strahlungen – auch roten, ja – : und wir kennen keine andere Wahl, als uns hadernd in die Ecken dieses Floßes zu stellen (hin und her huschenden Demagogen ausgeliefert); oder bestenfalls die Schädel in seit Eiszeiten ausgedrehte Gletschertöpfe zu stekken? Und sind letzten Endes *wir* verantwortlich für den Apex? Für unsere zur Erkenntnis unzureichenden Organe?

Schaffen wir uns schreckensfrohe Seelen an; keine ›atomsicheren Mäntel mit Kapuze‹. ›Geborgenheit‹ ist – nachweisbar seit dem Präkambrium – nichts für COHN=Verbindungen. Wie uns.

DIE FEUERSTELLUNG

Auffällig bei Schmidts Auseinandersetzung mit dem vergangenen und den befürchteten künftigen Kriegen ist, dass nach der frühen Erzählung *Leviathan* nie wieder ein Roman im Krieg spielt oder Kampfhandlungen schildert. Nur *Die Feuerstellung,* angesiedelt in Schmidts damaligem Wohnort Kastel, präsentiert ein Atomkriegsszenario, doch der Autor brach die Arbeit daran nach den ersten Seiten wieder ab.

Mit weiß schuppigen Armen und sprühendem Mantel : und das grollende Floß jazzte mit uns die Dorfstraße entlang : »Halten Se an Wolters!« (Denn drüben im schwarzen Scheunenmaul lümmelte ein Kanonier. Und das Merkmal der 3 Pappeln vor Krutweiler).

»Oberleutnant drin?!« : also rein!

Ein Hundertjähriger Baum : wölbte sich übern Weg und zahnloste. Schüttelte mir noch 100 dünne Arme drohend hinterher, als ich finster vorbei schritt.

Unpassende Hitze schlug mir entgegen; meine Glieder nahmen vorschriftsmäßig geziemende Stellungen ein; mein Mund vor mir plapperte; Er.

Er machte sein Gesicht verantwortungsvoll klein, leckte am Gelipp, und folgte meinem Kartenfinger : immer an der Saar lang

Lagebericht : »Also die Gruppe in Konz ist hoffnungslos abgeschnitten!« (Dabei waren's 70 % der Mannschaft; aber wir hatten den Batteriechef bei uns : L'état c'est moi!) »500 Meter vor Saarburg sind schon 160 Röntgen : ich hab' die ganze Umgebung durchgegeigert.« Er sann und drehte den Kartenwinkelmesser; vom Ofen her kam erneut saharische Warmluft, daß ich schnappte und mit Augen fluchte; das Leergebrumm des LKW draußen ließ die Fensterscheiben hopsen, sie rüttelten an ihren Rahmen und fluchten glirrig.

»Ja, hier Fensterbrett? : !« : Crusius hatte endlich Verbindung mit der Abteilung bekommen : die hieß heute ›Klostergarten‹, und fragte, wie üblich, in 10 Sekunden mehr, als ein Rechentruppführer in einer Viertelstunde beantworten konnte. Oberleutnant Bergmann, dienstlich erregt, zwischen den Wünschen des Kami und unserer abgesägten Lage geteilt, verteilte Fragen Blicke und gespreizte Hände von links nach rechts : ? Ich horchte abwehrend beherrscht (ganz kühle Sicherheit, wie sie Bergmann so an mir schätzte), und auskunftete ex cathedra (und dito unfehlbar) : Nein! Die neue Brücke bei Wiltingen erreichten wir bestenfalls bei Südwind, Stärke 10 (und der Trottel ließ's tatsächlich so durchgeben!). Die bei Taben jederzeit : sollten wir?! (Wir sollten, ›im Laufe der Nacht‹, und ich notierte mir kurz die Koordinaten : Bon.)

Das noch! : »Crusius : « : »'Wachtmeister?« (Der Spiritus asper also für ›Herr‹) : »Sagen Sie aber der Abteilung, Crusius, daß wir hier unten nicht bleiben können! : mit den Flußnebeln kommt ständig Strahlung aus dem Saargebiet runter! – Wir müssen unbedingt in eine Höhenstellung über'm Fluß« erläuterte ich ›unserm‹ Oberleutnant : er schlug mit den riesigen Bauernhänden den Tisch und ächzte körperwiegend : »da : da : da!« (Übersetzung : Unsicherheit; ärgerliche Einwilligung; die Verstörung eines redlichen Landwirts – aus der Bamberger Gegend – über die Kompliziertheit des Weltstücks. – Er schlug noch immer die Tischkante, und zeigte abwesend=unpassend die dicken Fingerspitzen : »Kein Gefühl drin Pape : hier!« und gab dem neutralen Holz wieder eins : also zur Karte!)

Karte : »Hier das sind Waldpfade, da könn' wir mit den Geschützen nich durch«. (Holzabfuhrwege, die breit beginnen, und unvermittelt zwischen Gras und Hartwuchs enden). »Keine Brücke in der Nähe« (Außerdem würden wahrscheinlich die Schienen drüben förmlich radioaktive Funken sprühen!) »Also bleibt nur die Uferstraße hier, bis Staadt« (›Staadt‹ wiederholte er schnarrend : er wußte es jetzt auch!), »und dann die Serpentinen hoch –« (einen dubiösen Raum von 50 Metern hatte ich rot hinein schraffiert : »Da kommt man aber leicht durch, Herr Oberleutnant!« treuherzig; und er nickte hochfränkisch). »Dieses ›Kastel‹ hier : liegt 160 Meter über der Saar, und ist scheinbar völlig strahlungsfrei : zumindest die ersten Häusergruppen hier, auf diesem ›Naufels‹« (also Kastel=West; und er zog nikkend die Unterlippe ein : den Brüdern könnte man theoretisch einreden, was man will! Dennoch sah er bedauernd nach dem breithüftigen Ofen : *war* auch schön! So ganz winterfriedlich, Christmas Carol; und ich sah ihn an, durch die Vorsatzlinse dienstlicher Demut, dahinter Mitleid und Verachtung, Warten, bis die Litzen an ihm sich endlich zu etwas entschlossen : Na, was hastu ausgebrütet, mein Monikin?!)

»Najadenn –« (und noch einmal, ganz leise, : »Dadada«) : »Führen Sie die Batterie rauf!« Ließ ich also meine Hacken einschnappen, meine Hand hebelte sich zum Mützenschirm : Life begins at fifty : Ewig der Deine! (Er glaubte es, und knurrte zufrieden : es giebt Schlechtere als Bergmann! Unbesorgt!)

Wrummm : (und selbst mit anfassen, sonst kriegen die die lange 10 Zentimeter Kanone, unser bestes Stück, nicht hoch : »Menschmenke : Häng' Sie sich lieber vorn über's Rohr! – – Na endlich!«

Der Weg : eiskalter Sand; Weiß und gebacknes Gelb; links immer ›die Saar‹; sie quälte sich zwischen ihren zackig gefrorenen Ufern, wir uns im greisen Dunst, wir, ohne Diesel verloren

Ein Steinbruch : noch standen die Rüttelsiebe am Rand; eine Feldschmiede, Gerät vor Hütte, machte lange Füße; die zerschundene Felswand drehte uns überall weißbunte Flächen nach. (Notieren : in dem verschlossenen Schuppen kann eventuell Sprengstoff sein. – ›sein‹ : Sprengstoff, und ›Sein‹.

Nebel im Wald. (Oder waren bloß wieder die Brillengläser beschlagen? – Prüfend Kopf kreisen; – ? – : Nee : Nicht=Ich!)

Also gemeinster poetischer Nebel, bon, und ich nickte ihm innig zu : die Kahmhaut eines Himmels, in der es nachher von 3000

Sternbazillen wriggeln würde. : »Nee, hier noch nich : 500 Meter weiter.« –

»Ja : hier!« (Und wir bogen rechts ab, den plumpen Berg rauf; ich immer als Gallionsfigur über der Führerkabine.)

Felsen und Jungeichen (werden dann als sogenannte ›Lohstangen‹ von den Menschen getötet : das Swift uns als ›Yahoos‹ angriff und mühelos diffamierte, war falsch! : Er hätte die ganze Schöpfung attackieren sollen!! – Ah : jetzt glitt auch der Volkswagen des Oberleutnants unten um die Kurve!)

»Halt!!« : ich stieg vorsichtshalber noch einmal aus, und umging, den Geigerzähler in der Hand, den Hochspannungsmast (die Leitung kam hier der Straße am nächsten : die Masten mußten irgendwie eine unheimliche Dosis bekommen haben, denn noch 100 Meter zu beiden Seiten der Leitung maß ich 170 Röntgen : »Gem'm Se Gas, Wolters – : und durch!!«)

So : Hier war die Strahlung wieder kaum noch meßbar. Und ich schleuste sie; ich, immer auf dem Trittbrett; höher die polternde Straße hinauf; immer höher; bis das Kühlwasser sott; und der Weg in der Dämmerung enger wurde : »Wartn Se ma, Wolters!«

Voraus gehen : ich; allein. (Und der Weg wurde tatsächlich immer enger. – immer – enger – : ah, hier!) er verbreiterte sich wieder; Häuser keimten zur Rechten auf; und er stieg immer noch; immer noch – so! :

und hier wieder ein breiter Bauernweg : »Hol'n Sie die Fahrzeuge nach, Mencke!« (noch einen Blick auf den Zähler. Und ich ging immer die Straße hinunter, an der Kirche vorbei, rechts herum : halt!

Zwischen Häusern : ein kleiner Platz. Misthaufen vor allen Eingängen (aber wegen der Kälte roch man gottlob nichts!) Und die Karte vor die Nase. Einnorden. – Aha :

Aa-ha! : Praktisch also ein Kreuzungspunkt. – Oder präziser : eine Straßengabel : von Westen her liefen 2 zusammen in eine, die von hier dann noch 1 km nach Osten weiter ging. – Ich winkte die LKW's bis zur Ortsmitte nach, und lief dann ärgerlich weiter in Kastel hinein : (links durch einen düsteren Torweg zweigte'es befremdlich hinab – ich schüttelte abwehrend den Kopf und ging gradeaus.)

Rechts : anscheinend ein Wirtshaus; Links die Post : eine schwarze Adlerflunder klebte hilflos im Senfgelb. 100 Meter weiter links eine Tankstelle. Dann rechts ebbes weißes a la Dorfschule. Schon eine Pause. Dann wieder links eine Kneipe; rechts ein unvollendeter Neubau; gefrorne Felder; wieder ein neues Haus mit angebauter Scheune, sehr hübsch, ja (ein Fahrrad hätte man haben müssen; verfluchter Mist!). Stehn.

Stehen : ich verglich die Kapelle vorn mit meinem Meßtischblatt; und ging dann doch noch aus Neugier weiter : hier müßte theoretisch gleich die Welt zu Ende sein!

Richtig : ein ›Heldenfriedhof‹ noch (mitten im Umbau, nebenbei : die ›Deutsche Kriegsgräberfürsorge‹ war erst bei den Opfern des 2. Weltkriegs : anstatt längst Platz für den 3. vorzubereiten!!)

Und vor ›die Aussicht‹ : turmhoch überm Fluß, Oh Tälerweit, oh Höhen; mein bißchen Kopf richtete sich hinundher (aber der Wind schnitt die Backen ab, und das Doppelkinn!). (Worte wie ›Felszunge‹ fielen mir ein; ›Peninsola‹, ›Marks Reef‹, der Wind hier vorn war aber wirklich unangenehm, eventuell una mesa, wie in den Schluchten des Colorado : war auch tatsächlich Buntsandstein : also ›Kastell‹.

Zurück (Bergmann meckerte schon) : »Der Ort ist strahlungsfrei, 'Oberleutnant : *und* die ideale Feuerstellung!« (Da knurrte mein Yahoo zufrieden.)

Und die Hände regen! : Als Erstes : wohin die zwei Geschütze?! (Natürlich zum Gasthaus Klein, vorne – nicht auf die äußerste Spitze : wegen Beherrschung des Flusses! Aber von hier reichten wir mit 1 Ladung bis nach Serrig hinunter.) Also aufstellen, und erstmal grob nach Gitterost einrichten. Mit der Magnetnadel (zum Anvisieren von TPs war's schon zu dunkel).

Und wieder zurück ins Dorf : »Tragn Se ja 'n Richtkreis orntlich, Menke!« (Der Oberleutnant hatte sich schon im Gasthaus Rommelfanger einquartiert. Ich ging mit dem Funker in die Post, gegenüber : 7 Mannschaften waren's außer uns!)

Haus, hell verputzt, mit Schnee daran : der amtliche Adler drehte verlegen den Kopf. (und ich besah ihn verächtlich durch den Drahtverhau meiner Brauen : in hoc signo vinces!) – Die Äxte vom LKW öffneten die Türen, krach, ohne allzu große Mühe : rechts eine Tür : Schlafzimmer mit 2 fetten Betten. Links : aha : wohl das Amtszimmer : Schreibtisch und Couch. Auf dem verspielt runden Tischchen 1 Jazztrompete. (Telephon an der Wand; und ich nickte dem krummen Hörer ingrimmig zu : Schwätzer! : »Bauen Sie hier Ihr'n Apparat uff, Crusius.«)

Noch eine Küche : Elektroherd, breiter Schrank, Waschnische; zum Fenster sah eisern Graues herein : eine Dämmerung (oder meint'wegen sonst was : ich schnallte die Gesichtszüge fester, und sprach einen Fluch auf ...loch.)

Leere Treppe : nur im Spiegelgewelle bewegte sich etwas. Auch oben standen die Betten stark leer. – Heizen. – (Unten brüllte Crusius unaufhörlich ›Anton / Bruno / Cäsar‹ : ›Anton / Bruno / Cäsar – ?‹)

Im Hof : an der Kette lag starr ein verdorrter Hund. Ich packte die Hand auf das eisige Gestrupp, und verfluchte. (»Anton / Bruno / Cäsar!« schrie das Automat drinnen verzweifelt). Meine Hand bewegte sich nicht mehr. (Erst nachdem ich dreimal die linke Augenbraue angehoben hatte, konnte ich wieder aufstehen).

Ne Lampe : »Ah, Sie haben ne Lampe gefunden, Crusius?!« (Mit ruhigen Griffen das Fenster nach der Straße zu verhängen)

Noch mal beim Cpt : er hatte seinen ›Burschen‹ bei sich; ich wollte abwechselnd mit Crusius, die Nachtwache übernehmen; die restlichen 7 Mann schliefen im Gasthaussaal beim Geschütz : »Und Sie wecken mich sofort, Pape, falls die Abteilung anruft!« : »'woll'er'Oberleutnant!« (Und über die Straße zurück).

»Crusius?!« : ? : »Sie bleibn am Gerät bis um – ä – sa'n wer 2 – :

dann wecken Sie mich – ich leg mich drüben hin.« (War anständig von mir, die Hundewache zu übernehmen! Auch machte ich erst noch Feuer in der Schlafstube, Holz und 2 Briketts, und legte mich dann in Helm und Schärpe auf die Steppdecken. (Ließ auch einen Fortz von widerwärtigem Klang; und fluchte meinem eigenen Gestank : was 'n *Da*sein!!). – –

DIE GELEHRTENREPUBLIK

In diesem Zukunftsroman, der im Jahr 2008 spielt, hat Schmidt ein ganzes atomar verseuchtes Gebiet in den USA mit Mutanten besiedelt. Zentauren gibt es dort ebenso wie freundliche Schmetterlinge mit Menschenköpfen, die sogenannten Fliegenden Masken. Aber auch grausige Riesenspinnen, Never-Nevers, die die anderen neuen Gattungen bedrohen, lauern im Gebüsch. Im Roman berichtet als Ich-Erzähler der Journalist Charles Henry Winer aus diesem Gebiet, über das eigentlich niemand etwas wissen darf. Nachdem Winer seine Reise durch den Hominidenstreifen trotz eines Mordanschlags mit vergiftetem Gin überlebt hat, informiert ihn der zuständige Offizier ganz offen über Zuchtwahl und Tötung unerwünschter Hominiden. Die Parallelen zur Rassenpolitik im Nationalsozialismus sind deutlich angelegt. Winer muss einwilligen, dass seine Reportage ausschließlich in der »toten Sprache« Deutsch überliefert wird, die nur noch wenige Emigranten in Südamerika beherrschen; eine Anspielung auf die über die sogenannte Rattenlinie geflohenen Nationalsozialisten. Sein Übersetzer Christian M. Stadion lässt es sich nicht nehmen, den Bericht mit einem Vorwort und Fußnoten zu kommentieren.

(Gemäß Interworld=Gesetz Nr. 187, vom 4.4.1996, ›Über bedenkliche Schriften‹, dessen § 11a die Möglichkeit der Veröffentlichung politisch oder sonst irgend anstößiger Broschüren durch Übertragung in eine tote Sprache, als vereinbar sowohl mit der Staatsraison, als auch etwelchen Belangen der Literatur in Betracht zieht, nach eingeholter Interworld=Lizenz Nr. 46, aus dem Amerikanischen des Charles Henry Winer ins Deutsche übersetzt.)

* * *

Daten:

Stand: 1.1.2009		Verfasser	Übersetzer
Alter		30,8	67,3
Größe (m)		1,84	1,60.5
Gewicht (Pfund)		175	175
Gesundheitszustand		+3,0	−1,6
erotic drive		8,1	0,04
Temperament		sanguinisch	melancholisch=cholerisch
Beruf		Reporter	Studiendirektor (emerit.)
Jahres-einkommen 2008 (Dollar, Gold)		45.000	2484,37
Wort-schatz	Amerikanisch	8.600	3.200
	Deutsch	1.400	8.580 (davon 3.000 mhd.)

Vorwort des Übersetzers

Wenn der Kommission diese Schrift zur Fixierung und Aufbewahrung durch den Druck würdig geschienen hat, so liegt dies wohl vor allem am Material, das dadurch einmal – ich wage nicht zu sagen ›zugänglich‹ wird. Seit Audubon 1982 seine ›Andeutungen über Hominiden‹ veröffentlichte (*wie* behutsam verklausuliert, brauche ich dem Kenner nicht ins Gedächtnis zurückzurufen. Und es bestand damals noch kein beschränkendes Interworld=Gesetz; er hätte ganz anders berichten können.) leben wir praktisch in Unkenntnis über die biologischen Entwicklungen im zerstrahlten Europa einer=, sowie im amerikanischen Korridor andererseits. Hier ist jeder Beitrag wertvoll; zumal da in der Tat eine beachtliche Stabilisierung in Hinsicht auf Hexapodie eingetreten zu sein scheint.

[...]

Eine persönliche Schwierigkeit bitte ich nicht zu unterschätzen : die Übertragung erfolgte aus dem Amerikanischen in eine *tote* Sprache. Seit der so früh erfolgten Zerstrahlung des Mutterlandes hat Deutsch nicht mehr lebendigen Schritt halten können mit der technischen oder sozialen Entwicklung – demzufolge konnten gewisse Geräte, Apparaturen, Handgriffe, auch Absichten und Gedankengänge, nur umschrieben wiedergegeben werden. Ganz abgesehen von dem, gelinde formuliert, sehr freimütig und überflüssig weitläufig dargestellten ›sexual intercourse‹ des Verfassers – die deutsche Sprache hat in dieser Hinsicht glücklicherweise keine Ausdrücke mehr entwickeln können, die gleichzeitig gebräuchlich und unverfroren genug wären, um Prozesse, wie etwa den der ›Urtikation‹ mit allen Konsequenzen wiedergeben zu können. – Fußnoten werden vorkommendenfalls solche Lücken auszufüllen suchen.

Was die immer wieder durchschlagende Abneigung des – in letzter Konsequenz deutschstämmigen – Verfassers gegen alles Deutsche angeht, sowie seine, milde ausgedrückt, exzentrische Mentalität, so kann ich nur versichern, daß ich mich auch an solchen Stellen einer korrekten Übertragung befleißigt habe. –

Das Original der vorliegenden ›Gelehrtenrepublik‹ befindet sich in der Handschriftenabteilung der Stadtbibliothek Douglas/Kalamazoo; die danach hergestellten 8 Mikrofilme an den international dafür vorgesehenen Orten. Die deutsche Übersetzung wurde nach dem Exemplar Nr. 5 (Valparaiso) hergestellt.

Chubut, Argentinien, den 24.12.2008
Chr. M. Stadion

[...]

Gehen; und immer wieder den Kopf über die Gedanken schütteln : was die beiden letzten Kriege doch so angerichtet hatten! / Europa lag zerstrahlt. Hier der große Streifen. / Der Papst umgesiedelt nach Nueva Roma. (Bei Bahia Blanca; wo man sofort eine neue Peterskirche errichtet hatte : sämtliche Reliquien waren ja angeblich gerettet worden.). / Jerusalem weg (ein Ägypter, hatte es geheißen ..... Worauf natürlich ein Israeli unverzüglich nach Mekka gepilgert war : Hadschi!). / Und immer rüstig ausgeschritten.

[...]

Aber nunmehr, nach erfolgter Vereidigung – (auf Interworld 187 nebenbei : Veröffentlichung nur in toten Sprachen; bemerkenswert milde!) – war er recht gemütlich. Man (= wir) rauchte und trank Bora=Bora.*

Gab nun auch ohne weiteres Auskunft, auf jede meiner Fragen. / : »Ja ganz recht. ›Hexapodie‹ ist wohl das Wort. – Also einerseits mit Insekten; andererseits mit Huftieren : unter Beibehaltung – beziehungsweise entsprechender Transformierung – der Arme, ja.« (Arm*lose* Rückschlagformen wurden »laufend ausgemerzt – ä=schmerzlos natürlich.« : feiner Ausdruck!). (Und stellte mir's bedeutend verallgemeinert vor : Hirsche, Tapire, Elefantinnen. Nashörnerinnen, Nilpferde, Zwergböckchen. : Oder Giraffiges, ganz oben ein traurig=dummes Menschenhaupt. (Aber vielleicht war's auch gehörnt=überlegen; mit'm Klemmer dran; und fühlte sich sauwohl). / Im Norden zottigere Pony=Formen. Mit rauhen Haarbüscheln zwischen den Brüsten.)

»Wölfe als Feinde?!« : er lachte nur : »Na, wissen Sie : ich möchte kein Wolf sein, und unter ein Zentaurenrudel geraten! Die würden mir den Kitzel aber vertreiben! Stellen S'ich ma vor : Huf-

* Das neue alkoholfreie Fruchtgetränk; geschmacklich am meisten noch dem alten Seven=Up ähnlich.

schläge wie Schmiedehämmer, vorn & hinten. In den Händen Bogen, Pfeile, Sägeschwerter; Lanzen, Knüttel, Keulen. Auf dem Kopf das Einhorn? : merci beaucoup!!«

»*Nein, leider nicht! : Ganz im Süden* nomadisieren negroide Typen. – Es gab ja ursprünglich *drei* Rassen : Derivate von Weißen, Negern, Indianern. Davon sind Weiße und Indianer so gut wie verschmolzen. / – ? : Ja; ganz recht : es ergab sich – erst zufällig, dann gelenkt – mit Grant=Gazellen : *sehr* glückliche Kombination!« / Und beugte sich aus gelbem Schreibtischsessel vor : »Was? : Sie haben einen zebroiden Mischling gesehen? : Aber der muß doch sofort weg!«. (Notierte mit fliegender Hand : Menschsollichdennda ..... : am Tod des Prachtstückes schuld werden?! Er merkte es sogleich, und beruhigte emsig) / : »Ach das *müssen* Sie einsehen! Wir überwachen sämtliche Trupps ärztlich : brutal Mißratene; bösartige Männchen; allzugroß Gehörnte – was bei der Geburt Schwierigkeiten machen könnte – werden *rück=sichts=los* abgeschossen!« (Vermittelst Blaserohr : ein winziger Glaspfeil, mit Gift gefüllt) : »Wir wollen sie ja doch möglichst uns, dem Menschentum erhalten! – Schon dieses schwere Einhorn – das eventuell eine Gehirnrückbildung zur Folge haben *kann* –; oder die – allerdings unvermeidliche – große Rupfzunge, die die Sprache erschwert und bereits leicht verändert hat : bereiten uns *große* Sorgen!« / : »Das müssen Sie verstehen.«

Jaja; verstehen schon, aber.

Weitere Einzelheiten : die Tragezeit? : »Im Durchschnitt 174 Tage. Mit ungefähr 3 Jahren werden sie fortpflanzungsfähig.« / Durchschnittliche Lebensdauer? : »12 bis 20. Die ganz Alten werden dann ausgesprochen ›weise‹ – wirklich im sokratischen Sinne, dochdoch – und lernen dann zuweilen, aber rechtrecht selten, auch Lesen und Schreiben.« / Wieviel? : »Na; unsere Förster kennen fast jedes Stück, und schätzen ihre Gesamtzahl auf=ä – 6.000. Davon 700 Schwarze.« (Schärfste Rassentrennung. Zählung und Überwachung teils unauffällig aus der Luft, wie erlebt; teils Bodenarbeit : »Ach, Sie kennen's ja.« Ja.).

»Ach das noch, Herr Direktor, wie ist denn das? : wird das eigentlich als Sodomie betrachtet? – Ich meine : falls ein Förster sich mal in eine Zentaurin=ä verlieben *sollte*?« / Er zog nachdenklich an seinem Kinn (drückte auch mit demselben Zeigefinger die mittelgroße Nase nach unten) : »Tjaaaa.« / : »Tja Sie haben da natürlich ein Problem aufgeworfen : es *ist* schon eine Lücke in unserer Legislation. – Und wird durch Folgendes noch erschwert : *Menschen*männchen & Zentauren*weibchen* : sind zusammen unfruchtbar; das ist ausreichend erprobt. *Aaaber*! : Zentauren*männchen* & Menschen*weibchen* : da kann durchaus was passieren! Wieviel ältlich=geile Millionärinnen haben sich nicht schon – durch Bestechung des ein und anderen Postens – heimlich in den Hominidenstreifen schmuggeln und von Zentauren decken lassen! : Sie wissen ja nun selbst, *wie* die gebaut sind!«

»Neineinalso; das fragliche Problem ist ja lediglich erst bei uns, bei den Wachmannschaften hier, akut geworden. Und da gilt die – gewohnheitsrechtliche; allerdings noch nicht kodifizierte – Regel : es ist *keine* Sodomie. Also *nicht* strafbar.« (Und mir war doch wesentlich leichter. Obwohl ich nur gelassen »M=hm« äußerte).

»Sehr richtig : die Brust der weiblichen wird kleiner. Durch Zuchtwahl : sie hindert dann weniger beim Galoppieren. Die Epidermis darüber zudem fester : sehr richtig.« / »Die Anrede untereinander ist ›Schwager‹ – vorsichtshalber wohl : die geschlechtlichen Verbindungen sind nämlich relativ unstabil.«

Und trockenes Gelach, in lauter kleinen Stücken : »Ja=ja! – Na; Ihnen kann ich's ja verraten; Sie sind ja jetzt vereidigt.« (Und trotzdem noch die gehemmte Raucherpause) : »Najaalso ›Fórmindalls‹ : da gab's mal vor 50 Jahren einen Außenminister, der entscheidend zur Weiterführung der Atomversuche geraten hat .....« / Und ich unterbrach schon erleuchtet : »Achsooo?! :

›For=Min‹ – das steht reduktiv für ›foreign‹ und ›minister‹?! – : Achsoooo. Ja jetzt wird mir manches klar.« (Aber das war natürlich ein dolles Faktum; wat et all jiebt!). / ›Gow‹ wußte er auch nicht. ›Chromm‹ war das keltische ›krumm‹ – wieso grade das vom Gälischen her, war unbekannt : »Zufall wohl. Scheinbar ein Förster irischer Provenienz dazwischen geraten.«

»Ja die Volkskundler haben natürlich ein reiches Arbeitsfeld. Die freuen sich ja diebisch, wenn sie wieder einen neuen Brauch registrieren können : *ist* ja auch intressant! / Zum Beispiel, wußten Sie *das* : daß sich alte und kranke Stücke zum Sterben an ganz bestimmte Stellen zurückziehen? In Welwitschientäler, wo schon veritable Knochenfelder entstanden sind? : ›Zentiefriedhöfe‹ sagen unsre Leute immer. / Oder Wasser. Ist ihnen begreiflicherweise hochwichtig : wo Bäche nach verschiedenen Richtungen abfließen, an Bifurkationen oder Wasserscheiden, da setzen sie Cairns, und da darf nie gelagert werden. / Neinein; im Winter wandern sie nach Süden ab : Arizona, Kalifornien, Sonora. Was meinen Sie? : wir haben ja – *hier, an dieser Stelle!«* (er stach mit dem Zeigefinger auf seine Schreibunterlage; sehr überzeugend) : »Januartemperaturen bis zu 38 Grad Minus!« (Im Sommer war dafür schon Plus 42 gemessen worden) / »Dochdoch : im Notfall stellen wir auch mal Tränken auf. Aber das ist praktisch erst einmal vorgekommen, als sich ein fürwitziger Trupp auf der Suche nach neuen Weidegründen zu weit in die Ralston Desert vorgewagt hatte. Ansonsten sind die ja derart ortsbeweglich – und =kundig – daß sie jederzeit wieder zur nächsten Quelle gelangen : 150 Meilen in 24 Stunden, das schafft ein gesunder Zentie schon, wenn er will.«

Er neigte bestätigend den Kopf : »Schlangen und stechende Insekten haben wir zerstört; vermittelst Kontaktgiften; auch durch Bestrahlung : wir mußten ja erstmal günstige Entwicklungsbedingungen schaffen. Es ist ohnehin noch schwierig genug.« / »Vor allem das Eine : sie tendieren – wie alle Heerden; Erbteil ihrer equiden Hälfte – zum Massenschrecken. Meist durch

Töne, Explosionen, ausgelöst. Dann befällt sie Ungeheures : der ganze Stamm, alle Hundert, stürzen wie rasend dahin; lassen sich durch keine Bemühung mehr aufhalten; rennen gegen Felswände an, oder zerschellen in Abgründen – das ergibt dann, als Mindestes, die unangenehmsten Beinbrüche!« (und schüttelte mißbilligend das Gesicht, als hätte er persönlich an einem zu laborieren).

»*Ja, tun wir auch! : Meinen Sie,* wir wären umsonst ihre Pfleger und Hüter?!« / Und berichtete, herausgefordert (eben das hatte ich ja gewollt!) von ihren ›Aufgaben‹ : »Zuerst; ganz im Anfang; haben wir versucht, 2 von uns als Zentie zu verkleiden. – Ja, lachen Sie nur, es *ist* so : genau wie 2 Arbeitslose 1 Zirkuspferd machen; oder im Fasching. Und der Vordere agierte dann : impfte; machte Gipsverbände; beseitigte Hautschmarotzer; spritzte hier *das* Hormon ein; dort *jenes.* / Bis wir sie dann an unsere Gestalt gewöhnt hatten. Jetzt nennen sie uns ›Förster‹ – obwohl ich persönlich den läppischen Ausdruck *gar* nicht schätze! – nehmen die Geräte als godsends entgegen ..... : Wie bitte?« / »Was dem Menschen vom Tisch fällt, hat für die Katze ›Gott gesandt‹« hatte ich gemurmelt. Er machte die Anwendung auf sich, der Herr Oberförster; und nickte lustig die Nase, einmal.

Die ›Religion der Zentauren‹? : er formte erst eine Trichterspitze aus seinem Mund, und bewegte dieselbe dann abweisend : »Sie haben keine. Außer dem, in der historischen Entwicklung unvermeidlich auftretenden Animismus. Durchaus sublimiert allerdings : unsre Anwesenheit trägt ja zur Bildung einer Götterlehre enorm bei. Also *ganz* zwanglos verläuft die Entwicklung nicht : *kann* es nicht!« / Wuchtig. Setzte beide Hände auf die Glasplatte vor sich, und wollte sich hochdrücken. Blieb aber doch noch unten sitzen, und horchte, ausgespannten Gesichts : ...? ...? : »*Das* ist allerdings – – *sehr* wichtig : Herr Winer!«

(Ich hatte nämlich von der Spinnenschlacht erzählt; und wie ich den gebissenen Kleinen wieder kurierte : er lauschte inten-

siv geneigten Ohrgeringels; nickte zu Details; und bewegte manchmal lautlos die Lippen mit : »So? – Ach!«). / Und begann zu erklären : »Sie müssen nämlich wissen – wir kennen das natürlich! Haben schon genügend tote Stücke seziert; sind aber immer zu spät gekommen : ehe die Nachricht von einem Schnelläufer an die Mauer gebracht wird, und wir Jemand hinschießen, ist's längst vorbei, das Zeug wirkt ja innerhalb von Viertelstunden! – Sagen Sie : *hätten* Sie etwa noch was davon da?« / Ich holte ihm gefällig die ganze Buddel aus meinem Gepäck. Er zog den Kork; goß in ein Uhrschälchen, wollte schon die Zungenspitze hineintunken ..... dann fiel ihm aber anscheinend etwas ein (und das sah *sehr* putzig aus : wie sein spitzbärtiges Gesicht da, mir gegenüber, so auf der Bartspitze über der Platte schwebte, die Zunge noch raus (vor Denken vergessen einzuziehen); die konzentrierten gräulichen Brauen; die angestrengte Stirn; die Augen, die irgendetwas in Tischmitte erblickten .....).

Langsam zog sich sein Zungenfleisch zurück. Klappte den Mund darüber zu. Das Gesicht stieg wieder zu normaler Höhe (und sah so unbefangen drein, daß es mit dem Habitus eines Direktors fast nicht mehr zu vereinbaren war) : »Ä=Flushing! – Sie entschuldigen' Moment, Herr Winer – Dr. Fielding soll mal herkommen. – Jawohl : auf=der=Stelle! – Losrasch!« (Murmelte auch noch was von »Genau untersuchen lassen. Zusammensetzung. Äußerst bedeutsam.«)

»*So? Und das hat also* – soweit Sie beobachten konnten – geholfen? – Hm.«, versuchte er die immer noch währende Pause zu überbrücken. (Dabei hatte ich's ihm nun bereits fünfmal, in immer neuen Wendungen, mitgeteilt; *und* bestätigt; *re*konfirmiert; und *nochmal* Ja genickt; und der Arztchemiker kam *immer* noch nicht – bis er sich endlich entschloß, eine wichtige Miene herstellte, und die längere Notiz über den Kasus anfing (hätte nicht sehen mögen, was er kritzelte; bestimmt Stoßgebetchen. Oder, noch eher, unverständliche, schriftähnliche

Krakeleien. – Na, ich tat ihm den Gefallen, und schaute diskret aus dem Fenster).

Dadaswarendoch – : »Zentauren?!« : sah ich falsch? – Aber er bestätigte mir, froh der Ablenkung, daß ich meinen eigenen Augen trauen dürfte : »Wir gehen dann gleich ma runter. – Jabitte : bitte?!«

»Doktor Fielding – Mister Winer vom ›Kalamazoo Herald‹. – Sehn Sie ma hier Doc, diese Flasche : iss Gin drin. Könnten Sie mal genau – aber wirklich aufs Peinlichste, mit allen Schikanen! – die einzelnen Bestandteile feststellen? Es ist nämlich *das* : .....?«

Aber Doktor Fielding, lang bleich und dürr, hatte längst den Stöpsel gelüftet; geschnuppert; sich in die linke Handfläche gegossen, und die belegte Zunge hineingebettet (mit konzentriert geschlossenen Augen : sah also nicht die erregten Fingersignale seines Direktors; sprach vielmehr, geübt lallender Pronunziation, über sein schimmliges Geschmacksorgan hinweg) : »– C_2H_5OH=Derivat.« – Er schmeckte und sann; all seine Züge vereinigten sich um den Mund; die Stirn wurde drohendübergroß und glatt : »Aconitumdigitalisbelladonna« sagte er sehr schnell; öffnete die Augen bedeutend : »Und sonst noch allerlei – ich schreite zur Analyse : wann müssen Herr Direktor das Ergebnis haben?«. Aber der winkte nur in mühsam unterdrücktem Zorn : »Dankedanke! – Ä=morgen Früh : bitte!«. (Der Kopf der weißen Röhre dienerte einmal ruckartig, unten schritt es lang aus, ›zur Analyse‹; und während die Tür hinter dem Automat wieder zufiel, machte ich den armseligen Spaß, mir halblaut einzuprägen : »Venuswagen; Fingerhut : Tollkirsche.«. Aber auch er hatte sich wieder gefangen : »Spurenelemente.« sagte er knapp : »Bei Destillation wohl unvermeidlich. Außerdem leidet der Mann periodisch an Korsakow=Psychose. – Bitte, kommen Sie doch.«

Auf manchen Korridoren, weißen Treppen : »Jadavon wissen wir leider so gut wie nichts : wie weit die Russen sind! Die haben ja ganz Europa als Hominidenversuchsfeld, bis hinter zum Ural.«

»Na, daß die Japaner & Deutschen weg sind, ist ja für uns 1 Segen!*« sagte ich energisch : »Die, ohne deren Beteiligung einem jeden Weltkrieg ja gleichsam etwas gefehlt hätte!«. Und er wandte sich mir unter begeisterten Verbeugungen zu : »*Ganz* meine Ansicht! – Neinein : diese letzte, Ä=Vereinfachung=ä, war doch im letzten Grunde begrüßenswert : was *hat* die nicht zur Ausbreitung der Vernunft in der Restwelt beigetragen! – Also es *heißt* – ich weiß es nicht; ich referiere Gerüchte : was man als Wissenschaftler nicht tun sollte, gewiß – daß die Herren in Ssemipalatinsk sich auf *aquatile* Formen kapriziert hätten .....« hob die Fingerbüschel in Schulterhöhe, und ließ den Kopf hinundher gaukeln. / »Jedenfalls ist alles noch drin! Alles ist im Fluß! : Wir werden noch *viel* erleben!« schloß er leuchtenden Auges, und drückte erregt seinen Brillenbügel.

»Ach ganz simple Voliere!« : Wir waren vor dem Drahtkäfig stehen geblieben : hoch und breit wie ein Großstadt=Wohnblock. 2 Yards davor das Eisengeländer; rundherum. Und ich lümmelte verdutzt die Ellbogen drauf (und den Kopf in die Handstütze : mir war wie im Zoo!)

Die Voliere : »Nein. Wir nennen sie ›Fliegende Masken‹ : es gibt nämlich da gewisse festbleibende Typenkreise.« (Unterschieden nach Männchen und Weibchen; von den ersteren rund ein halbes Dutzend ›Gesichtsausdrücke‹; von den letzteren wesentlich mehr : »Das werden wir sicher durch Züchtung noch nach unsern Wünschen variieren & fixieren können – hinsichtlich Haarschnitt, Schönheit der Weibchenunddergleichen :

* Ich stehe nicht an, auch diese Stelle wortgetreu zu übertragen : ganz abgesehen von meiner Pflicht als Vereidigter Übersetzer, und meinen persönlichen Gefühlen als Restdeutscher – 1 unter 124 noch! – ist es ja wohl historisch wichtig, daß auch dergleichen, in Nord und Ost gar nicht seltene oder unübliche, Einstellung durch den Druck zur Aufbewahrung gegeben wird. Spätere Jahrhunderte mögen richten zwischen Goethe und ›Fórmindalls‹! Ich enthalte mich jeden Kommentars, der mir als persönliche Empfindlichkeit ausgelegt werden könnte.

Stimme zumal! : manche Sorten geben, in kleinen Käfichten gehalten, bereits eine Art Gesang von sich; tjaaa.« Und wir ließen die Blicke durch das weite Gitterwerk schweifen.

Bäume rein gepflanzt? : »Nein. Umbaut; das andere hätte ja viel zu lange gedauert.« / Überwiegend riesige Säulenkakteen? : »Das hat alles seinen guten Grund : gehn wir gleich mal rüber, ins Labor, ja?«

Im Labor : Ach Du lieber Fórmindalls! – Jetzt bekam ich erst den richtigen Begriff von der Metamorphose!

Und die Kittelassistentin erklärte und demonstrierte fließend : Hier in der Sukkulente – (»Sie müssen ganz genau gegen's Licht sehen!«) – erkannte ich kauernd einen stillen dunklen Kern. »Ja ganz recht.« / Hier die Schirmbildaufnahme. / »Und so sehen sie in natura aus.« (›in natura‹ war gut; sie meinte ›in spiritus‹; berufsbedingte partielle Seelenlosigkeit). – Länge und Dicke wie'ne gute Gurke. Totweiß : Folge des Lebens in Pflanzen – und was *das* wieder für eine Art ›Innenleben‹ für das befallene Exemplar sein mochte, schlimmer wie'n Bandwurm! – Nur an den Tracheenmündungen dunkelgefleckt. Mit bleichem Embryonengesicht; eine durchscheinende Haut überzog die Augäpfel : übler Sauger! / »So lebt diese Form 2 Jahre in Fettpflanzen – die einzigen, die ihnen ausreichende Herberge gewähren können. – Bitte? – : Nein; die Wirtspflanze stirbt *gar* nicht ab! Meist bildet sich an der betreffenden Stelle eine Entasis. Oder auch eine Sackgeschwulst : nein.« / »Die Eier? : werden, genau wie bei Insekten, durch die Paarung der Flugformen erzeugt. Und vermittelst eines rasch entstehenden und wieder vergehenden Legestachels mitten in den Pflanzenleib eingeführt.« (Wo dann eben die ›entsprechende Entwicklung‹ begann).

»Hier : hier können Sie's mehrfach sehen.«; und führte mich zu einem anderen Kaktusstumpf : dem war ein dralles Glied aufgeplatzt (die Wunde allerdings schon fast wieder gelblich=trokken, geduldig, vernarbt : gut.); und im Winkel einer Gabelung hing reglos der hellgelbe, 2 Spannen lange, Kokon. / »Man kann

die Puppe durchaus durch Sieden abtöten, und das Gewebe textil verarbeiten; jede ergibt über ein halbes Pfund dünnes, sehr festes Garn : hier; meine Träger sind draus« : sie schob unschuldig die Schulter des Wissenschaftlerkittels zur Seite; und ich besah schaudernd das breite Band ihres Büstenhalters, mon Dieu (und haben nichts weiter drunter. Kunststück, bei der Hitze!). – : »Achda : Ihre Hosen, Herr Direktor : sind ja auch aus dem Stoff.« (und er klopfte sich nickend mit der gleichmütigen Hand das Oberbein).

»*Wie lange leben die*« (ich überwand mich; und ergab mich; und gebrauchte schließlich auch den verruchten Ausdruck, Landgraf werde hart) : »die ›Fliegenden Masken‹ eigentlich?« / Das kam drauf an; sie waren eifrig dabei, die Lebensdauer zu verlängern : »Zur Zeit 2 bis 3 Monate. – Das heißt : bei *uns*; in Gefangenschaft. Draußen, in freier Wildbahn, haben sie zuviele Feinde : Eulen; die paar übriggelassenen kleinen Raubvogelarten : und vor allem eben diese verfluchten Arachnen!« / Die, die Spinnen, konnte man hier *gar* nicht leiden (und mit vollem Recht, soweit meine eigenen Erfahrungen gingen) : die fingen sowohl die Larvenformen, durch Anbohren der Kakteenstämme mit dem Rüssel – was sie ja ohnehin taten – und immer tiefer rein, wenn sie was witterten, bis in den Larvenleib, den sie dann begierig aussaugten. Fraßen selbst die Puppen. Der Flugform stellten sie mit ihren Netzen nach. : »Und die sind ja auch *so* dumm – oder besser : lernunfähig & lüstern – daß sie, obwohl sie vorzüglich sehen, einfach auf das Männchen zu fliegen; ob nun ein Arachnennetz dazwischen ist oder nicht.«

»*Also müssen diese Never=Nevers weg!*«. Und sie nickten grimmig die Köpfe : »Von Herzen gern : wenn wir nur das Zauberwort wüßten! – Aber das ist gar nicht so einfach; die sind zähe. Wir haben – gerade mit Hilfe der Zenties – schon sehr schöne Erfolge erzielt, und die Viecher weit nach Norden abdrängen können. Aber sie scheinen sich bereits wieder den kanadischen

Kalturwäldern anzupassen : entwickeln rotbepelzte Formen, mit besonders harten Rüsseln, mit denen sie bis in die Wasserleitung der Bäume bohren können .....« (Beide atmeten seufzend, im Team=Takt) : »Da gibt's jedenfalls noch vielviel Arbeit für uns.«

Und zur andern Tür hinaus : da standen wir am weiten Rund des Stations=Sportplatzes. Und ich setzte sofort fasziniert die Hände auf die Hüften : Mensch, hatten die ein Tempo!* (Und auch er nickte neben mir begeistert, strahlend über's ganze Direktorengesicht : »Da soll erst mal Einer mitkomm', was?!«)

Die Zenties machten nämlich Wettrennen!! : Vierebreit wogten sie eben über die letzte Hürde, in unsere Endgrade. Die Köpfe lang nach vorn; in der Rechten die kurze Peitsche (mit der sie anfingen, sich die eigenen Hintern zu hauen! Plötzlich gab es dem Riesenrotfuchs, Man of War, auf der Innenbahn einen Ruck, als schöbe ihn eine Gigantenhand von hinten : 10 Yards, 20, 30!! – : (und riß mit der Einhornspitze das Zielband durch!))!

Los, hin zum Mann mit der Stoppuhr! : Und auch der war angenehm erregt : »Eins Einunddreißig Vierzehn für die Meile! Und das im bloßen Training : was *mein'* Sie, was da beim Sportfest selbst für Zeiten rausgeholt werden!« / »Tja=a : das ist ein gar nicht leicht zu erwerbender Trick, das Zielband mit dem *Horn* zu nehmen, anstatt mit der Brust. Das ergibt mindestens Drei=Hundertstel Sekunde Zeitgewinn!« / Aber an Sulkies, zum Trabrennen, waren sie nicht zu gewöhnen : »Der Zentie trägt kein Joch!« hatte ein Häuptling verkündet : stolz lieb' ich den Zentie! – (Und reiten auf sich ließen sie auch bloß sehr geliebte oder geehrte Personen : that's me!)

Im Weitergehen : »Oh, die Wettbewerbe sind zahlreich und gut besetzt. – Im Laufen haben wir natürlich keinerlei Chancen; das wird getrennt absolviert. Ebenso Weitsprung.« / Und was war

* Die folgenden Szenen sind echt amerikanisch! Wir beanstandeten Deutschen hätten vermutlich dafür gesorgt, daß sie Griechisch gelernt hätten, und überhaupt natürlich geblieben wären.

gemeinsam? : »Nuu=ä : Kugelstoßen zum Beispiel; da ist völlig offen, wer gewinnt. Voraussetzung natürlich : nur aus dem Stand! Denn wenn der Zentie – und sei der Stoßkreis noch so klein gewählt – die Federkraft seiner 4 Beine einsetzen könnte : oh weh!« (Also allgemein sämtliche Wurfübungen; Speer, Diskus, Stein).

»Oder hier« : und diesmal mußte ich mein Gesicht doch mit *beiden* Händen stützen : die B=Mannschaften trainierten gegeneinander Fußball! / (Erst mal an die vielen Beine gewöhnen .....) / Eben stoppte ein assyrerbärtiger Zentaur den Ball mit der Brust : der fiel gehorsam an ihm runter. Blitzschnell setzte er den Huf drauf – ein Rundblick – : und spielte ihn weit nach vorn (wo ihn sein Stürmer sofort mit dem rechten *Hinterhuf* (sic!) übernahm – aber schon sprang der mindestens 7 Fuß große Menschenverteidiger durch die Flugbahn, köpfte zu seinem Tormann zurück (der den Ball in die Vaterarme schloß; geschickt einem, fair ihn behindern wollenden, Schecken auswich; und weit in die andere Spielhälfte kickte : !)).

»Ja, müßte man denn da aber nicht dasselbe Moment berücksichtigen : daß die so viel schneller spurten?« Aber er wehrte schon mit der Hand ab : »Das wird mehr als ausgeglichen dadurch : daß ihr Tormann unbehilflicher ist!« (und, nachdenklich) : »'ne Zentaurenmannschaft mit'm menschlichen Torhüter : die müßte – theoretisch – unschlagbar sein! Die Kerls schießen Elfmeter?! : Neulich ist einem unserer Torhüter die Brusthaut davon aufgeplatzt!« / (Halt; das noch : »Aber beim Köpfen? : der Vorteil des Hornes!« : »Das geht natürlich arg über die Bälle.«).

»Wann?« (das Sportfest) : »Ach, da sind Sie längst weiter. In 14 Tagen erst. 'ne ganz interne Sache.«

»Preise?« – : »Verschieden. – Meist solche, von denen der ganze Stamm des Siegers was hat : n blanken Aluminiumeimer; 3 stählerne Speerspitzen : wir züchten dadurch ja gleichzeitig nicht nur gute körperliche Eigenschaften, sondern auch gei-

stige : Reaktionsgeschwindigkeit; Entschlußkraft; Kampfgeist – der uns dann, beispielsweise gegen die Arachnen, wieder zugute kommt : Undsoweiterundsoweiter.« (Der Mensch denkt, Fórmindalls lenkt).

Blaugläserner Abend mit Goldrand : die Zentauren schüttelten mit ihren Gegnern Biederhände (und wurden anschließend durchs Tor geschleust, wieder in ihr Gebiet hinein). / »Aber selbstverständlich : 8 im ganzen.« (Nämlich Verkehrstunnel unter dem Hominidenstreifen hinweg; die die beiden Hälften der USA miteinander verbanden, von Mazatlan bis Fort Churchill. Überfliegen gab's nur in ganz großen Höhen, über 10 Meilen; eben wegen des Panischen Schreckens).

Und lauschte dem zackigen Jungsoldaten – : ? – : »Ah gut. : Ihr Gepäck ist eben mit der Postrakete eingetroffen. Ich laß'es auf Ihr Zimmer bringen.« Und weiter, ganz großzügig dröhnender Gastgeber (es war ja ein peinlicher übler Eindruck gut zu machen; das kann man wohl sagen!) : »Aber nein, Sie *müssen* sich ein paar Stunden hinlegen! Ausruhen. Die Maschine nach Eureka geht doch nicht vor drei dreißig, morgen Früh. Und erst mal anständig essen : Bitte!«

Bitte : die Gemeinschaftshalle : Er speiste, ganz patriarchalisch, inmitten seiner Assistenten und GI's. Winkte wohl auch leutselig zu einem ferneren Tisch hinüber. Oder lachte zu einem dienstfertig=zahmen Scherz : in meinen Landen soll Witz nicht unbelohnt bleiben! / (Was gibt's überhaupt? Hoffentlich nicht wieder Klapperschlange in Schierlingstunke; Schinken vom tollen Hund, mit Skorpionen gespickt .....) / Aber nein : das Essen war wirklich gut. Einfach; kräftig; viel Fleisch : man piekte bloß mit der Gabel, und hatte schon wieder ne Boulette dran. (Und die WAC=Kellnerinnen, in den neuen milchglasfarbenen Schillerstoffen,* Arme wie aus dünnen Regenbogen, lächelten

* Was nichts mit unsrem teuren deutschen Toten zu schaffen hat; sondern im Sinne von ›Irisieren‹ zu verstehen ist.

unermüdlich : Laßt uns lustig sein, über hundert Jahr kommen die Heiden!).

»Und dies Ihr Zimmer!« : er öffnete mir eigenhändig die (von außen weißlackierte) Tür; kam auch rüstig hinter mir mit hinein (als verantwortungsvoller Hotelier, der sich durch Autopsie zu überzeugen pflegt, daß seinen geehrten Gästen nichts abgeht. – »Right. – : Well.«).

»Zu Ihrem Gepäck habe ich Ihnen eine – ganz schmucklose – Decke aus ›mask=linen‹* dazupacken lassen« (und gleichzeitig aufs zwangloseste mein Eigentum kontrolliert, was?! Aber darauf mußte ich mich auf solcher Fahrt wohl noch mehrfach gefaßt machen). (Und grauen tat mir auch vor seinem Präsent; aber ich zwang mich, verbindlich die Zähne zu fletschen, bis er damit zufrieden schien). / »Der Wert liegt ja für den Kenner im Material, nicht in der Arbeit. – Und hier : « : er übergab mir mit beiden Händen, strahlend, den mächtigen Band Querfolio : ! Stolz hob sich der rotgelbe Sporn seines Spitzbartes (und ich mußte mir widerwillig gestehen, daß das nicht unapart aussah, zu den gemischten zwirbligen Brauen, und dem Haarrest aus Eisendraht), als er erklärte : »Wir beschäftigen ja auch diverse Zeichner hier; Maler. Und da haben wir – in geringer Auflage; für die ganz wenigen Interessenten : signierte und nummerierte Exemplare, ja, sicher – diese Farblithos herstellen lassen : sämtliche bisher einigermaßen konstanten Maskentypen! Zusätzlich noch die Großfotos von einigen besonders intressanten, aber leider nicht stabil gebliebenen Züchtungen : «.

Höflich schlug ich da ein paar Blätter um – : – : und sie waren wirklich von Meisterhand. Sehr sauber und charakteristisch. Unverkennbar Porträtähnlichkeit. / »Naja; mit *der* Einschränkung : daß solches Porträt eben immer einigen Tausenden gleichsieht« berichtigte er; die Arme behaglich ineinander geschlungen.

* ›Masken=Leinen‹ : dies demnach das stehend gewordene Fachwort für Textilien aus den Fäden der Puppe der ›Fliegenden Masken‹.

(Und frappante Gesichter drunter, zugegeben : die Maske eines finsteren Timon; grämliche Falten auf der Stirn, ein bitter gekrümmter Mund, mittelgraues Haar. / Ich besah mir natürlich – ich denke nicht daran, mein Geschlecht zu verleugnen! – weit mehr Weibchen!) :

»Nofretete?!« : »Ja. Völlig absichtliche Züchtung.« bestätigte er : »leider 'ne ombrophobe Form geworden*; nicht im Zimmer zu halten.« / (Nicht ›im Zimmer zu halten‹? : die haben aber tatsächlich Nerven! Oder besser : völlig gefühllos. / Er sah mich an – ›lauernd‹ hatte ich das Gefühl; oder täuschte ich mich? – : »Welche davon gefiele *Ihnen* denn am besten?«).

Mußte ich also die verruchte Schwarte noch einmal vor die Nase heben – (am besten einbilden : es wäre ne ›Gallery of American Beauties‹. Auch für später nützlich.)

»Hmmmm.« : eine Poofbackige, mit verkniffenem Lächelmund und widerlich runder Stirn (»Unsere ›Gioconda‹ : ist doch ähnlich geraten, unbedingt, wie?!«) – Ja; leider. Auf die hätte man mich schon als Junge binden können, und ich hätte nicht gemocht! (Hoffentlich haben die Kerls nicht noch mehr Gemälde imitiert : was für Einfälle zu sowas gehören!!).). / Oder doch *auch* wieder nicht : es handelt sich immerhin um das Schönheitsideal von 'ner ganzen Anzahl Leute; und danach veredelten die hier dann eben systematisch eine ganze Linie! Was ja auch für Nofretete galt. – Also hatte auch dieses Ding, wie jedes unter'm Mond, mindestens seine 2 Seiten. Obwohl mir keine davon gefiel!).

(Ach ist ja auch egal; bloß Schluß mit der Szene. Daß der Kerl abzieht, und ich mich hinhauen kann) : »*Die* hier. Würde ich sagen.« (Sie sah täuschend aus wie die sumerische Königin Schub=ad, an der ich mich als Schulkind eine zeitlang aufgeregt hatte. – Und sie war es auch : hoffentlich war er nun zufrieden!).

»Aber gern!« : schritt elastisch zum Nachttischchen und telefo-

* Schattenflüchter.

nierte : »Ä=Flushing? – Jahörnsiemich? : Nummer 18 : Acht : Zehn. / Jawohl! / – Na desto besser!«; und, wieder zu mir gewandt, verbindlich lächelnden Mundes : »Ich werde mir erlauben, sie Ihnen über Nacht hier hinzustellen, ja?«

Ich muß wohl völlig verblüfft dreingeschaut haben; denn er rieb sich entzückt die Hände : »Tja, das hätten Sie *nicht* gedacht, daß das bei uns so schnell geht, was?! – Ich hab's wohl gemerkt, wie Sie sich Zeit ließen; und in aller Ruhe einen schwierigen Typ aussuchten ..... Ä=neineinein!« (ich hatte protestierend die Hände angehoben) : »Nein, das ist mir ganz recht, daß Sie uns – völlig unbeeinflußt : das müssen Sie mir ja bescheinigen! – so auf die Probe gestellt haben. Die Öffentlichkeit kann getrost einmal erfahren, daß hier bei uns solide Arbeit geleistet wird! Es wird da so viel grausamster Unfug daher geschwätzt, in Laienzirkeln; so viel Greuelmärchen haben gewisse interessierte Kreise in Umlauf gesetzt : *ich* wollte lange schon, daß mal ein vernünftiger Mensch, mit offenen Sinnen« (das war also ich : da konnte man sich ja nur, die Hand auf dem Herzen gerührt verneigen. / Und bring nur Deinen Vogel : ich nehm ne Schlaftablette, daß ich nischt hör und seh!).

Miss Flushing : in der Hand einen winzigen Käficht (eben so groß, daß der Insasse ein Stängelchen hoch, ein Stängelchen runter hüpfen konnte. Auch Futternäpfchen mit parfümiertem, honigangereichertem Wasser).

»*Ich wünsche eine gesegnete Nachtruhe,* Mister Winer. – Und muß leider gleich Abschied nehmen –« (so herzhaft hatte ich lange nicht gepfotelt!) – »Geweckt *werden* Sie zur Zeit : Punkt 3 Uhr – das veranlassen Sie noch Ä=Flushing.« (Und sie machte sich mit wichtiger Miene eine Notiz auf den Stenoblock, der von ihrem Gürtel hing).

Auf dem Bettrand sitzen. Die Königin Schub=ad angaffen. (Sogar die raffinierten doppelten Ohrreifen hatten sie ihr eingehängt. Allerdings aus irgend was Gelbem, Federleichtem; zu behelligen schien sie das Anhängsel nicht.)

Dann kam mir doch der Humor der Lage zum Bewußtsein. Ich stützte mir das Kinn zur längeren Konversation in die Gabel aus Daumen und Zeigefinger. Und fragte : »Na; Majestät? Wie geht's?«. / Keine Antwort. Nur begannen in dem starren sinnlichen Gesicht die Augen zu flackern – und da fiel mir erst ein, daß das arme Ding wahrscheinlich maßlos Angst haben würde! (Aber daran denkt man ja zuerst bei einem so scharmanten Frauenzimmer nicht. (Als Mann!)).

Lächelte ich ihr also, so beruhigend ich irgend konnte, zu; nickte so brav ich konnte. (Dann kitzelte mich Satan aber doch; und ich steckte ihr vorsichtig den kleinen Finger durch die Stäbe : ?).

»Öhh!« : ganz hoch und aufgeschreckt. Sprang auch vorsichtshalber auf's obere Stängelchen, weiter weg. Wartete. Ihre Augen wurden ruhiger; auch kühner; der Mund voller (also haargenau wie diese sumerische Schickse!). / Kam wieder herunter. Roch dran (wobei sich ihre Nüstern verworfen blähten!). Öffnete vorsichtig den Mund, und ließ langsam die rosa Hohlzunge ein Stück hervor quellen : um meine Fingerspitze ... (innen war sie leicht angerauht, und man spürte ein schwaches Saugen – ah, 's wurde stärker. Aber nicht unangenehm).

*Fragte ich meine Uhr : »Wie spät?«** : »Zwoundzwanzig : Sechzehn.« murmelte die faule Altstimme, die ich mir hatte einbauen lassen (hätte vielleicht wirklich den Sopran nehmen sollen; die hier klang doch verdammt sinnlich). / Und so spät schon? Zog ich meiner Königin der Nacht also den Finger wieder raus – »Öhhhh!« machte sie unwillig, gestört. – Und stand auf.

Hin zur Duschecke; ausziehen; die Kleider warf ich einfach über den Hocker (und die müden Knochen dehnen. Und die Fäuste hinter die Ohren setzen) .....

* Es handelt sich um eine, oben schon seit längerer Zeit gebräuchliche, bei uns allerdings wenig beliebte, ›Sprechende Uhr‹. Die neuesten Konstruktionen antworten bekanntlich nur noch, wenn ›ihr Herr‹ sie fragt; ebenso hat es sich eingebürgert, daß Männer Frauenstimmen bevorzugen. Und umgekehrt.

: *Aber jetzt wurde die ganz wild,* als sie mich so sah!! Sprang hin und her; klammerte sich ans Gitter an : »Ööhhhh!« (und der Ton war kehliger geworden, tiefer : »Öhhh!«). Reckte, so lang es nur ging, ja noch länger, sich anbietend, die Zungenscheide heraus : »Öhh : Hö : Hö : Hö!«. / Da wurde ich, trotz meiner Ermüdung, wieder nachdenklicher. Während ich die Brause um mich herum führte; die dünne Silberschlange auf der Haut spürte, und immer die Wassertemperatur veränderte : das wäre ja nun doch wohl ganz entschieden Sodomie gewesen! (Oder ob die das etwa *auch* anders ansahen? Und systematisch ausgebaut hatten : daß meinetwegen jeder Soldat ›im Mannschaftsstande‹ seine ›Fliegende Maske‹ im Zimmer hatte? (Denn für Alle reichten die WACs ja nicht. Garantiert nicht.). (»Was'n Da=Sein!«* hätte mein Urgroßonkel fraglos gemurmelt. Und jetzt fiel mir auch der verschollene deutsche Schriftsteller ein, der schon damals, 1790 war's wohl ungefähr, von ›Fliegenden Köpfen‹ gefantert** hatte : ›Aristipp‹ hatte das Buch geheißen; gar nicht taprig gemacht. Und – psychologisch *sehr* fein – der Alte (richtig : Wieland hieß er!) hatte ein *Weib,* ne Edelnutte, das betreffende längere Gedankenspiel entwickeln lassen.)).

So allerdings hatte er es sich nicht vorgestellt, damals, in den Happy Teeners*** : der würde ooch ganz schöne Knopplöcher gemacht haben, jetzt! –

* Im Original ebenfalls Deutsch.

** Verbneubildung über ›fancy‹ her, und verächtlicher als das gewohnte ›fantasieren‹.

*** Gang und gäbe gewordener Sammelausdruck für die Jahrhunderte unter der 2.000 (= Zwanzig=Hundert!). Soll – halb geringschätzig; halb neidisch und gerührt – auf die ›Backfischjahre‹ unseres Planeten anspielen. Wobei ja noch sehr fraglich ist, ob – um im Bilde zu bleiben – das ›Reife Alter‹ das glücklichere sein wird!

Textnachweise *Der Abdruck folgt der von der Arno Schmidt Stiftung herausgegebenen Bargfelder Ausgabe (BA).*

Abend mit Goldrand. Eine MärchenPosse. 55 Bilder aus der L$^{ä}_{E}$ndlichkeit für Gönner der VerschreibKunst, BA IV/3, S. 7–293, hier: S. 130. Niederschrift Juli 1974 bis Januar 1975, Erstausgabe: Frankfurt a. M. 1975

An die Uno BA III/3, S. 88–89. Niederschrift ca. 1949

An Uffz. Werner Murawski, BA III/3, S. 49–61, hier: S. 49, 53, 61. Niederschrift Dezember 1948

Aus dem Leben eines Fauns, BA I/1, S. 299–390, hier: S. 304, 308–311, 315–317, 319, 321–322, 343–344, 361–366, 374–375, 377–390. Niederschrift Dezember 1952 bis Januar 1953, Erstausgabe: Hamburg 1953

Brand's Haide, BA I/1, S. 115–198, hier: S. 117–154. Niederschrift Januar bis September 1950, Erstdruck in: *Brand's Haide,* Hamburg 1951

Brüssel, BA Sup 1, S. 17–25. Niederschrift Oktober 1948

Das steinerne Herz. Historischer Roman aus dem Jahre 1954 nach Christi, BA I/2, S. 7–163, hier: S. 83–86. Niederschrift November 1954 bis April 1955, Erstausgabe: Karlsruhe 1956

Die Feuerstellung, BA Sup 1, S. 35–39. Niederschrift September 1955

Die Gelehrtenrepublik. Kurzroman aus den Roßbreiten, BA I/2, S. 221–349, hier: S. 222–224, 233, 255–268. Niederschrift Juli bis August 1957, Erstausgabe: Karlsruhe 1957

Die Umsiedler, BA I/1, S. 261–297, hier: S. 263–264, 279–280, 283–285. Niederschrift Mai 1952, Erstdruck in: die umsiedler. 2 prosastudien, Frankfurt a. M. 1953

Enthymesis oder W. I. E. H., BA I/1, S. 7–31, hier: S. 19. Niederschrift Februar 1946, Erstdruck in: *Leviathan,* Hamburg 1949

Goethe und einer seiner Bewunderer, BA I/2, S. 189–220, hier: S. 207–208. Niederschrift Mai 1956 bis Januar 1957, Erstdruck in: *Texte und Zeichen* 13, 1957

Herrn H. J., BA III/3, S. 42–47, hier: S. 42. Niederschrift Dezember 1948

Ja : übernächtigt!, BA I/4, S. 168. Niederschrift September 1951, Erstdruck in: *Brand's Haide,* Hamburg 1951

Kaff auch Mare Crisium, BA I/3, S. 7–277, hier: S. 78–87, 195–196. Niederschrift November 1959 bis Februar 1960, Erstausgabe: Karlsruhe 1960

Kann der Mensch noch auf Geborgenheit hoffen, BA III/3, S. 330. Niederschrift ca. November bis Dezember 1956, Erstdruck in: *FAZ*, 24. Dezember 1956, unter dem Titel *Ich bejahe die Technik*

Kühe in Halbtrauer, BA I/3, S. 335–349. Niederschrift Juli 1961, Erstdruck in: *konkret* 23/24, 1961

Leviathan oder Die beste der Welten, BA I/1, S. 33–54. Niederschrift Oktober 1946, Erstdruck in: *Leviathan,* Hamburg 1949

Lillis Sonettenkranz, BA I/4, S. 161–167, hier: S. 161. Niederschrift Juni 1951

Nicht nur, BA I/4, S. 179–180. Niederschrift ca. 1956, Erstdruck in: *Das steinerne Herz,* Karlsruhe 1956

Rollende Nacht, BA I/4, S. 120–122. Niederschrift November 1957, Erstdruck in: *Trommler beim Zaren,* Karlsruhe 1966

Schwarze Spiegel, BA I/1, S. 199–260, hier: S. 201, 202–213, 218–219, 223–227. Niederschrift Mai 1951, Erstdruck in: *Brand's Haide,* Hamburg 1951

Seelandschaft mit Pocahontas, BA I/1, S. 391–437, hier: S. 393–397, 428. Niederschrift Juli bis Oktober 1953, Erstdruck in: *Texte und Zeichen* 1, 1955

Transport im Spätherbst, BA I/4, S. 37–38. Niederschrift August 1955

Zählergesang, BA I/4, S. 103–106. Niederschrift Januar 1957, Erstdruck in: *FAZ,* 11. Oktober 1957

Weitere Literatur

Arno Schmidt: *Briefwechsel mit Eberhard Schlotter,* hg. von Bernd Rauschenbach, Arno Schmidt Briefe III, Frankfurt a. M. 1991

Alice Schmidt: *Tagebuch aus dem Jahr 1954,* hg. von Susanne Fischer, Frankfurt a. M. 2004

Alice Schmidt: *Tagebuch aus dem Jahr 1953,* Archiv der Arno Schmidt Stiftung (unveröffentlicht)

Porträt einer Klasse. Arno Schmidt zum Gedenken, hg. von Ernst Krawehl, Frankfurt a. M. 1982

Susanne Fischer arbeitet als geschäftsführender Vorstand der Arno Schmidt Stiftung und als Autorin. Sie hat zahlreiche Werke Arno Schmidts sowie die Tagebücher Alice Schmidts ediert und ist Mitherausgeberin der Oevelgönner Ausgabe der Werke Peter Rühmkorfs.

Michaela Nowotnick war wissenschaftliche Mitarbeiterin an der Humboldt-Universität zu Berlin mit Forschungsschwerpunkten auf rumäniendeutscher Literatur, DDR-Literatur und literarischen Archiven. Seit 2018 ist sie wissenschaftliche Mitarbeiterin der Arno Schmidt Stiftung.